Augsburg College
George Sverdrup Library
Minneapolis, Minnesota 55404

HOOVER INSTITUTION FOREIGN LANGUAGE PUBLICATIONS

ГРИГОРИЙ УРАТАДЗЕ

ВОСПОМИНАНИЯ
ГРУЗИНСКОГО СОЦИАЛ-ДЕМОКРАТА

GREGORY URATADZE

REMINISCENCES OF A
GEORGIAN SOCIAL DEMOCRAT

THE HOOVER INSTITUTION
ON WAR, REVOLUTION AND PEACE
STANFORD UNIVERSITY
STANFORD, CALIFORNIA
1968

The Hoover Institution on War, Revolution and Peace, founded at Stanford University in 1919 by the late President Herbert Hoover, is a center for advanced study and research on public and international affairs in the twentieth century. The views expressed in its publications are entirely those of the authors and do not necessarily reflect the views of the Hoover Institution.

© 1968 by the Board of Trustees of the Leland Stanford Junior University

All rights reserved

Library of Congress Catalog Card Number: 68-16594

Printed in West Germany

PREFACE

This volume of reminiscences is a slightly edited version of a manuscript deposited by Gregory (Grisha) Uratadze in the Russian archive of Columbia University, shortly before his death in Paris in 1959. Uratadze was one of the most interesting and colorful of the pleiad of Georgian Social Democrats who figured so prominently in the development of Menshevism until the establishment in 1918 of an independent republic in Georgia.

Uratadze was born in 1880 in Azana, a village located in the region and administrative district of Western Georgia (Guriia: Ozurgetskii *uezd*, Kutaiskaiia *guberniia*) that was also the birthplace of Noah Zhordania, whose faithful political follower Uratadze became and consistently remained throughout his political career. Like Zhordania, Uratadze was the offspring of impoverished gentry whose way of life and social aspirations differed little from those of the local peasantry. I have suggested elsewhere that the rural background of many of its most prominent leaders was an important influence in shaping the growth of Georgian Social Democracy into a truly national party. In Uratadze's case, these ties to the village proved of particular political significance: after the turn of the century he was to assume a prominent role in the organization, under Social Democratic leadership, of a peasant movement in Georgia.

Uratadze sought to interweave his reminiscences of this and other threads of his revolutionary career with a broader survey of the development of Georgian Social Democracy up to the Revolution of 1917. From these writings, readers will draw valuable information about the role played by *Mesamedas* during the late 1890's in spreading the Marxist word among younger-generation Georgian intellectuals; about the struggle after the Second Congress of the RSDRP between Georgian Bolsheviks and Mensheviks for control of local party organizations; about the unfolding of the Revolution of 1905 in Georgia, and the legal and underground activities pursued by Georgian Mensheviks even through the most difficult years of Stolypin "reaction." The last chapter of Uratadze's memoirs is especially valuable, because it contains one of the few accounts we have of the struggle waged within Georgian Menshevism during the war years between the Internationalist majority controlling the *oblastnoi komitet* and the Defensist minority led by Zhordania and Uratadze.

But by far the most important contribution these memoirs make to our knowledge of Georgian Social Democracy is to be found in the pages devoted to the peasant movement which, between 1902 and 1905, spread from Uratadze's native Guriia to all the Georgian countryside.

Lest readers assume that Uratadze's involvement in this movement induced him to exaggerate its import, we should note that it did in fact capture the imagination of many of his contemporaries not only in Georgian but in Russian Social Democracy as well. Notable in this connection was an article which appeared in *Iskra* in March 1905.[1] "The influence of the Guriiskii Komitet on the local population [is assuming] simply legendary, anecdotic proportions," the article stated. "Social Democratic agitation, which was launched so recently, has sunk such deep roots that the Committee has come to play the role of an official institution to which the whole population defers." In awe-struck tones, the article described the massive, majestic character that the peasant movement in Guriia had so quickly gained and the pervasive role that Social Democratic organizations had come to play—without any official sanction, indeed over the resistance of local authorities—in the daily life of the local population. As a result of their boycott by the Georgian peasantry, all local bureaucratic institutions had ground to a halt; and in their stead under the aegis of the Social Democrats, there had emerged a whole new infrastructure of "self administration" to which the whole population deferred: elected land committees set the "appropriate" rates for rent paid by the peasants for land they leased from local landowners; elected committees had taken complete charge of the local school matters, including the hiring of teachers and the setting of curricula; elected judges, and popular assemblies acting as ultimate courts of appeal, settled the most varied types of disputes, from land claims to marital conflicts. The emergence of this new structure of effective authority, even before the overthrow of autocracy, reflected a mobilization of popular support by Social Democracy unparalleled anywhere else in the Empire. In villages of ninety households, the *Iskra* article noted, one could find as many as ten Social Democratic propaganda circles. The local popular assemblies, at which all major decisions were reached or ratified, were attended by as many as 5,000 people. And all these people paid regular dues to the Party, and displayed "boundless faith" in the Guriian Social Democrat Committee. "At a single word from their representatives, [the Guriian peasants] are ready for fire and water. Marx, Engels, Lassalle are worshiped like saints.".

The exultant tone that pervaded this article was hardly surprising. For the "Guriian Republic," as it was becoming known, appeared to vindicate

---

[1] "K vosstaniiu v Gurii," *Iskra*, No. 91 (March 6, 1905).

beyond their wildest dreams the validity of the tactics the Mensheviks were then advocating: to establish mass organizations of the working class, indeed to build "revolutionary self-government" *de facto (v iavnom pariadke)*—as an integral part of the revolutionary process *even before the autocracy fell*, rather than devoting one's attention exclusively, as the Bolsheviks demanded, to the organization of an armed uprising.

To be sure, the Russian Mensheviks had drawn these prescriptions with the proletariat rather than the peasantry in mind. Indeed, the enthusiasm they now displayed for the peasant movement in Georgia was a striking departure from the jaundiced view they had consistently entertained about the political role to be expected of the peasantry in the Russian Revolution. Yet it is remarkable how little this view was altered by the developments in Georgia. These developments were ascribed from the outset to social and economic conditions peculiar to Georgia and absent elsewhere in the Empire: an exceptionally great population pressure in the Georgian countryside, aggravated by the exceptionally large size of the "cut-offs" from the Georgian peasants' land allotments under the terms of their emancipation in the early 1860's; and the oppressive burdens and dues carried by the Georgian peasants, partly as a result of widespread retention in Georgia of the conditions of "temporary obligations" of peasants to landlords, which had been eliminated in Russia proper by the beginning of the 1880's. By the beginning of the twentieth century, these conditions had compelled the Georgian peasants to lease all the land they cultivated, at onerous terms, and had driven many of their offspring off the land to seek employment in the industrial army.

The orthodox Marxist conclusions that could be drawn from this overall picture are obvious: if the Georgian peasants made such good revolutionary material and could legitimately be enrolled under the flag of Social Democracy, it was because they were far closer to being an agricultural proletariat than were the Russian peasantry and because they were so much more directly under the political influence of the industrial workers who had emerged from their ranks.[2]

Fortified as they were by these impeccably orthodox explanations for the rise of the peasant movement in Georgia, the Russian Mensheviks felt no compulsion to revise their basic view of the land question or of the role of the peasantry in the Russian Revolution. But the Georgian Mensheviks were quicker to draw the lesson of this experience. The Georgian peasants had demonstrated in 1905 their capacity for revolutionary action. They

---

[2] In the latter connection, considerable emphasis was invariably laid on the part played by industrial workers in the organization of the peasant movement in Georgia. After the turn of the century, many workers had been compelled to return to their native villages, either because of the economic recession or under sentences of administrative exile incurred for participation in revolutionary disorders in Batum and other urban centers.

had also made clear their yearning for private ownership of the land, a yearning which the Georgian Social Democrats realized they could not ignore if they wished to remain a truly national party. Under the circumstances, the agrarian plank adopted by the Russian Mensheviks in 1906, calling for the "municipalization" of the land, appeared to the Georgian Social Democrats to have as little political and economic relevance (at least to conditions in Georgia) as the famous plank calling for the return of the *otrezki* (the cut-offs from the peasants' allotments at the time of the emancipation) adopted by the RSDRP in 1903. Thus, with little ceremony, they put the "municipalization" plank on the shelf and focused their agrarian program on the Georgian peasants' demand for private title to the land. As I have suggested elsewhere, this readiness to respond to the wishes of their constituents, even at the expense of ideological dogmas, goes far to explain why the Georgian Social Democrats so spectacularly succeeded, while their Menshevik brethren in Russian proper so signally failed, in mobilizing a broad and secure popular following.

Uratadze's role in the organization of the peasant movement in Georgia caused him to recognize as early and as sharply as any of his colleagues the dogmatism of the Russian Menshevik's approach to the land question and its total inapplicability to Georgian conditions. Yet readers will find a striking difference in tone between the sketches Uratadze draws in his memoirs of Russian Menshevik figures with whom he came into contact and the much harsher descriptions and evaluations rendered in Zhordania's reminiscences. The contrast between their retrospective treatments of the Russian Mensheviks partly reflects certain broader differences between basic attitudes of the two men toward the Russian revolutionary movement and Russian culture as a whole. Uratadze was one of a number of Georgian Social Democrats who almost completely identified, intellectually and emotionally, with the traditions and values of the Russian intelligentsia. (The two most prominent representatives of this group were Chkheidze and Tsereteli, whose Russophile proclivities were reinforced by their almost continuous involvement on the Russian, as against the Georgian, political scene.) It would not be too much of an overstatement to argue that Zhordania was more representative of a group within Georgian Social Democracy (other prominent representatives included Noah Ramishvili and Chkhenkeli) who—their Social Democratic "internationalism" notwithstanding—shared a more exclusive sense of identification with Georgian, as against Russian, values and interests. (Zhordania was admittedly less ardently nationalist than were Ramishvili and Chkhenkeli, but from the beginning of his political career he drew his ideals and inspiration largely from Western European, rather than from Russian models.)

These differences of attitudes between Uratadze and Zhordania remained submerged, or at least did not give rise to any open political disagreements, throughout the years covered by these reminiscences, and indeed until the occupation of Georgia by Soviet troops compelled them both to emigrate, never to return. But despite his loyalty to Zhordania, Uratadze's judgment of political figures and political issues was obviously affected by such differences well before the beginning of the bitter period of exile. (For example, Uratadze's Russophilism caused him to regret, far more than did Zhordania, the necessity for Georgia's declaration of independence from Russia in 1918 and the resulting break between the Russian and Georgian Menshevik leaderships.)

The present volume records Uratadze's reminiscences only up to the outbreak of the Russian Revolution.[3] In 1917, when the Social Democrats assumed political control in Georgia, Uratadze was appointed editor of their official party newspaper, *Ertoba* (Unity). Upon Georgia's declaration of independence in 1918, he was elected to the Georgian Constituent Assembly. But his most notable service during the period of Georgian independence was his successful negotiation, as plenipotentiary of the Georgian government to Moscow, of a treaty by which the Soviet government recognized *de jure* the independent Republic of Georgia. This treaty was ratified by both governments on June 7, 1920. Nine months later, Soviet troops moved into Georgia and in a swift military campaign ended the days of the Georgian Republic. Uratadze did not immediately follow his government abroad. But he was soon placed under arrest and remained imprisoned until 1922, when he was allowed to rejoin his comrades in exile.

Gregory Uratadze's *Reminiscences of a Georgian Social Democrat* is one of the first volumes to appear in the Russian-language series that the Inter-University Project on the History of the Menshevik Movement is publishing under the sponsorship of the Hoover Institution. This Project was launched in the fall of 1959 by an ad hoc committee of specialists in Russian history teaching at various American universities, in collaboration with representatives of the even then fast-dwindling Menshevik community in the United States. The members of this committee assigned themselves two major objectives:

First, to assemble systematically all available data on the history of Menshevism, with particular emphasis on those aspects of its history which were likely to remain largely unrecorded unless a special effort was immediately launched to reconstruct them.

Second, to give surviving representatives of the various, often conflicting tendencies represented in Menshevism the opportunity to articulate and *reconsider* their views—with the benefit of a half century's perspective —on the course pursued by their movement at crucial turns in its history.

The pursuit of these two major objectives has involved, for a period of more than six years, an unusual collaboration between American scholars

---

[3] The gap of later years is partially filled by Uratadze's monograph on the period of Georgian independence (*Obrazovanie i konsolidatsiia Gruzinskoi Demokraticheskoi Respubliki*, Munich, 1956).

and survivors of the Menshevik movement in the United States and Western Europe. The fruits of this cooperation have been:

1. The establishment at Columbia University of a permanent archive on the history of Menshevism, in which have been deposited a collection of Menshevik documents and publications, records of interviews of survivors of the Menshevik movement, and transcripts of seminar discussions in which conflicting views about the aspects of the history of Menshevism discussed in the Project's various studies were joined.

2. The preparation, and distribution in multilith form, of recollections by survivors of the Menshevik movement of aspects of its history in which they were directly involved. To date, seventeen of these accounts have been deposited by the Project in major American and European libraries.

3. The preparation for publication of a number of longer volumes of reminiscences, as well as of monographic and auxiliary studies, prepared by American scholars or Menshevik associates of the Project. Certain of these studies are being published in English, under the sponsorship of the Hoover Institution, by the University of Chicago Press. Others are appearing in the Foreign Language and Bibliographical series published by the Hoover Institution.

This summary of the activities of the Menshevik Project cannot be closed without mention of the broad and generous assistance the Project has received since its inception. This assistance has included an initial grant by the Ford Foundation and supporting grants by the Rockefeller and Atran Foundations, the American Council of Learned Societies, and—in the concluding phase of the Project's work—the Hoover Institution. Just as vital have been the aid and counsel so generously rendered by individual faculty members and programs of Russian studies at the Universities of California, Chicago, Indiana, and Washington, and at Columbia and Harvard Universities. Without their contributions the Project would not have been conceived and started on its way.

Leopold Haimson

ВОСПОМИНАНИЯ

1

Я СТАНОВЛЮСЬ СЕЛЬСКИМ УЧИТЕЛЕМ. МОЕ СБЛИЖЕНИЕ С ГРУЗИНСКИМИ СОЦИАЛ-ДЕМОКРАТАМИ

Родился я в Гурии. Гурия — это самая живописная местность во всей Грузии. Расположена она в Западной Грузии, между городами Батумом и Кутаисом. По ее территории проходит главная магистраль железной дороги между Батумом и Тифлисом и имеет на своей территории шесть железнодорожных станций: Натанеби, Супса, Джумати, Ланчхуты, Нигоити и Саджевахо. С южной и отчасти западной стороны она граничит с Турцией, а с северо-западной стороны тянется до берегов Черного моря.

До присоединения Грузии к России Гурия составляла отдельное независимое княжество под названием «Гурийское княжество». В 1810 году она присоединилась к России особым договором. Но, когда русский император Александр I своим односторонним манифестом упразднил царства и княжества грузинские, Гурия была упразднена как княжество, переименована в «Озургетский уезд» и была включена, как уезд, в Кутаисскую губернию. Название «Озургетский» произошло от слова «Озургеты», названия главного города в Гурии. После этого во всех официальных бумагах и в паспортах на место «Гурия» везде и всюду употреблялось название «Озургетский уезд», но в народном обиходе и в литературе до сих пор остается слово Гурия, и жители этого Озургетского уезда именуются гурийцами. То же самое и с другими бывшими княжествами и царствами. Например, имеретинец означает — житель Имеретии, кахетинец — житель Кахетии, мингрелец — житель Мингрелии и т. д., так что гуриец, мингрелец, кахетинец и т. д. указывает на местности и ничего больше. Я остановился на этом потому, что многих из путешественников, особенно туристов, эти названия вводят в заблуждение, и в различии этих наименований они усматривают национальную разновидность, тогда как оно имеет только территориальное значение, но ни в коем случае не национальное.

Когда было упразднено княжество и учрежден уезд, — уезд был разделен на общества. Всего в уезде таких обществ образовалось 28. Общества были составлены из нескольких сел. Самое большое общество состояло из 1200—1500 душ обоего пола, а самое маленькое — из 250—300 душ. Гурия была самое маленькое княжество, и на ее территории ни при княжестве, ни при владычестве России не было ни одной фабрики, ни одного завода.

Я счел нужным предпослать это краткое описание Гурии моим воспоминаниям потому, что здесь, в Гурии, впервые зародилось то знаменитое движение, которое именуется как в общей, так и в специальной литературе «Гурийским крестьянским движением», о котором мне придется говорить подробно, и которое не имеет подобного в истории крестьянского движения. Крестьянское движение в Грузии было и в других местах, но «Гурийское крестьянское движение» занимает особое место и, называя его «гурийским», этим хотят выделить его из общего крестьянского движения, и это совершенно правильно.

Итак, родился я в этой самой Гурии, или иначе в Озургетском уезде, и после окончания сельского и городского четырехклассного училища поступил в учительскую семинарию. Был на предпоследнем курсе, когда в нашу деревню приехал на летние каникулы мой сосед — студент. Он жил очень близко от меня и был студентом Харьковского университета. В то время студент в деревне — было редкое явление. Может быть, их было во всем нашем уезде три-четыре. В сознании простого народа студент был олицетворением всего доброго, эмблемой борьбы за народное счастье. Знали они также, что в университетах происходили беспорядки, и верили, что все это за народ, за его права, за его интересы. Знали и то, что за это их наказывали, исключали из университетов, ссылали в Сибирь, сажали в тюрьмы. И все это вызывало у народа горячую симпатию и любовное отношение к ним. Студент — это был идеал, и редко была семья, которая не мечтала бы, чтобы ее сын стал студентом. Но господствующая бедность редко кому давала это «счастье». Именно эта всеобщая бедность и была причиной того, что в деревнях так редко встречались студенты.

Надо отметить и то, что громадное большинство тогдашних студентов вполне оправдывало такое отношение к ним народных масс. Во всех университетах имело место студенческое движение, происходили перманентные сходки по поводу разных вопросов общественного характера. Окончить университет и получить хорошо оплачиваемое место — думало только очень незначительное число студентов, и эта часть была почти под негласным бойкотом большинства; называли их «белоподкладочниками» и избегали с ними общения. Эта часть студентов никакими общественными вопросами не интересовалась, кончала университет в установленный срок, получала диплом и назначалась на места, хорошо оплачиваемые. Но большинство вовсе не думало о дипломах или о скором окончании университета. Напротив, чем больше лет студент оставался в университете, тем больше был его авторитет. Отсюда и произошло слово «вечный студент». И на самом деле были такие студенты, которые 10—15 лет числились на одном и том же факультете, но не знали на каком курсе были. Много было и таких, которые побывали во всех университетах. К таким студентам молодые студенты относились с особым почтением и уважением. Университетские правила свободно допускали такие порядки. Профессура тоже с своей стороны не противилась такому положению. По понятию очень многих, если студент долго оставался в университете, это означало, что он не имел времени заниматься для диплома, а был занят общенародными делами. И ореол «народного страдальца» сопутствовал ему везде и всюду, особенно среди сельского населения, где каждого студента считали своим избавителем от всех бед и несчастий. Одним из таких студентов был и мой сосед. Он несколько лет подряд не приезжал в деревню, после того как стал студентом. Ходили слухи, что он был даже арестован и т. д. И вот теперь, когда он приехал на лето домой, это было настоящее празднество не только для его родителей, но и для всей нашей деревни. Даже из соседних деревень приходили к нему «посмотреть на него», как говорили они.

По летам я был моложе его, но, может быть, потому, что я жил очень близко от него, или, может быть, потому, что я тоже учился, мы очень подружились и проводили целые дни вместе, то в гостях, то на прогулках. Он рассказывал мне о жизни в университетах, о тех высоких идеалах, которыми было воодушевлено все студенчество, говорил много о недостатках существующей общественной жизни, о бедности и горькой народной жизни и заканчивал с большой верой в студенческое движение. Борьба студентов будет продолжаться до тех пор, пока не обновится народная жизнь, пока не установится порядок, обеспечивающий права народа; только тогда и успокоится студенчество. И все это он рассказывал так увлекательно, что я стал постепенно привыкать к мысли бросить семинарию, стать студентом и принять участие в общей борьбе со студентами вместе. Но как? Родители мои были бедные; других средств не было никаких. Однажды, прогуливаясь, я рассказал об этом моему студенту. Он был очень рад моему желанию стать студентом и стал уверять, что материальное положение не должно играть никакой роли. «Таких бедных студентов, как мы с вами, десятки тысяч, но живут». Для этого существуют студенческие столовые и много других учреждений, которые помогают нуждающимся студентам, так что об этом не придется беспокоиться, и обещал, что об этом он сам побеспокоится. Эти его обещания окончательно убедили меня бросить семинарию и поступить в университет. Но для поступления в университет требовалось свидетельство учебного заведения об окончании гимназии или реального училища. А этого у меня не было, и семинария не давала на это права. Поступить в гимназию было уже поздно. Был только один единственный выход: оставить семинарию, брать частные уроки и сдать экзамен на аттестат зрелости, который для поступления в университет давал такое же право, как гимназия.

Я совещался по этому поводу с моим студентом, и мы наметили такой план: оставить семинарию и получить место сельского учителя. Жалованье учителя дало бы возможность брать частные уроки и таким путем сдать экзамен на аттестат зрелости. Таким образом, было решено к сентябрю получить место сельского учителя и попрощаться с семинарией. Но для этого надо было пересилить еще одно препятствие: это мой отец, который наверно не разрешил бы мне оставить семинарию. Он вообще не любил недоконченное дело и часто говорил: «Взявшись за одно дело, надо его закончить, довести его до конца, а потом начинать другое. Тот, кто начнет одно дело, бросит посредине, возьмется за другое, потом за третье — ничего путного не сделает никогда». И в доказательство приводил грузинскую пословицу: «В постоянном движении находящийся камень никогда мохом не покроется». Убедить такого человека в правильности моих намерений было бы, конечно, очень трудно. Поэтому я решил действовать через мать.

Я хорошо знал, что мечта моей матери была всегда — иметь сына-студента. Поэтому, когда я целый день пропадал с моим соседом-студентом, она была этим очень довольна. Гордилась даже: «Мой сын целые дни проводит со студентом» — не раз говорила она другим женщинам и сама ставила вопрос: «Но о чем они говорят целый день?» и сама наивно отвечала: «Откуда мы можем знать, о чем говорит и думает студент», — и эти слова произносила в такой форме и с такой интонацией, как будто говорила, — «раз он столько говорит с моим сыном, то, очевидно, и мой сын не хуже его». Зная такое пристрастие матери к титулу студента, я решил воспользоваться этим и однажды, когда отца не было дома, я сказал ей: «Мама, я хочу тебе что-то сказать при условии, что не рассердишься». Она с укором ответила: «Что можешь ты мне сказать такое, чтобы я на тебя рассердилась». Тогда я прямо сказал: «Я решил оставить семинарию и стать студентом». Я еще не окончил фразу, как она кинулась меня целовать, бормоча: «Я знала, что мой сын будет студентом». Чувства овладели ею, она отвернулась от меня, и на глазах ее я заметил слезы. Я не понял, что случилось и дрожащим голосом сказал: «Не плачь, мама, больше об этом ни слова не скажу и вернусь опять в семинарию». Эти слова еще больше взволновали ее, и она сказала: «Нет, меня не то взволновало, а сознание того, что я наверное не доживу до этого, а я очень хотела бы дожить», — и начала целовать меня и ласкать, как маленького ребенка. Моя дорогая мама! Моя прекрасная мама! С какой горечью вспоминаю я теперь, заброшенный «за тридевять земель» твое прекрасное лицо, твои слова, пропитанные безграничной любовью, твои теплые слезы, которые так приятно падали на мое лицо. Мы тогда, моя дорогая мама, долго молчали, обнявшись. Я не знаю, о чем думала ты или я, но что мы думали о чем-то — нет сомнения. Сегодня, моя прекрасная мама, я не знаю даже, где похоронена ты, или где будет похоронен твой «сын-студент», моя неоценимая мама! Может быть твои тогдашние, чистые, святые слезы были заранее пролитые слезы за нас и за нашу несчастную семью, из которой почти никого не оставили в живых палачи советской власти.

Мама вошла в роль: как будто ей поручили какое-то большое дело. Она совсем переменилась и все делала с такой любовью и веселостью, что поневоле привлекала внимание окружающих. Я продолжал встречаться с соседом-студентом и, если опаздывал пойти к нему, моя прекрасная мама с материнской лаской говорила: «Ты опоздал, иди скорее; студент должен быть всегда со студентом». Я замечал, что она уже считала меня студентом и это доставляло ей огромное удовольствие. Было грешно лишать ее этого удовольствия и я старался поддержать ее иллюзию тем, что начал рассказывать ей со слов соседа-студента многое из студенческой жизни. Слушала она с большим вниманием и когда я заканчивал — говорила всегда одно и то же: «Ты тоже, сын мой, так же должен поступать, как другие».

Время шло, надо было многое еще устроить, а отец еще не знал о моем решении. Я боялся, что он не даст мне своего согласия. Он был человек твердого характера и уговорить его не было так легко, как мать. Я решил поручить матери переговорить с ним, когда он будет в хорошем настроении, но, так как это редко бывало, переговоры задерживались. Через несколько дней мать сказала, что она уже говорила с отцом, но отец настаивает, чтобы я сначала кончил семинарию, а потом поступил в университет и добавила, чтобы я не беспокоился: она уверена, что получит от отца согласие. Когда я сообщил это моему соседу-студенту, он сказал, что сам поговорит с моим отцом. Раз вечером, во время ужина, отец заговорил сам и сказал мне: «Я хотел, чтобы ты кончил семинарию и стал учителем. Это самое благородное дело. Но ты этого не захотел и хочешь поступить в университет и для этого бросить семинарию. Лучше было сначала кончить и потом поступить в университет, но ты и этого не хочешь. Делай, как хочешь. Раз все этого хотят — я не буду мешать, но говорю еще раз: лучше кончить, а потом — как хочешь». Мама была бесконечно рада, что и отец дал согласие. И с этого вечера я был для матери настоящим студентом. Она и не думала о том, сколько трудностей мне еще предстояло пересилить, пока я стану студентом. Я и не старался ослабить чем-нибудь ее настроение. В те времена в сельской жизни очень мало было такого, что могло сделать приятным деревенскую однообразную жизнь, и если это маленькое безобидное происшествие могло внести некоторое удовольствие в жизнь матери, было бы с моей стороны преступлением лишить ее этого удовольствия. Ведь она никому ничем не вредила тем, что считала меня студентом!

Теперь уже все знали, что я оставляю семинарию и поступаю в университет. Теперь нужно было получить где-нибудь место учителя. Наводя справки, я узнал, что в четырех километрах от меня, в Ланчхуты, есть свободное место. Это было для меня очень подходящее место. Но это было двухклассное училище и в такие школы назначали более опытных и более заслуженных лиц. Сосед-студент сам поехал туда выяснить положение. Вернулся вечером уверенный, что меня могут туда назначить. Он посоветовал пойти самому, повидаться с заведующим училищем, рассказать ему все и просить помощи, уверяя, что заведующим там, как он выяснил, состоит человек очень прогрессивных убеждений. Ланчхуты — это ни село, ни город. Называлось оно — местечко, т. е. среднее между городом и селом. Совсем близко от школы проходила железная дорога. Отсюда до Батума было не более 40 минут, а до города Кутаиса — час езды. В обоих этих городах была гимназия, и это было для меня очень важно для частных уроков, если бы на месте не оказалось нужных мне учителей. Ввиду этого получить место здесь было для меня во всех отношениях очень важно.

На второй день я поехал в Ланчхуты, повидался с заведующим школой, рассказал ему все и просил поддержать мою просьбу на получение места в его школе. Он выслушал меня очень внимательно и, к большому моему удивлению, сказал то же самое, что мой отец: — лучше окончить семинарию, а потом легче будет поступить в университет. Но когда я заявил, что это решенный вопрос, тогда он сообщил мне, что место в его училище еще не занято и обещал поддержать мою просьбу, но посоветовал пойти на те курсы, которые устраивались в Батуме. Это были, по его словам, учительские курсы для ознакомления с новым методом обучения, которое предполагалось ввести в школах с сентября месяца. На эти курсы, по его словам, приглашены учителя всего Озургетского уезда; они продолжатся две недели, и для курсантов квартира и стол будут бесплатными. «Я дам вам бумагу, с этой бумагой вас допустят на курсы, и когда кончатся курсы, вам дадут удостоверение о прохождении курсов, и это вам очень облегчит получение места. А когда вас назначат, я сделаю все возможное, чтобы помочь вам». Я поблагодарил его и заявил, что согласен ехать на курсы. Нужно было ехать через четыре дня. Он обещал мне к этому дню заготовить нужную бумагу, и я вернулся домой. Мой студент, которому я рассказал все в тот же вечер, был очень доволен и считал дело устроенным. Родители тоже были довольны, в назначенный день пожелали доброго пути, я поехал в Ланчхуты, взял бумагу у заведующего школой и в тот же день отправился в Батум.

Батум — портовой город, «ворота в Европу», как называет его грузинская литература. Благодаря этому, влияние Европы здесь более заметно, чем в других городах Востока. Здесь были большие заводы по очищению бакинской нефти. Тысячи рабочих, работавших на этих заводах, тоже придавали колорит местной жизни.

Приехав в Батум с рекомендательным письмом, я пошел к инспектору народных училищ. Инспектор был грузин по происхождению, но, как уверяли, настоящий чиновник, который для своего продвижения вперед по службе готов служить хоть дьяволу. Был горячим защитником «нового метода», но не потому, что находил его более рациональным, а только потому, что метод этот защищал сам директор. Мое рекомендательное письмо он прочел со вниманием. Был доволен, что я был из учительской семинарии и очень был удивлен, когда узнал от меня, что в семинарии никогда ничего не говорили о «новом методе». Что касается назначения меня в Ланчхутскую школу учителем, заявил, что это дело директора, но обещал, что поддержит мою кандидатуру. Зачислил меня в курсанты, дал соответствующую бумагу и направил в общежитие, где проживали все курсанты. Здесь я застал более 120 курсантов. Всё — сельские учителя из Гурии и соседних уездов. Никого из них лично я не знал, но в один день перезнакомился со всеми. На третий день открылись курсы. Открыл их сам директор. Директор этот, по фамилии Левитский, стоял во главе всех сельских училищ по всей Кутаисской губернии. Учебная часть всех этих школ подчинялась ему и только ему. Несмотря на то, что все школы были в деревнях, где кроме грузинского языка никто другого языка не знал, директором сельских школ назначался всегда русский, который ни одного слова по грузински не понимал. Но этот директор был исключительный. Он привез с собой свой собственный метод обучения. Метод этот назывался «немой метод». По этому методу в сельских школах уроки русского языка начинались в первый же год поступления в школу, и учителя не имели права для объяснения русских слов прибегнуть к помощи грузинского языка. До этого директора, преподавание русского языка в сельских школах начиналось со второго года. Первый год дети учились читать и писать только на грузинском языке. А на второй год начинались уроки русского языка, и то с помощью грузинского языка. Учитель русские слова объяснял сначала по-грузински, а потом по-русски. При такой системе обучения дети довольно свободно усваивали русские слова, понимая их содержание. «Немой метод» Левитского в корне изменял эту систему. И для усвоения этого «немого метода» и были устроены эти курсы.

До открытия курсов роздали всем нам учебник, составленный самим Левитским, который был обязателен для всех школ. Первый же день курсов ясно показал всем учителям, что обучать детей по этому методу было бы очень трудно. Во вступительном слове при открытии курсов директор дал такое практическое объяснение: учитель должен указать детям на предмет и произнести много раз название этого предмета по-русски и заставить детей повторить то слово, которое произносит сам. Дети легко поймут, что слово, которое произносит учитель, и есть название этого предмета. Например: учитель держит в руке книгу и, указывая пальцем на нее, произносит слово «книга», повторяя его несколько раз. Дети безусловно поймут, что слово «книга» — это название того предмета, который держит в руке учитель. И так относительно всех предметов. Если этих предметов нет на лицо, — надо воспользоваться рисунками. Такие объяснительные лекции читались по утрам, а по вечерам разбирались практические уроки, которые давал сам директор после своей лекции, и задавались вопросы. Из этих задаваемых вопросов и разъяснений, которые давал директор, ясна стала непригодность этого «немого метода». Был, например, такой вопрос: как объяснить детям «курица кладет яйцо»? Директор отвечает: учитель приносит в школу яйцо, на рисунке указывает на курицу, потом опустится на пол, положит под себя яйцо и будет повторять — курица кладет яйцо, указывая одновременно то на рисунок курицы, то на яйцо. Или, например: корова мычит. Ответ директора: учитель указывает ученикам на рисунок коровы, а сам начинает мычать, как корова, указывая: корова (на рисунке), мычит (на себя). Такие объяснения вызывали общий хохот, что не особенно нравилось господину директору.

Большинство курсантов были старые опытные учителя. Таких новичков, как я, было может быть пять-шесть. Как лекции, так и разъяснения директора производили на всех тяжелое впечатление. Некоторые и не скрывали своего отрицательного отношения к этому «немому методу» и заявляли, что им трудно будет обучать детей по этому методу. Ответ директора был решительный: «Этот метод обязателен для всех, учебный год начинается по этому методу». И учебники составлены по этому методу, других учебников не будет. И если одни учителя не смогут, начнут другие. За последние дни курсов заставляли опытных курсантов-учителей давать показательные уроки, а по вечерам лекторы разбирали эти уроки и давали свои заключения.

Курсы закончились. Выдали всем свидетельства о прохождении курсов. Такое свидетельство выдали и мне, и с этим свидетельством я явился к заведующему Ланчхутским училищем. Я подробно осведомил его обо всем, что происходило на курсах. Не скрыл и того, что мне трудно будет по этому методу давать уроки: мычать как корова перед маленькими детьми и т. д. Мой рассказ произвел на Цитлидзе удручающее впечатление и после некоторого раздумья он мне сказал: «Это дело серьезное, мы не можем обучать детей русскому языку без помощи грузинского языка. Об этом наверное будет много разговоров, и посмотрим, чем все это кончится. Вы просите, чтобы вас назначили сюда, а потом это мое дело: обучай как хочешь, ответственность я возьму на себя». И посоветовал просить назначения как можно скорее. Мой сосед-студент, с которым я также говорил, был такого же мнения как Цитлидзе. «Всем этим безобразиям скоро положит конец наше студенчество» — добавил он. Студент и студенчество были настоящим культом для моего соседа-студента. И это не потому, что он сам был студентом. Нет, он был искренно убежден, что только одно студенчество способно своей борьбой изменить существующий порядок, и что студенчество — единственная сила, которая выведет народ из темноты и даст ему счастье. И он так глубоко верил в это, что когда об этом говорил, весь загорался и казалось, что перед вами стоит человек, который вот-вот сорвется и кинется в бой.

Поехал я в Кутаис к директору, автору «немого метода», просить назначения. Принял меня сам директор и был очень доволен, когда узнал, что я учился в учительской семинарии и прослушал также курсы в Батуме. Но был удивлен, когда от меня узнал, что в учительской семинарии ничего об этом методе не говорили. Он подробно расспросил, какое на меня произвели впечатление курсы в Батуме. Я сказал, что это самый трудный метод обучения, и на практике должен встретить мною препятствий для достижения успехов. «Новое дело всегда трудно дается, но потом будет легко» — сказал он и назначил в Ланчхуты. В тот же день вечером я был у заведующего Цитлидзе, и он поручил мне первое отделение своей школы.

До начала занятий оставалось еще несколько дней, и я поехал домой. Мои родители были очень рады этому, но особенно радовался мой сосед-студент. Он собирался уезжать, каждый день давал мне всевозможные советы и просил поспешить со сдачей экзаменов на аттестат зрелости, и: «Скорее в университет!» — добавлял тоном приказа. Он уехал, провожали мы его все; остался я один и через несколько дней и я занялся своим преподаванием в Ланчхутской школе.

Пребывание учителем в Ланчхутской школе оказалось для меня во многих отношениях очень важным и весьма содержательным. Заведующий Цитлидзе получал две газеты на грузинском языке, одну ежедневную «Иверия» (старое название Грузии), а другую — еженедельную «Квали» («След»). Чтением этих газет он занимался по вечерам и любил разбирать и обсуждать газетные статьи. Это было для меня большое удовольствие и я так увлекся этим, что решил выписать «Квали» для себя, чтобы более усердно и более внимательно разобраться в тех статьях, которые были там помещены. В процессе таких чтений я узнал через Цитлидзе, что редактором «Квали» был Жордания, житель этого самого Ланчхуты, и что его родители живут недалеко от нашей школы. И добавил, что он часто приезжает к родителям, и обещал познакомить меня с ним. Статьи Жордания были во всех номерах «Квали», и чтение их так увлекало меня, что теперь я сам создал кружок (4—5 человек), где читали и обсуждали те или иные статьи из «Квали». «Квали» выходило в Тифлисе по субботам, а получалось в Ланчхуты по понедельникам утром. В тот же день вечером собирался наш кружок, и начиналось чтение, дискуссии. Этот вечер был для нашего кружка настоящим праздником. Я и сейчас вспоминаю, с каким благоговением отправлялся я каждый раз на эти вечера. Счастливая, благословенная молодость, как легко увлекает тебя даже такое дело!

В 1900 году приехал к родителям в Ланчхуты сам редактор «Квали» Жордания, который в это время был кумиром всей молодежи. Понятно, у меня появилось сильное желание с ним познакомиться и я просил об этом Цитлидзе. Цитлидзе с большой охотой исполнил мое желание, и в один вечер мы пошли к нему в гости. Жордания был очень рад видеть нас, принял очень любезно и сейчас же между ним и Цитлидзе завязался оживленный обмен мнениями на злобу дня, о борьбе «Квали» и «Иверия», о вопросах, поднятых в статьях «Квали» и т. д. и т. д. Разговор затянулся до поздней ночи. Я не вмешивался в разговор. Когда уходили, Жордания просил зайти к нему еще раз и поговорить о сельских делах.

Жордания произвел на меня смешанное впечатление. Я ожидал, судя по его статьям, человека огнедышащего, а он казался мне куда скромнее, чем Цитлидзе. Не понравился он мне и как оратор: он немного заикался. А самое главное было то, что говорил он так просто, что порой казалось, что имею дело с каким-нибудь сельским учителем. Но что меня восхитило — это его наружность. Высокого роста, стройный, красивое лицо, черная борода, манеры в обращении совсем непохожие на здешние; одет был так, как никто из моих знакомых. Сразу бросались в глаза барский характер и привычки. И это мое первое впечатление сохранилось у меня в продолжение пятидесяти лет, которые я провел с ним в общей работе в разных областях грузинской жизни.

На втором свидании он заговорил и со мной. Но разговор со мной имел больше характер наставлений и указаний на то, что в деревне сельский учитель может сделать большое дело, если пожелает. «Нужно воспитать не только детей, — говорил он, — но и взрослых; надо открывать библиотеки-читальни, воскресные школы для взрослых, пропагандировать проведение в деревнях хороших дорог, учреждать почту, выписывать газеты и заинтересовать их чтением народ» и т. д. и т. д. Уезжая, просил посылать для «Квали» корреспонденции из сельской жизни.

После знакомства с Жордания я еще более усилил чтение «Квали» и расширил кружок чтения. Без преувеличения можно сказать, что газета «Квали» в развитии грузинской общественной мысли сыграла огромную роль, и эта роль во всех отношениях была настолько велика, что стоит об этом поговорить более подробно.

*

В 90-х годах на арене грузинской общественной жизни появилась новая группа, которая именовала себя марксистами. Это было совершенно новое явление. В ту пору социальная дифференциация жизни грузинского народа не была достаточно выявлена. Капиталистическое развитие только что начиналось. Патриархальная жизнь умирала и уступала место новому явлению — капиталистическому началу. Это новое явление каждый день отвоевывало все новые и новые позиции и на новую общественную жизнь накладывало свой специфический отпечаток. Денежное обращение усилилось и оно больно задело и деревню. Работа на земле оказалась недостаточной, и сельчане потянулись к городу. И это стремление к городу усилилось настолько, что пропаганда не покидать деревни оказалась без последствий. Крестьянство массами устремилось в город на заработки. Все это заметно изменило существующие взаимоотношения. Старое поколение не подметило этого изменения в народной жизни. Зато хорошо поняла и усвоила это изменение та новая группа, которая именовала себя марксистской. Группа эта, как я отметил выше, появилась на общественной арене в 90-е годы и известна в Грузии под названием «Месаме даси». В литературе название «Месаме даси» переводят по-русски — «третья группа», но народ дал ей название «Ахали Таоба» — «новое поколение». Это та группа, которая произвела в грузинской мысли настоящую революцию. Первоначально, некоторые и не знали друг друга лично. Свести их вместе и устроить обмен мнений взялся известный грузинский беллетрист Э. Ниношвили (Э. Ингороква). Он служил у марганцепромышленника Гогоберидзе в местечке Квирилы. В 1892 году, 25 декабря, по его инициативе в Квирилах, в доме И. Какабадзе, собрались на совещание следующие лица: Н. Жордания, Н. Чхеидзе, сам Ниношвили, Е. Вацадзе, Мих. Цхакая, И. Какабадзе, Ис. Рамишвили, Ис. Квицаридзе, Д. Каландаришвили, С. Киладзе, Сил. Джибладзе и А. Цитлидзе. Всего 13 человек. Участники этого совещания искали нового пути для своей деятельности. Они должны были выбрать одно из двух: или стать на русскую народническую точку зрения, или — на позицию марксизма. Начался обмен мнений, который продолжался два дня и две ночи. В дебатах стало ясно, что большинство совещания еще не освободилось от народнических воззрений, хотя у всех замечалась определенная тенденция к марксизму. Но этого не было достаточно. Нужно было глубокое знание доктрины марксизма, чтобы составить программу. И насколько было слабо знание марксизма среди участников совещания, доказало то, что программа, которую они приняли как марксистскую, почти ничем не отличалась от общей программы русских народников. И это стало настолько очевидно, что под конец совещания Жордания и Чхеидзе настояли на том, чтобы выработать новую программу и собраться вторично для ее рассмотрения. Составить программу поручили Жордания. Жордания согласился и составил новую программу, для рассмотрения которой, в 1893 году, в г. Тифлисе состоялось новое совещание той же группы, в том же составе. Этому совещанию Жордания представил свой проект программы, который назывался: «Что делать?». Как обоснование, так и заключительные пункты, за маленькими поправками, были приняты единогласно, и было постановлено ее опубликование. Она и была опубликована в следующем году в ежемесячном журнале «Моамбе» с измененным заглавием: «Экономическое преуспевание и национальность». Основные пункты этой программной работы и стали теми руководящими идеями, которыми руководилась группа в своей дальнейшей деятельности. Было постановлено также приступить к организационной и политической работе. Было высказано пожелание, чтобы для более основательного изучения теории Маркса и европейского рабочего движения изучать иностранные языки, отправлять за границу способных молодых товарищей, оказывая им в этом материальную поддержку. На этой почве и возникла идея отправить автора проекта программы, Н. Жордания, в Европу сейчас же.

Так возникла и создалась первая группа грузинских марксистов с определенной программой и планом для своей деятельности. С этого момента и считается история возникновения грузинской социал-демократической партии. Во главе ее с первого же дня ее возникновения стал Н. Жордания и оставался ее бессменным лидером в продолжение 60 лет, до последней минуты своей жизни. Что Жордания был лидером и идейным вдохновителем грузинской социал-демократической партии, не могут не признать теперь и историки грузинских большевиков. Один из этих историков, С. Хундадзе, в своей книге, изданной в советской Грузии под названием «Для истории социализма в Грузии», относительно Жордания пишет следующее:

> «Теперь никто не оспаривает, что в 90-х годах, в общественном развитии грузинской жизни Н. Жордания сыграл огром-

ную роль. Помимо того, что он вел энергичную борьбу против старых течений, — народников и сторонников «Иверии», — и этим пропагандировал в прессе новые идеи, его писания полны глубокого знания трактуемых вопросов и написаны они прекрасно. Способнейший автор с самого начала обратил на себя всеобщее внимание, и большинством новой группы был признан своим лидером» (том II, стор. 277).

В первых числах мая 1894 года в деревне Чочкаты (в Гурии) умер один из основателей «Месаме даси», Ниношвили. Группа «Месаме даси» решила выступить на его похоронах открыто от имени группы и произнести программное слово поручила своему члену, С. Джибладзе. Джибладзе в своей надгробной речи, охарактеризовав значение Ниношвили как беллетриста, стал развивать программу своей группы, упомянув, что одним из основателей этой группы был сам Ниношвили. А по существу программы этой группы сказал:

«Наша жизнь сегодня представляет из себя два новых класса, противостоящих друг другу. Один — это представители физического и умственного труда, а другой — буржуи и капиталисты. Для первого — тяжелый труд, а для другого — присвоение созданного этим трудом. Вот где обрывается мост у нас, а в других странах уже давно оборвался. Вот где начинается пропасть в нашей жизни, а в других странах эта пропасть образовалась уже давно. Говоря словами одного ученого, наша эпоха беременна социальным злом, и для облегчения родов трудятся теперь лучшие представители молодого поколения»...

Это было совершенно новое слово, еще никем не сказанное в грузинском обществе. И это верно подметил известный писатель и общественный деятель, Георгий Церетели, отец одного из руководителей российской революции 17-го года, Ираклия Церетели. Георгий Церетели присутствовал на похоронах Ниношвили и, когда вернулся в Тифлис, напечатал подробный отчет об этих похоронах в своей газете «Квали». В этой статье-отчете он первый довел до сведения своих читателей о «рождении новой группы», от имени которой программное слово произнес С. Джибладзе. — «На могиле Ниношвили собралась новая группа, которая укажет грузинскому народу новый путь развития и будет им руководить», — писал Георгий Церетели. И назвал он эту новую группу — «Месаме даси», «третья группа». Это и была та группа, которая собралась в 1892 году по инициативе Ниношвили в Квирилах. Называя эту группу «третьей», Г. Церетели руководствовался простой хронологией разных групп и партий, так как две группы в то время уже существовали: одна — консервативная вокруг газеты «Иверия», а другая — либерально-народническая, конгломерат всех, кто не был согласен с «Иверией». Таким образом эта новая группа стала по счету третьей, и название, данное ей Церетели — «Месаме даси», стало легальным названием нелегальной группы и синонимом социал-демократической партии. Под этим названием происходили все легальные выступления этой группы.

Считаю нужным здесь же отметить следующее: как сам Сталин, так и его биографы пишут, как будто «Сталин, Цулукидзе и Кецховели были членами этой группы «Месаме даси», занимали ее левое крыло и вели ожесточенную борьбу против оппортунистического правого крыла, которым руководил Жордания». Все это сплошная выдумка. Сталин и его вышеупомянутые товарищи не только не вели никакой борьбы «против правого крыла», но ни один из них не был даже членом этой группы. Названием «Месаме даси» эта группа пользовалась практически только для создания социал-демократической организации, т. е. до 1898 года. В этом году была создана первая социал-демократическая организация в Тифлисе, и с этого года название «Месаме даси» стало только обозначением исторической даты. Так оно и вошло в историю общественного развития грузинской жизни. Когда говорят «Месаме даси», — имеют в виду только ту группу, выступление которой имело место на похоронах Ниношвили 8 мая 1894 года, в деревне Чочхаты (в Гурии), имена и фамилии членов которой я привел выше.

Группа «Месаме даси» не имела своей газеты для распространения своих идей, пока из-за границы не вернулся Жордания. Жордания вернулся из-за границы в 1898 году. Приехал он прямо в Ланчхуты, и здесь через несколько дней в его доме собрались те, которые в 1893 году приняли общую программу и его самого отправили за границу. Жордания сделал своей группе подробный доклад о том, как стоит в Европе рабочий вопрос и какой общественный характер он имеет. Обменялись мнениями также относительно других практических вопросов, и выяснилась полная солидарность и одинаковое понимание предстоящих выступлений, исключая один вопрос — вопрос национальный. В этом вопросе оказалось такое большое расхождение, что решено было устроить расширенное совещание, главным образом для установления общей точки зрения на национальный вопрос. Совещание это состоялось в Тифлисе, на котором, кроме членов «Месаме даси» присутствовали и те социал-демократы, которые в то время кое-где вели социал-демократическую работу. Совещание, после долгого обмена мнениями, постановило присоединить к нелегальной работе и легальную, для чего иметь собственную газету. С этой целью совещание поручило Н. Жордания переговорить с Г. Церетели уступить им свою газету «Квали». Церетели согласился передать им «Квали» и, когда Жордания доложил об этом собранию, от имени последнего С. Джибладзе заявил, что ...«в таком случае совещание единогласно назначает Жордания редактором «Квали». Совещание уверено, что он, Жордания, примет во внимание мысли, на этом совещании высказанные, и «Квали» будет развивать те общие взгляды, которые были формулированы здесь. В этом отношении совещание питает к нему полное доверие».

Здесь же должно быть отмечено, что редактором «Квали», когда Жордания был арестован, стал Д. Топуридзе. Когда же Топуридзе был избран делегатом на второй конгрес социал-демократической партии в Лондоне, редактором «Квали» стал молодой социал-демократ Ираклий Церетели. А когда при его редакторстве правительство закрыло «Квали», стал выходить «Могзаури» (Путник) как частное издание под редакторством Махарадзе.

Таким образом с 1898 года газета «Квали» стала легальным органом грузинских социал-демократов. Это был в то же время первый случай во всей российской империи. В это время нигде, на всей территории России, социалисты не имели собственного легального органа.

С этого момента на страницах «Квали» появляются статьи, которые открыто противопоставляются националистическим и народническим взглядам. Загорелась борьба между двумя лагерями, борьба, которая приковала к себе общее внимание всего передового грузинского общества. Нечего и говорить, что в легальной газете, которая выходила под правительственной цензурой, чисто марксистских лозунгов нельзя было выставлять, но этого тогда и не требовалось. Тогда для установления общественной мысли главное значение имел теоретический спор, и борьба как раз в этой идеологической сфере и развернулась. Но на страницах «Квали», кроме статей теоретического характера, находили место и статьи иного характера. В предисловии к одной из своих книг Жордания совершенно верно отмечает, что грузинские марксисты с самого начала своего появления на общественной арене вели троякую борьбу: борьбу за культуру, борьбу за демократию и борьбу за социал-демократию. «В это благословенное время мне часто приходилось говорить то, что должны были сказать другие. Это была, так сказать, борьба за культуру и не надо удивляться, если порой мне приходилось быть и культуртрегером».

Самый длительный спор вызвал вопрос, установился ли в Грузии капитализм, или точнее — «просунул ли уже грузинский народ шею в ярмо капитализма», как утверждал Жордания на страницах «Квали». Полемика вокруг этого вопроса продолжалась целый год и чем дальше, тем более острый характер принимала. Народник Нанейсивили на страницах газеты «Иверия» в нескольких фельетонах старался доказать, что в Грузии не только не существует капитализма, но и не установится никогда, так как в Грузии нет ни одного завода, ни одной фабрики. Другой народник Ласкишвили в свою очередь утверждал, что капитализм в Грузии не только не существует, но и не может установиться, так как наше экономическое положение не допускает его установления.

Долгая полемика по этому вопросу разделила передовое грузинское общество на два лагеря, и она закончилась полной победой «Месаме даси» (соц.-дем.). Спор этот, так как с ним были связаны также и другие вопросы, как политического, так и тактически-организационного характера, очень способствовал поднятию общего уровня общественного понимания злободневных вопросов. Можно утверждать, что мое поколение (а это было первое марксистское поколение) познакомилось и увлеклось марксизмом через и с помощью «Квали» и из этого моего поколения и вышло впоследствии то огромное большинство пропагандистов, которые сыграли решающую роль в развитии революционного движения во всем Закавказье. В ходе развития событий «Квали» всецело стала на почву защиты интересов рабочих и благодаря этому приобрела громадную популярность. Рабочие считали ее своей газетой.

Царское правительство очень поздно догадалось о вредности направления «Квали». При обысках и арестах у всех находили номера «Квали», и это обратило на «Квали» внимание властей. Но популярность газеты была так велика, что местные власти не решились ее закрыть. Она была закрыта по постановлению трех министров. История грузинского общественного развития, а в частности рабочего движения, не только в Грузии, но и во всем Закавказье, неопровержимо свидетельствует о той громадной роли, которую сыграла в этом развитии еженедельная грузинская газета «Квали», — отмечает историк грузинской прессы.

Положения, которые легли в основу программы, выработанной «Месаме даси», стали теми главными вопросами, вокруг которых развернулась вся идеологическая и практическая деятельность группы «Месаме даси» или «дасистов», как стали называть их потом. И можно без преувеличения сказать, что в истории развития грузинской общественной мысли нет другой такой многосторонней и интересной эпохи, как 90-е годы. Эта эпоха во всех отношениях важна и богата содержанием. Это было началом не только политической и экономической борьбы, но и началом теоретического и идейного восприятия в грузинской общественной жизни.

После отправки Жордания за границу (1894 г.), оставшиеся члены «Месаме даси», согласно постановлению на последнем совещании, приступили к созданию среди тифлисских рабочих ячеек для пропаганды социал-демократических идей. В процессе этой работы стало известно, что в Тифлисе живет некто Ф. Афанасьев, который служит механиком в отделении швейных машин компании Зингер. Стало известно также, что в землемерном училище учится некто Станислав Ренигер, под кличкой «Юстин», и оба они имеют революционные книжки, и что они дают их для прочтения надежным рабочим. Произошло знакомство с обоими. Книги на самом деле оказались у них, но все они были на русском языке, а грузинские рабочие не умели читать по-русски. Пришлось переводить эти книжки на грузинский язык и так читать их в кружках. На этой почве и возникли так наз. «кружки чтения», где первоначальное понятие о рабочем движении получили многие из тех рабочих, которые потом стали вожаками движения. «Кружки чтения» стали быстро развиваться, и занятие в этих кружках стало более сложным. Теперь частная или личная инициатива уже не могла справиться с возросшей потребностью, в занятиях этих кружков потребовалось более интенсивное руководство. С этой целью из руководителей этих кружков создалась инициативная комиссия для создания одного общего органа для руководства и объединения всей этой кружковой работы. И эта инициативная комиссия в 1898 году создала один общий орган под названием «Тифлисский социал-демократический комитет». Это и есть первый социал-демократический орган в Грузии. Первый год в этот комитет входили исключительно рабочие, но на втором году, в 1899, в этот комитет кооптировали интеллигентов С. Джибладзе, С. Джугели и А. Шатилова.

Одним из главных руководителей комитета первого состава был В. Цабадзе. Цабадзе учился в тифлисском ремесленном училище. Училище это считалось ниже среднего по общему образованию, но техническое образование было так хорошо поставлено, что окончившие его свободно принимались в железнодорожные мастерские, где они скоро становились мастерами. Занятия в этом училище всецело происходили на русском языке и поэтому окончившие это училище говорили по-русски довольно свободно. Благодаря этому и Цабадзе владел русским языком настолько свободно, что когда не находил для кружка интеллигента, который мог бы читать по-русски и переводить тут же по-грузински, занимался этим сам. Так что он был и организатором и пропагандистом и проявлял в обоих случаях большую активность. Он был выбран делегатом на первый Минский съезд РСДРП (1898), но был арестован перед отъездом, из-за чего не попал на этот съезд. Когда его освободили, он сейчас же принялся за работу в кружках и надо сказать, что много труда вложил в развитие и расширение социал-демократических идей. Он и потом не оставлял этой работы и, несмотря на годы, принимал самое активное участие в общественной работе. После покорения он остался в Грузии, убежденный в том, что так как он впервые ввел Сталина для занятия в эти кружки и на этой почве у него было довольно близкое знакомство с ним, Сталин пощадит его. Но ошибся, — в числе других он был арестован и расстрелян.

Параллельно с занятиями в школе я начал готовиться на аттестат зрелости. К весне я сдал экзамены и осенью уже поступил, но не в Харьковский университет, а в психо-неврологический институт в Петербурге. Этот первый год моего студенчества оказался годом исключительным в высших учебных заведениях: везде волнения, забастовки, месяцами закрытие университетов, перманентные студенческие сходки, революционные речи и резолюции, бойкот правых профессоров и высылки, столкновения с полицией и пр. Словом, кипела вовсю политическая жизнь. Об учебе никто не думал, чтение лекций почти совсем прекратилось. Студенческие волнения отзывались и вне университета, и это еще больше усиливало народное возбуждение, которое в своем развитии предвещало революцию. Для меня все это было нечто сказочное. Приезжего из маленького села эти бунтующие волны и пугали, и увлекали. Я старался усвоить и воспринять все, что происходило в стенах университета, чтобы пользоваться им в случае надобности.

Учебный год закончился в этих беспрерывных сходках и волнениях и в конце года вместе с другими, нагруженный не наукой, а революционным богатым лексиконом и чрезмерно воодушевленный всем виденным, я вернулся в мою деревню. По приезде сейчас же повидался с моим милым заведующим Ланчхутской школой, Цитлидзе, и рассказал ему все подробно о студенческой жизни. Он остался очень доволен моим сообщением и просил заходить к нему всегда, когда буду в Ланчхутах.

В моей деревне после годичного моего отсутствия я застал большие изменения. В первый же день в разговорах с моими родными я часто слыхал слово «батумский рабочий». Что означало это слово? Откуда оно взялось? Частое повторение этого термина меня очень интриговало. Мой сосед-студент в этом году не приехал. Однажды мать, упоминая одного соседа, добавила: он «батумский рабочий». «Некоторые работают в Батуме, некоторые в Тифлисе, что тут нового, это всегда так и было» — говорю я. «Нет, — сказала мать — его привели сюда под стражей и вручили старшине под условием, что в неделю раз он должен явиться в сельскую канцелярию и зарегистрироваться. Он не имеет права без разрешения начальства отлучиться из деревни. И, — понизив голос, добавила — он, оказывается, против государя». После институтской бурной жизни и всего того, что я там наслушался, рассказ матери был для меня большим сюрпризом. На второй же день я повидался с этим «батумским рабочим» и узнал от него очень интересные вещи. Узнал, что в Батуме на нефтяных заводах имела место грандиозная забастовка. Забастовка началась требованием увеличения заработной платы. В забастовку вмешалась полиция, и произошло столкновение между полицией и рабочими; были с обеих сторон убитые и раненые; арестовали многих и выслали под конвоем в свои деревни, а заводы закрыли, но неизвестно, — временно или навсегда. В следующие дни мы опять встретились и продолжали разговор о батумских событиях. Из этих разговоров я убедился, что эти рабочие очень высоко стояли в сравнении с крестьянами в понимании существующих условий и в стремлении к общественным вопросам. Понял, что созданный новый термин «батумский рабочий» означал развитого человека, борющегося против царя. Понял, что этим словом сельчане выделяли их из других сельчан. Оказалось, что этих «батумских рабочих» довольно много и что они живут также и в соседних деревнях. Они имели между собой довольно тесное общение, бывали друг у друга и интересовались общими делами. Когда кто-нибудь из них приходил в наше село, мой сосед сейчас же сообщал мне и приглашал к себе. Таким образом, в продолжение лета я познакомился с многими из них и вел с ними оживленную беседу о современных вопросах. Удивляло меня то, что они очень мало говорили об экономическом положении и все внимание уделяли политическим вопросам. Для них главное было уничтожение самодержавного строя; они утверждали, что экономическое положение после падения режима само собой «выпрямится». Такой образ мыслей мне был знаком из студенческой жизни и удивляло — откуда такая мысль у этих простых рабочих! Когда они успели слышать все это и так твердо усвоить? Наверное эти вопросы были выдвинуты жизнью давно, но я их не знал!

Во время этих летних встреч самое глубокое впечатление произвело на меня заявление одного из рабочих: «Студенческое движение — сказал он — дело очень хорошее. Оно будит общество, толкает на действие, усиливает революционное настроение, но решить вопроса оно все-таки не может. Это дело рабочих: помимо рабочего движения царский режим невозможно уничтожить. Главная сила — это рабочие, и это хорошо знает само правительство. Поэтому-то и наказало оно из-за одной демонстрации стольких рабочих, скольких студентов оно не накажет за целый год, хоть они каждый день устраивали всякие демонстрации». Он не говорил все это из-за вражды к студенчеству. Нет, он рассуждал и движущей силой революции признавал только рабочий класс. А все остальные общественные силы считал вспомогательными. И если я до сих пор единственной революционной силой считал студенчество и этим был увлечен, то после знакомства с этими «батумскими рабочими» и разговора с ними, я постепенно убеждался, что оказывается есть еще и другая сила и, если не единственная, как утверждал мой новый знакомый, то вторая во всяком случае. И эта сила — рабочий класс.

В течение лета часто приглашали меня новые знакомые в разные деревни, в некоторых местах по их просьбе я делал доклады о жизни студентов, о борьбе за народ и, в свою очередь, я сам очень многое узнал от них из истории рабочего движения. У одного из них оказалась даже нелегальная брошюра, которую я прочел с большим интересом. Под влиянием всего этого я решил не ехать на второй год в институт, (все равно заниматься при создавшихся условиях было бы невозможно), а революционной работой при желании, оказывается, и здесь можно было заняться. Родители тоже согласились с этим, и я остался в деревне. Мои новые друзья, «батумские рабочие», тоже остались довольны и обещали держать меня в курсе всего того, что касается революционного движения.

Остаться я решил, но чем буду заниматься, о том еще не имел никакого понятия. Часто ходил в Ланчхуты, бывал всегда у Цитлидзе и узнавал от него интересные новости. При последнем свидании я сообщил ему, что не еду в институт, а остаюсь здесь. Он был очень доволен и сам предложил заменить на некоторое время одного из учителей его школы. Я принял предложение и в начале учебного года переселился в Ланчхуты. Он дал мне одну комнату в здании самой школы, и я устроился в ней довольно сносно.

Пребывание в институте, личное знакомство с Жордания, чтение статей «Квали», встречи с «батумскими рабочими» — усилили во мне желание бросить окончательно учительство и заняться профессионально революционными делами. Но как и где? Вопрос был для меня довольно сложный. Для работы среди городских рабочих мое знание марксизма было недостаточно, хотя за это время оно очень подвинулось вперед. Знакомство с некоторыми членами «Месаме даси» давало мне возможность найти работу в городе, и я предпринял некоторые шаги в этом направлении. Но вскоре сложились обстоятельства так, что пришлось от этой мысли совершенно отказаться. Дело в том, что у некоторых из моих новых друзей, «батумских рабочих», зародилась идея начать революционную работу среди самих крестьян. Идея эта меня так заинтересовала, что о переходе в город и думать перестал. После многих совещаний с моими друзьями решено было с будущего года предпринять в этом направлении практические шаги, а до того изучить этот вопрос со всех сторон. Началась подготовка к будущему нашему выступлению. Но, пока расскажу об этом, считаю нужным познакомить моих читателей в самой краткой форме с положением в ту пору крестьянского вопроса вообще в Закавказье, а в частности в Грузии.

2

КРЕСТЬЯНСКИЙ ВОПРОС В ЗАКАВКАЗЬЕ И НАЧАЛО КРЕСТЬЯНСКОГО ДВИЖЕНИЯ В ГУРИИ

Грузия, после покорения ее русским императором, оказалась тесно связанной с другими частями Закавказья. Упразднив царства и княжества грузинские, царское правительство подчинило ее одному общему управлению, которое называлось «Кавказское наместничество». Столетнее управление, общая государственная политика и общие экономические мероприятия наложили свой отпечаток на жизнь закавказского населения и тысячью нитей связало их между собой. Поэтому рассмотрение положения Грузии независимо от положения всего Закавказья безусловно не дало бы ясного представления об интересующем здесь нас крестьянском вопросе. Поэтому знакомство с общим положением во всем Закавказье и крестьянским вопросом, хотя бы в краткой форме, считаю не лишенным интереса.

Не подлежит сомнению, что революционное движение в Грузии возникло под влиянием российского революционного движения и имело то же содержание, что и там. И выявилось оно в тех же формах, как и там. Но, несмотря на это, движение в Грузии все же имело свой особый характер, свой особый колорит. И не могло быть иначе. Не могло быть потому, что Грузия совсем не похожа на Россию ни по национальному составу, ни культурой, ни обычаями, ни местоположением, ни историей своего существования. И каждый из этих факторов имел свое значение и влияние как в отдельности, так и все вместе, и это давало движению свой специфический колорит и характер.

По занимаемому пространству Закавказье очень мало. И громадное значение имело то обстоятельство, что на этой маленькой территории проживало много национальностей: грузины, армяне, татары, осетины, абхазцы и лезгины. Как будто этого не было достаточно, русское правительство, с целью колониальной политики, эту национальную пестроту еще более усилило тем, что поселило еще три новые национальности: русских, немцев и греков. Все эти национальности стояли на разных ступенях развития и культуры. Самые отсталые были татары, осетины и греки. Самые культурные из местных — грузины и армяне, а из вселенных — немцы. Все эти национальности говорили на своих языках, следовали своим обычаям, руководствовались своей национальной моралью, благодаря чему общие интересы, общая солидарность очень слабо прививались. Напротив, порой возникала и настоящая вражда. Тогдашнее имперское правительство через местных своих агентов очень способствовало разжиганию этой вражды и, к несчастью, часто достигало своей преступной цели, из-за чего люди жившие бок о бок часто враждовали между собой, и между ними выростала высокая стена недоверия. Результатом этого было то, что каждый из этих народов жил только сам собою и никаких желаний не обнаруживал поделить со своими соседями и горе, и радость. Вселенным нациям, в особенности немцам и русским, правительство давало очень много привилегий в сравнении с остальными. Для этого достаточно отметить, что когда, например, на душу грузинского крестьянина с трудом приходилось полдесятины земли, немцам на душу отпускалось 16 десятин, а местами и больше. Эта материальная привилегия поневоле бросалась в глаза и еще больше увеличивала межнациональную неприязнь.

Грузия была покоренная страна. Покорителями были русские императоры и поэтому правителями, чиновниками, генералами, промышленниками и купцами бывали в громадном большинстве только русские. Для этих чиновников местное население представляло низшую расу, называли их «туземцами», считали необразованными и некультурными народами, назначение которых, по их мнению, было подчиняться и обслуживать их. В экономическом отношении страна была включена в колониальную сферу. Это означало, что она должна была быть, с одной стороны, заготовителем сырого материала для русских фабрикантов, а с другой стороны, — рынком для сбыта их товаров. Правда, здесь была полная невозможность для создания местной промышленности, но, чтобы русские промышленники не лишились рынка для сбыта своих товаров, правительство всеми способами мешало и искусственно создавало всевозможные трудности и препятствия для его начинания и развития. Но то же правительство способствовало развитию тех отраслей, которые имели стратегическое значение для его колониальной политики, и заготовлению таких сырых материалов, которые необходимы были для русской промышленности или для экспорта за границу. В этом отношении большое значение имело проведение шоссейных и железных дорог. В 1871 году проведена была магистраль Тифлис—Поти, а в 1883 году закончилось проведение магистрали Баку—Батум. С проведением этой магистрали установилась регулярная и тесная связь между двумя морями — Черным и Каспийским. И этим Грузия тесно связалась с Закавказьем в целом, а само Закавказье стало очень важной частью всей российской экономической жизни. Посредством железной дороги бакинская нефть полилась широкой рекой в Европу и Азию, а с открытием в 1889 году Владикавказской железной дороги — для бакинской нефти открылся широкий рынок и на севере. Благодаря всему этому нефтяная промышленность развилась невероятным темпом. С какой быстротой она развивалась показывают две цифры: в 1882 году продукция бакинской нефти составляла всего 50 миллионов пудов, а в 1902 году, т. е. через 20 лет, — 636 миллионов пудов. Нефть вывозилась в Европу через Батум, а это вызвало настолько быстрый рост города, что он, представлявший маленький городок в 90-х годах, стал теперь вторым городом во всем Закавказье. Не менее интересна и история марганца: марганцевая промышленность началась иностранцами, так как в то время потребность в марганце была только за границей. И если вывоз его за границу в 1880 году не превышал 254.000 пудов, то в 1900 г., т. е. через 20 лет, он достиг 40.363.499 пудов. (Л. Марков. «Очерки батумской торговли нефтяными продуктами», стр. 310). Я привел эти цифры для того, чтобы указать на то, что нефть и марганец были экспортным товаром, и потому они не оказали влияния на развитие местной промышленности, несмотря на свой сказочный рост. Поэтому говорить о местной промышленности в ту эпоху не приходится. Ее не существовало.

Каково же было положение сельского хозяйства?

Как известно, основой сельского хозяйства считается земля и владение ею. В этом отношении между тремя основными народами — грузины, армяне и татары — была огромная разница. В тех местностях, где обитали татары, крепостного права никогда не существовало. Благодаря этому как владение землей, так и правила пользования этими землями и по форме, и по характеру очень отличались от существующих правил в других местах. В татарских местностях все земли составляли собственность одного лица. Этим лицом был тот, кто стоял во главе государства.

Он назначал начальниками своих провинций ханов, беков и агаларов, которым поручалось собирание всяких податей от людей, поселившихся на этих землях. Подати эти доставлялись в казну, а сборщики, т. е. ханы, беки и агалары, за свои услуги получали свою часть натурой, иногда деньгами, но редко. Размер податей был заранее предопределен и установлен, так что его ни увеличить, ни уменьшить не могли. Они не имели также никакого права притеснять плательщиков податей, так что функции бек-агаларов строго-настрого были разграничены и предусмотрены. Они были простыми чиновниками и ничего более. Ничего общего это не имело с порядками и условиями крепостного взаимоотношения. Крепостничество в этих местностях установилось после того, как завоевала их Россия, которая всех этих беков и агаларов произвела в помещики, а земли и крестьян объявила их собственностью. С этого и возникло здесь крепостничество. Правда, потом, после ревизии сенатора Гана, управление Закавказья вынуждено было отобрать у беков и агаларов как земли, так и крестьян и взамен назначить им пенсии. Но это вызвало большое неудовольствие среди беков и агаларов, и так как это сословие в этих местностях было необходимо для утверждения русской власти, император согласился удовлетворить ходатайство наместника Воронцова и вернул им отобранные земли, но крестьян оставил для себя, т. е. зачислил их в число государственных крестьян. Таким образом во владение беков и агаларов перешло огромное пространство очень плодородной земли, годной для высокой культуры (рис, хлопок, табак и др.), а на крестьян наложили большие подати в пользу государства. В то же время они вынуждены были давать новым помещикам за пользование землей высокие ставки, которые устанавливали сами беки и агалары.

Эти новые помещики очень жадно использовали стесненное до крайности положение своих крестьян и вместе с полевым хозяйством занялись также и скотоводством. На громадных пространствах паслись их стада рогатого скота, так что скотоводство давало им больше дохода, чем полевое хозяйство. Таким образом экономическое положение этих бек-агаларов было обеспечено двумя источниками дохода — скотоводства и полеводства. Большинство этих бек-агаларов почти безвыездно жило в деревнях, и их житье-бытье ничем не выделялось из сельской жизни вообще. А жизнь эта была слишком примитивна и абсолютно не испытывала влияния современной городской культурной жизни. Их сельскую примитивную жизнь всецело удовлетворяло сельское натуральное хозяйство, вследствие чего они никогда не страдали от того денежного кризиса, который разорил такое же сословие в других частях Закавказья. Нет сомнения, были исключения и здесь, но не как общее правило. Но и в таких случаях земля переходила не в чужие руки, а к тем же соседям бекам или бекам-капиталистам из города. И поэтому такие крупные нефтепромышленники как Тагиев, Нагиев и другие были в то же время и крупные капиталисты и феодалы. Это было одной из главных причин, что среди мусульманской буржуазии не зародился и не развился тот экономический либерализм, следствием которого был бы либерализм политический, который так необходим был для общественного развития жизни мусульманских народов. И поэтому вся мусульманская национальная жизнь протекала под влиянием реакционной идеологии этих беков.

То положение, что огромное большинство беков не покидало деревни и больше внимания уделяло сельскому хозяйству, чем городской промышленности, стало тем фактором, который не затрагивал тот социальный базис, на который опиралось их господство. Поэтому эти беки всеми средствами старались расширить и усилить свое влияние на крестьян. Нигде крестьяне не были так порабощены и угнетены, как здесь. Но эти беки и агалары не только в местной жизни играли реакционную роль, но и во всем Закавказье. Карательные отряды, командиры «дикой дивизии» и стражники для подавления революционного движения в других частях Закавказья вербовались именно из этих беков-агаларов. Везде и всюду именно они выступали в качестве верных защитников царского режима.

Таково было экономическое положение одного нашего соседа — мусульманского народа. И положение их крестьян настолько было печально, что в продолжении десятков лет революционное движение не имело никакого отзвука среди них. Они были так порабощены, что ни разу не выступили против своих притеснителей; они были всецело во власти своих беков-агаларов и не смели пикнуть против них. Не надо забывать и того, что эти татары-крестьяне были всецело во власти религиозного фанатизма, и их легко можно было использовать как против революционеров, так и против народов других вероисповеданий. Достаточно вспомнить печальной памяти «армяно-татарскую резню».

Другой сосед были армяне. У армян было совсем другое положение. Здесь было движение, и в нем принимали участие и крестьяне, но это было движение скорее национальное, чем революционное. И объясняется это особой исторической судьбой армянского народа. Как известно, армянское государственное существование прекратилось в средние века, и армян постигла судьба евреев: они разбрелись в разные государства, хотя большинство из них все же осталось в Закавказье и в Малой Азии. Но и в такой разобщенности у них не ослабло чувство тесного общения и стремления к объединению. А так как у них не оказалось объединяющего центра во главе с царем или правительством, — они создали другой центр, другое руководство.

Таким руководителем стал «духовный царь» или иначе — католикос, который в ходе событий и времени стал для всех армян настоящим и «светским царем». Это обстоятельство очень способствовало усилению среди армян клерикального настроения, что повлекло за собой чрезмерное усиление церковных властей и служителей. Народ всецело подпал под влияние духовенства. И так как в национальной борьбе и церковь приняла большое участие, церковь и духовенство стали синонимом их национального стремления. Католикос, священники и епископы в народном сознании стали знаменоносцами национального освобождения, и это имело во многих отношениях отрицательное влияние на общее народное мышление.

Как было выше отмечено, довольно большая часть армянского народа очутилась в пределах Турции. Турция одно время была большим и сильным государством, но в 19-ом веке она настолько ослабела, что ее называли «больной страной». В ее ослаблении были заинтересованы два государства — Россия и Англия, которые в то же время недолюбливали и друг друга. И одна и другая старались использовать для своих целей этих турецких армян, которые представляли слишком беспокойный элемент и в самой Турции. Армяне и культурно и экономически стояли значительно выше турок, и когда в 1878 году от турецкого владычества освободились болгары, — пожелали сбросить турецкое иго и армяне. И началась борьба, которая ставила своей целью освобождение турецких армян, присоединение их к закавказским армянам и создание таким путем «Великой Армении». Нет сомнения, что в этой борьбе обещало им поддержку российское правительство. Поэтому ни одна кавказская национальность не была так заинтересована в усилении русской власти на Кавказе, как армяне. Они были готовы защищать эту власть не «за страх, а за совесть», как говорится. Поэтому режим не имел для них такого значения, чтобы из-за этого начать борьбу против царя. Отсюда и то равнодушие к революционной борьбе, которое чувствовалось среди армянского народа. Правда, закон 12 июня 1903 года озлобил их против правительства и за отмену его началась энергичная борьба, но как только этот закон отменили, — восстановилось былое отношение. Таково было положение другого нашего соседа — армян.

Мы ничего не сказали специально о крестьянах. И это потому, что, благодаря вышеуказанным исторически сложившимся условиям, крестьян, как сословия, в том виде, как мы видели их в других нациях, здесь не было. Правда, было несколько помещиков, на земле которых крестьяне вели свое полевое хозяйство, но они были большею частью арендаторы, которые легко переходили на более льготных условиях на бекские земли. Арендная система была установлена и на землях церквей и монастырей. Ввиду всего этого в армянском народе специфически крестьянского вопроса почти не существовало.

Каково было положение в самой Грузии?

Здесь надо отметить прежде всего то, что ни в одной из наших соседних областей не имело место крепостное право. Во всем Закавказье оно существовало только в Грузии. Ни среди татар, ни среди армян его не было. Как известно, институт крепостного права был упразднен в России в 1861 году; но у нас в Грузии его упразднили только в 1864—1867 гг.

От упразднения крепостного права из всех народов, населяющих территорию Российской Империи, больше всех пострадало грузинское крестьянство. Подробный разбор этого вопроса не связан с моей темой воспоминаний, а потому я ограничусь приведением некоторых сведений.

По положению, вся земля, на которой жили и работали крестьяне, была признана собственностью помещика, но для пользования оставалась у крестьян, и за это право они должны были платить помещикам известную долю продуктами, что называлось «наделом». Размер надела определялся свойствами и качествами земли. Например, за дворовую землю полагалось 3—6 рублей в год, сады и виноградники — четверть всего урожая, а в некоторых районах — треть, сенокосы — треть, за хлебные поля — четверть урожая, а местами — треть, лес — по соглашению, за пастбища — по обычаям и т. д. И в то же время крестьян ограничили в правах в смысле пользования землей — они лишались прав иметь в своем распоряжении выше определенной нормы. По исследованию Ореста Семина, в Тифлисской губернии до реформы крестьянин имел в своем распоряжении в среднем 6 десятин, а после реформы — только 3,9 десятины, в Кутаисской губернии до реформы приходилось на семью 4,5 десятины, а после реформы — только 2,5 дес. Последствия этой реформы настолько тяжелы были для грузинских крестьян, что даже правительство признавало это и вынуждено было удостоверить публично. Наместник Воронцов-Дашков в своем докладе в 1905 году писал: «Реформа эта из крупных землевладельцев дала мелких землевладельцев, а из мелких землевладельцев — совершенно безземельных».

По закону крестьяне имели право выкупить у помещиков те участки, которые они обрабатывали, и для этой цели правительство открыло им долгий кредит. Русским крестьянам полагалось по закону на десятину 80 рублей кредита, тогда как грузинским крестьянам отпускалось только 30 рублей. Сумма выкупа была настолько велика, что при общей бедности найти нужную сумму для крестьянина становилось абсолютно невозможным. Но если даже достал бы, то и тогда перед ним вставал 9-й пункт, в силу которого крестьянин мог выкупить свой участок только в том случае, если на это согласен был сам владелец — помещик. А так как большинство бывших помещиков предпочитало оставить земли у себя, операция выкупа за 40 лет со дня упразднения крепостного права была осуществлена только на 50 процентов. Но самое удивительное было то, что крестьянин по закону не имел права просто отказаться совсем от этих надельных участков земли, или передать их другому и таким образом избавиться от обязательств, связанных с ними. Для этого необходимо было или согласие бывшего помещика, или постановление мирового посредника. Ни то, ни другое не давалось легко. В России это крестьянское обязательство по отношению к своему бывшему помещику имело срок и прекратилось в 1880 году. Но у нас оно продолжалось больше 50 лет и после многих перипетий с трудом прекратилось в 1911 году.

По исследованию специалистов в Кутаисской губернии эти надельные земли могли прокормить очень малую часть крестьян. Поэтому остальные вынуждены были арендовать у помещиков известные участки земли для посева, а размер аренды зависел всецело от помещика. По исследованию тех же специалистов, число арендаторов-крестьян составляло 60 процентов общего числа крестьян. Таким образом, доход помещика, благодаря реформе, возрос так, что сам он ни труда, ни капитала не вкладывал. И сверх того — за согласие освободить своих крестьян получал 25 рублей за душу.

Нигде в мире княжество и дворянство не составляло такого большого процента общего числа жителей, как в Грузии. По переписи 1897 года княжество и дворянство в Грузии составляло 5,26 процента всего населения, среди татар — 3,4 процента, а среди армян — 0,85 процентов. Еще задолго до начала революционного движения среди грузинского дворянства начался тот процесс, который зарождается везде при исчезновении натурального хозяйства. И поскольку быстро усиливался и развивался этот процесс, постольку быстро рушился тот фундамент, на котором основано было благоденствие этих бывших помещиков. Старое, привычное примитивное хозяйство теперь уже не могло удовлетворить те сложные потребности, которые выявляло новое время, и которые так широко восприняло наше княжество и дворянство. И так как в смысле культурном княжество стояло безусловно выше такого же сословия среди соседних народов, теперь их потребностей не могла удовлетворить деревня. Городскую жизнь мог дать только город, и вот наше дворянство устремилось в города, покидая деревни. И каким темпом развивался этот процесс, доказывает та же перепись 1897 года. По этой переписи 41,40 проц. дворянства Тифлисской губернии во время переписи жило в городах, тогда как число проживающих в городах беков и агаларов за тот же период не достигало и 22 проц. Оставление деревень и переселение в город имело то значение, что большинство грузинского дворянства теперь заботилось не о том, чтобы сохранить и усилить свое влияние и свою власть над крестьянами, как это делали татарские беки и агалары, а о том, как устроиться в городе и приобщиться к городской сложной и прогрессивной жизни. И так как для городской жизни нужны были деньги, стала общим явлением продажа своих земель отдельными участками или заклад в банках целых имений; из-за неуплаты своевременно причитающихся сумм банку, ценные имения продавались на торгах за бесценок. Благодаря такому образу жизни среди нашего дворянства никогда не имело место реакционное течение мысли, и этим оно слишком отличалось от родственного сословия соседних народов. Напротив, среди нашего дворянства очень рано появились элементы, которых характеризовали и воодушевляли совсем иные интересы и стремления, чем их прадедов. Эта часть дворянства образом своей жизни и социальным положением почти ничем не отличалась от жизни простого народа, благодаря чему в процессе развития событий и времени они постепенно освобождались от привычек и воззрений своих предков, от сословных традиций и легко усваивали новые и смелые мысли, доказательством чего может служить тот факт, что в партии социал-демократов числились сотни из этого сословия и не только простыми рядовыми, но в большинстве лидерами и руководителями. Так было и в других революционных партиях. А либеральная партия почти вся состояла из выходцев из этого сословия.

Из этого краткого очерка Закавказья легко заметить, что хотя Закавказье было объединено, но было объединено внешне, механически, административно. А внутри оно было разобщено; народы стоящие и культурно и экономически на разных ступенях развития. Никаких общих интересов, никаких общих идеалов; по составу население слишком пестрое и в некоторых случаях даже друг против друга враждебно настроенное. И вот при таких условиях, в начале 20-го столетия, началось то революционное движение, которое очень скоро привлекло общее мировое внимание. И среди этого движения особое место занимает «гурийское крестьянское движение», о котором я буду рассказывать теперь более подробно.

Выше я уже говорил, как мы готовились к работе среди крестьян. Настало время и для практических шагов в этом направлении. Для начала мы выбрали деревню Нигоити. Деревня Нигоити находится на расстоянии трех километров от Ланчхуты, имея свою железнодорожную станцию — Нигоити. Здесь жило много рабочих, высланных из Батума, так называемых «батумских рабочих», из которых я многих уже знал. Здесь было также самое крупное княжеское поместье, на котором вели полевое хозяйство многие сотни крестьян. Ни в одной гурийской деревне не было такого крупного имения. Гурийские помещики распродали большинство своих земель по отдельным отрезам. И если здесь, в Нигоити, еще находилось такое огромное феодальное наследие, то это потому, что оно было заложено в Дворянском банке. Согласно уставу этого банка заложенная земля оставалась в руках патрона, но он не имел права ни продавать, ни передать кому-либо. Он обязан был в определенные сроки вносить известную сумму для покрытия долга. И если не вносил — банк имел право продать землю. Нигоитское поместье принадлежало князьям Мачутадзе, которые регулярно вносили в банк причитающуюся сумму, благодаря чему земля находилась в полном их распоряжении, и они давали крестьянам на известных условиях отдельные участки для обработки. В выработке этих условий банк не принимал никакого участия, и благодаря этим банковским условиям и сохранилось такое огромное поместье не распроданным. Это обстоятельство имело решающее значение —

начать первую революционную акцию именно здесь, в Нигоити. Здесь именно легче было организовать крестьянское выступление на экономической почве, чем где-нибудь в другом месте. Существующие здесь условия аренды очень облегчали наше предприятие. Правда, это не была политическая борьба, которая меня интересовала в первую очередь, но я не сомневался, что борьба, начатая на почве арендных условий, со временем станет и политической. Вместе с моими друзьями, «батумскими рабочими», мы приступили к изучению арендных условий и согласно этому выработали те требования, которые потом и были предъявлены здешними крестьянами к помещикам.

До предъявления требований мы устроили встречу с надежными лицами из крестьян. Нигоити — большая деревня. В ней объединилось семь сел и число жителей превышало 1.600 душ. Товарищ мой по работе, Л. Самсонадзе, принял на себя инициативу собрать надежных представителей крестьян. Он был сам из этой деревни и знал всех. В один вечер в семье одного из этих крестьян состоялась моя первая встреча с представителями крестьян. Их было человек 16. Среди них и молодые, и взрослые, несколько даже стариков. Между мною и этими представителями произошел оживленный обмен мнений. Крестьяне говорили: «Мы обрабатываем десятки лет эти земли, платим больше, чем полагается. Бывают годы, когда вследствие засухи урожай плохой, но платим всю условленную долю и бывает так, что для нас почти ничего не остается. Хотим, чтобы эти условия были изменены». «Но практически, как должно быть организовано все это по-вашему?» — спрашиваю я. «Мы думаем, что лучше будет так: — сказали они — надо сначала послать делегацию с просьбой уменьшить арендную плату и, если не согласятся, начать борьбу». — «Но какую борьбу можете вы вести? Фабричные рабочие могут бороться путем забастовок, а вы? Какую же борьбу может вести крестьянин против помещика, кроме того, что не обработает помещичью землю? Но тогда вы же умрете с голоду!» — говорю я. На это почти все сразу ответили: — «Не станем засевать их земли». «Вы не засеете, засеют другие» — отвечаю я. — «Нет! Не позволим никому засеять!» — «Но голод?» — «Ничего. Проживем как-нибудь. Раньше нас помрет с голоду сам патрон. И если между нами — крестьянами будет солидарность и не изменим друг другу, помещики наверное уступят и спор до борьбы не доведут!» И все это крестьяне говорили с таким убеждением и таким тоном, что было ясно, что они не боялись борьбы. Выслушав их, я предупредил: «Вы не должны думать, что борьба будет легкая, возможно и вмешательство правительства, возможны и репрессии и вы должны со всем этим примириться». — «Как-нибудь выдержим», — сказал один из них, улыбаясь. Так как главным орудием борьбы они считали — не засевать полей в случае неудачи переговоров, а время посева приближалось, я посоветовал им не пропускать срок посева, засеять поля по обыкновению и только после этого предъявить требования. Свое предложение я мотивировал тем, что, если помещики согласятся, а поля останутся незасеянными, — пострадают сами они. Совет мой они приняли и мы условились: как только сев полей закончится, собраться нам сейчас же, выработать требования и предпринять практические шаги для проведения их в жизнь. Постановили также встречаться всем нам раз в неделю для обмена мнениями по разным вопросам, предупреждать друг друга и ничего никому не говорить.

Сезон посева земель скоро наступил, началась обыкновенная работа, скоро она и закончилась, и наступил момент для действия. Для предъявления помещикам я выработал требования, которые единогласно были одобрены нашим совещанием. Вот эти требования:

1. Взамен существующей нормы на урожай — $1/4$ и $1/3$ установить $1/8$ и $1/10$.
2. Упразднение платы за пастбища.
3. Принятие участия в работах по проведению и ремонту общественных и сельских дорог.
4. Упразднение налога в пользу священников — 2 рубля в год — который назывался «Драмис фули» (драм — деньги).
5. Принятие участия в расходах по содержанию сельских учреждений и школ — всем сословием, а не только со стороны крестьян, как это было до сих пор.

При выработке этих пунктов я руководился главным образом тем, чтобы не было таких пунктов, которые могли бы вызвать открытое вмешательство правительства. Был, например, пункт об упразднении акциза на водку для своего собственного употребления, а не для продажи. На этой почве было много неприятностей со стороны властей, которые очень строго преследовали этих тайных винокуров, и крестьяне очень настаивали на включение этого пункта, но мне удалось убедить их в том, что так как этот пункт не имеет прямого отношения к помещикам — исключить. Пункт был исключен, а остальные одобрены. Среди этих пунктов нет ничего, что могло вызвать вмешательство властей. И это было сделано сознательно. Я придавал большое значение вмешательству правительства. И это потому, что движение среди крестьян начиналось впервые, опыта борьбы еще не было и была опасность, что в случае вмешательства полиции их стойкость будет сломлена, и это сделало бы на много лет невозможным возобновление борьбы. Поэтому и избегал я включить в список требований такие пункты, которые дали бы повод правительству для вмешательства. Правда, там был пункт о «драмис фули» для священников, но это был настолько несправедливый налог, что требование о его упразднении не могло вызвать сопротивления и со стороны местных властей. «Драмис фули» — это был ежегодный налог 2 рубля на каждую крестьянскую семью. И это, несмотря на то, что священники помимо этого получали определенное жалование из казны. Кроме того им полагалась еще особая плата за венчания, похороны и крестины. Во всех этих случаях таксу устанавливал сам священник. Вообще за всякие услуги они требовали деньги, и помимо всего этого еще ежегодный налог на каждую семью в 2 рубля при общей крестьянской бедности — это было настолько несправедливо, что это признавала сама местная администрация. Поэтому и думали мы, что местная власть не будет квалифицировать его как требование политическое.

Когда требование было окончательно сформулировано и надо было составить делегацию, то крестьянские представители до назначения состава делегации для переговоров находили необходимым общее собрание всех крестьян для принятия присяги на «верность крестьянскому движению», как говорили они. Мне не удалось уговорить их отказаться от такой присяги. Они категорически заявили, что без этого они отказываются продолжать участие в этом деле. Пришлось уступить. Так как предстояла общая присяга, я предложил собранию представителей расширить наш кружок и устраивать совещания чаще. Предложение было принято и через неделю состоялось совещание в более обширном масштабе. Присутствовало более 50 человек. На этом совещании выяснилось, что помимо единичных лиц все крестьянство готово начать борьбу на почве мною выработанных требований. Они одобрили все пункты требования и к моему удивлению единогласно признали необходимость присяги. Была выбрана специальная комиссия, которой поручено было созвать общекрестьянское собрание для принятия присяги. Собрание закрылось при очень приподнятом настроении. Я с моим главным сотрудником, Самсонадзе, вернулся к нему ночевать. Здесь мне было поручено приготовить текст присяги, и с этим поручением я уехал в Ланчхуты утром.

В назначенный день приехал я в Нигоити. В доме Л. Самсонадзе через несколько часов после моего приезда состоялось последнее собрание сельских представителей. Из их докладов выяснилось, что крестьяне предупреждены, что все они с большим сочувствием восприняли приглашение на общее собрание, и что ожидается 700—800 человек. Но они еще не знают, где и когда собраться. Сообщение это произвело на всех отличное впечатление. После некоторого обмена мнениями — выбор места для собрания поручен был Самсонадзе. Самсонадзе там же заявил, что лучшего места как место в конце деревни, в глубине Нигоитской горы под названием «плато», нет. Все согласились с этим и постановили сейчас же осведомить об этом крестьян. Было установлено, что собрание откроется в 9—10 часов, не позднее. Были также выработаны некоторые меры предосторожности. Собрание кончилось и представители разбрелись по деревне. Из всего было видно, что боязни у крестьян нет никакой, и что предстоящая борьба даже увлекает их. Я остался там же и приступил к составлению текста присяги, но это оказалось очень трудным делом. Что я должен был написать в тексте? Он не должен быть ни церковным, ни марксистским. Признаюсь, возился я с этим долго. Написал во многих вариациях, но каждый раз находил что-то несуразное и рвал. В конце целого часа мучения составил тот текст, по которому присягнули сотни нигоитских крестьян в этот незабвенный вечер. А потом и другие деревни. Текст заканчивался так: «Мы собравшиеся здесь, клянемся, что будем вместе, не изменим друг другу, не выдадим никого и будем продолжать борьбу до полной победы. И если между нами окажется изменник и доносчик — будет проклят 'именем народа' (вместо 'именем Бога') и выгнан из нашей среды, как изменник и предатель. Аминь, аминь, аминь».

Стемнело. Казалось, что и природа сочувствует нашему начинанию. Теплый и тихий вечер делал особенно приятной прогулку в лес. К 8 часам народ уже начал шествие к назначенному месту. Я и несколько представителей пошли позднее. Сегодняшнее поколение едва ли может понять то душевное волнение, которым мы были тогда воспламенены. С каким благоговением мы направлялись к этому святому месту, где должен был совершиться обряд присяги на борьбу за народное дело!

Вот и плато. Народу — масса. Ждут молча. В темноте трудно разобрать, где кто сидит. Как только мы показались, раздался тихий шепот: «пришли», но кто пришел, никто не знает. Установилась могильная тишина. Кроме меня и Самсонадзе все сидели. Я стал посередине и начал: «Товарищи! Настал день расплаты.

Сегодня мы начинаем ту борьбу, которая должна нам дать все, что нам следует. Продукт нашего труда должен принадлежать нам самим. Мы работаем днем и ночью, но берут всё те, которые ничего не делают. Борьба, быть может, будет трудная, но мы не должны этого бояться, ибо весь рабочий класс всего мира нас поддержит и будет с нами».

Прочел прокламацию, выпущенную в Тифлисе по поводу забастовки рабочих железнодорожных мастерских, и свою речь закончил так: «Присягнем, что будем вместе, что будем бороться вместе, пока не победим, проклянем изменников и предателей».

При этих словах все, как один, встали и я начал читать текст присяги. И когда кончил последние слова присяги: «Да будет проклят предатель. Аминь, аминь, аминь» — глухим голосом повторил весь народ. На второй день меня уверяли, что все без исключения стояли с поднятыми тремя пальцами и повторяли про себя слова присяги.

Присяга кончилась. Самсонадзе объявил, чтобы разошлись тихо, не разговаривая в пути, а что делать дальше — об этом мы дадим знать. Народ, в сознании, что совершилось что-то важное, медленно спустился с плато и в раздумьи направился по домам. Было уже за полночь, когда я и Самсонадзе оставили плато последними. Горка, где мы присягнули, стала после этого называться «Нафицвара», что значит — место, где присягнули. И это название сохранилось до сегодняшнего дня. Это была первая присяга грузинского крестьянства на борьбу за улучшение своего существования. Это была первая встреча трудящегося народа с социал-демократами. Здесь впервые установился нерушимый союз между грузинской социал-демократией и крестьянством, союз, который не могли разорвать никакие превратности судьбы. И присяга, здесь принятая, и сегодня так же крепка и нерушима, как было тогда, когда мы ее принимали.

На второй день собрались, рассмотрели окончательно пункты требований, выбрали комиссию и поручили ей передать помещикам наши требования. Помещики просили срок для ответа и в ожидании их ответа работа на полях происходила совершенно нормально. Принятие присяги с быстротой молнии облетело окрестности Нигоити. Я был одет в чоха (национальная одежда) от человека ростом выше меня, с длинными руками, что походило на рясу священника. Вероятно это и стало поводом для распространения слухов, что какой-то священник привел к присяге все нигоитское общество, и на этой почве многих священников взяли под подозрение, а некоторых даже допрашивали. Уездная администрация долго искала этого «священника», но постепенно убеждалась, что настоящие священники здесь ни при чем. Вообще вокруг этой присяги распространились целые легенды. Говорили и то, что привел к присяге народ не священник, а студентка лондонского университета, г-жа Накашидзе. Успокоились только тогда, когда из Лондона была получена справка, что Накашидзе живет все время в Лондоне и в день присяги никуда не выезжала.

Пока полиция искала этого «священника», пожелали принять присягу и начать борьбу и другие деревни. И так как желающих оказалось довольно много и я не мог бывать всюду, я передал текст моей присяги другим, и по этому тексту начали они приводить к присяге свои деревни, а я смог проделать это только в одной деревне — Супса. Но легенда все эти присяги приписывала тому «священнику», который появился впервые в Нигоити, и распространялись по его адресу фантастические слухи. В продолжение одного месяца присягнули общества — Микель-Гавриельское, Хварбетское, Двобзуйское, Дзимитское, Супсинское и Гурянтское. В этих деревнях вырабатывались также требования вроде нигоитского, с маленькими изменениями, и предъявлялись землевладельцам.

Весть о нигоитской присяге распространилась далеко за пределы Гурии в разных вариациях. Легенда следовала за легендой. Слухи перешли на страницы газет, и наместник Кавказа потребовал от генерал-губернатора Кутаисской губернии срочный доклад по этому поводу. Генерал-губернатор запросил озургетского уездного начальника. Уездный начальник несколько дней после присяги находился безотлучно в Нигоити и производил дознание, но ничего не мог выяснить: он и того не мог установить, была ли вообще присяга, потому что все, кого он ни спрашивал о том, в один голос категорически отрицали «историю» о присяге. Поэтому он не мог представить никакого доклада генерал-губернатору. Ввиду этого генерал-губернатор после запроса наместника нашел нужным приехать в Нигоити и расследовать все самому. Для этого он приказал уездному начальнику в день его приезда созвать общий сход всего нигоитского общества.

Генерал-губернатором Кутаисской губернии в это время был ген. Смагин. Настоящий солдафон, не имеющий никакого понятия ни о политике, ни о народных стремлениях. Умел только приказывать, а в случае ослушания — наказывать кнутом. О его свирепом характере знали, поэтому его приезд вызвал в деревне некоторую боязнь. В ожидании губернатора перед нами встал целый ряд вопросов, которые надо было урегулировать до его приезда. Главное было, чтобы крестьяне не испугались и на все предлагаемые вопросы, приблизительно по крайней мере, дали определенный ответ. Собрания представителей крестьян происходили почти каждый день. Стали устраивать также массовые собрания по разным углам деревни, и на этих сходках ободряли их и советовали на все вопросы губернатора отвечать отказом. На этих сходках я убедился окончательно, что крестьяне вовсе не боятся приезда губернатора. В ожидании губернатора все мое время уходило на эти собрания, и за все это время я ни разу не появлялся в школе. Поэтому я просил Цитлидзе найти кого-нибудь, а меня уволить. Он был в курсе всего, что происходило, сочувствовал и обещал распределить мои уроки между остальными учителями, но не увольнять, а дать отпуск «для устройства домашних дел». Я был этим очень доволен, ибо оно давало мне право получать жалование, а это имело для меня большое значение. В тот же день я вернулся в Нигоити.

День приезда генерал-губернатора еще не был известен. Крестьяне твердо стояли на своих требованиях, предъявленных помещикам. Порядок в деревне ничем не нарушался, и жизнь протекала совершенно нормально. Помещики сообщили, что они готовы удовлетворить все требования, но с будущего года, так как поля в этом году уже все засеяны. Таким образом спорным оказался только срок удовлетворения требований. Для рассмотрения ответа помещиков было созвано собрание представителей. Собрание это убедило меня в том, что из-за срока крестьяне не начнут борьбы. «Терпели столько — потерпим и год» — говорили почти все. Отказывались от удовлетворения требований только священники. По этому вопросу было несколько предложений, но решено было повременить с этим, так как сейчас главное было приезд генерал-губернатора, и осложнять положение отказом священников не следовало. Принципиальное согласие помещиков очень ободряло крестьян. Они были уверены, что после такого их согласия помещики не будут жаловаться генерал-губернатору, а этому они придавали большое значение. Что касается священников — представители находили нужным предупредить их, чтобы они не жаловались губернатору, для чего и было выбрано несколько человек с поручением довести до сведения священников постановление собрания. Таким образом для приезда генерал-губернатора как будто и не было никакого повода. Так думали многие, и я не старался разубедить их в этом оптимизме. Лично я не разделял этого оптимизма, напротив, после вмешательства самого наместника и распространения присяги и в других деревнях все это не могло не вызвать сильной реакции со стороны властей. И обеспокоенный этим поехал в Батум просить поддержки у тамошней социал-демократической организации.

В Батуме был учителем Ис. Рамишвили (потом член 1-ой Государственной думы). Я его знал лично и знал, что он был членом батумской социал-демократической организации. Повидался я с ним, рассказал о нигоитских делах, о приезде генерал-губернатора и просил поддержки.

Он выслушал меня с большим вниманием и, когда я закончил, — спросил: «Правда ли, что кто-то заставил народ принять присягу и, если верно, кто он такой?». Я ответил, что слухи о присяге ходят, но насколько верно не могу сказать. На это он ответил: «Если на самом деле кто-то заставляет присягать на иконах и крестах, нам тут нечего делать и едва-ли мы можем оказать какую-либо помощь. Но во всяком случае сегодня же созову нашу группу, на которой ты будешь делать подробный доклад о положении дела и посмотрим, какое будет решение». В тот же день вечером он созвал собрание в своей школе и, когда я пришел часов в восемь, все уже были в сборе. Здесь я встретился с двумя моими соседями из деревни. Они очень обрадовались встрече со мной и еще больше потому, что и я, и они оказались одних и тех же идейных направлений.

Был уже девятый час и собрание еще не открывалось. Выяснилось, что ждали председателя. А председателем оказался Н. С. Чхеидзе. (См. Приложение № 1).

Я очень много слыхал о Чхеидзе, но лично его никогда не видел. Он считался в то время единственным человеком, который читал, как уверяли, «Капитал» Маркса. Некоторые даже добавляли, что он как будто по автору «Капитала» и носит как псевдоним имя Карл. Не могу сказать, насколько это правильно, но знаю, что больше он известен не только в партийных кругах, но и в широком грузинском обществе как Карл, чем Николай.

Наконец-то и он пришел, извинился за опоздание и открыл сейчас же собрание. Первое слово взял Ис. Рамишвили, познакомил их с мотивом спешного собрания группы и заявил, что по существу подробно доложит товарищ, и указал на меня. Ни председатель, ни большинство собрания меня не знало.

«Карл» дал мне первое слово и я сделал подробный доклад обо всем, что произошло в Нигоити, каково сейчас там положение, скрыв все, что относится к присяге, и просил поддержку как идейно, так и политически и морально. Но стоило мне закончить мой доклад, как председатель, так и несколько человек из собрания сразу спросили: «Правда ли, что народ присягал и, если правда, — кто он такой?». На это я ответил то же, что я сказал Рамишвили: ходят слухи, но имело ли это место, наверняка никто не знает. Я знаю только о требованиях, которые предъявлены помещикам, и добавил, что в выработке этих требований я сам принимал участие.

Доклад мой был заслушан с исключительным вниманием и вызвал очень оживленный обмен мнений. Все, кто ни говорил, придавали огромное значение начатому движению среди крестьянства и находили обязательно нужным и необходимым поддержать и оказать ему всякое содействие. После всех заговорил сам председатель Чхеидзе. Он заявил: «Мы — марксисты. Марксизм — это философия пролетариата. Крестьянин, как мелкий собственник, не способен воспринять идеологию марксизма. Он, как мелкий буржуа, ближе к буржуазии, нежели к пролетариату. Поэтому мы не можем крестьянское движение поставить под нашим знаменем. Мы можем ему оказать только материальную поддержку, или другую помощь иного характера, но ни в коем случае не идейную. Тем более, что в этом движении замешаны и икона, и крест, а может быть и на самом деле священник. Мы не знаем еще, есть ли это мимолетная спичка или более серьезное нечто. Очень возможно, что оно так же внезапно исчезнет, как внезапно началось» и т. д. и т. д. Он кончил и в комнате воцарилось молчание. Все, которые до речи председателя говорили с таким воодушевлением и о движении, и о его поддержке, — теперь молчали. Видно было, что авторитет Чхеидзе был настолько велик, что ему возражать ни у кого не было желания.

Пришлось взять слово мне. Не возражая по существу я просил только одно: помочь нам по поводу приезда генерал-губернатора. На это председатель ответил: «Это дело очень серьезное, очень ответственное. Надо было спросить, пока не началось движение, а теперь, не зная, что там происходит и какое направление оно примет — как можем мы вмешаться в это дело. Единственное, что мы можем, повторяю, оказать материальную помощь и если кого-нибудь арестуют, сделать все возможное для его освобождения. Но не можем сделать ничего такого, что будет воспринято — как будто мы его разделяем идейно. Этого мы не можем сделать, если хотим остаться на идейной почве марксизма».

Этим заявлением председатель и закрыл собрание. Ночным поездом я вернулся в Ланчхуты. Слишком удрученный батумским ответом, на второй день утром я выехал в Кутаис. Лично я в Кутаисе никого не знал. Но знал, что и там существует социал-демократическая группа, и что с ней можно было связаться через доктора П. Чичинадзе.

Приехав в Кутаис, с вокзала прямо отправился к нему и записался на прием в качестве больного. Когда наступил мой черед для осмотра и он вызвал меня — я прямо сказал ему, что я вовсе не больной и что я приехал по нигоитскому делу. Он был немножко удивлен, как я заметил, но настолько заинтересован этим делом, что после нескольких вопросов и моих ответов обещал созвать собрание группы у себя и просил придти к нему домой вечером.

Когда в назначенный час я пришел к нему на дом, вся группа была в сборе.

Здесь пришлось мне сделать такой же доклад как в Батуме. Здесь тоже выслушали с большим интересом и здесь тоже те же вопросы: правда ли, что была присяга и, если была, от имени кого она совершалась? Мой ответ был такой же как в Батуме. Все как будто с большим сочувствием отнеслись к «пробуждению крестьянства», как говорили они, но в конце-концов согласились с заключительным словом председателя Цхакая, который сказал мне: «Вернись в Нигоити, выясни хорошенько, была ли на самом деле присяга и, если была, какого содержания, кто приводил их к присяге и если выяснится, что ничего не было такого, что противоречит нашим марксистским воззрениям, мы, конечно, окажем всякое содействие. Но до этого не можем обещать ничего, так как упорно держится слух, что приводил к присяге священник, а чорт его знает к какой, и какие намерения у него были».

Это говорил тот человек, который, как увидим дальше, через несколько месяцев после этого сам работал со мною среди крестьян, и мы вместе основали специальный комитет для работы среди крестьян под названием «Имеретино-Мингрельский комитет».

Пока все то, что я слышал в Батуме и в Кутаисе, убедило меня в том, что я не должен рассчитывать ни на какую поддержку извне. Я убедился и в том, что почти все хотели мне помочь, почти все сочувствовали начатому движению, но мешает и связывает их марксистская догма, с которой я тогда еще не так хорошо был знаком. Приходилось действовать на свой риск и страх, как говорится.

На второй день после возвращения из Кутаиса я поехал в Нигоити. Там знали, что я ездил в Батум и в Кутаис и с нетерпением ждали сообщения по этому поводу. В тот же день собрались представители, которым я, конечно, не сказал всего того, что произошло в Батуме и в Кутаисе. Напротив, передал, что они отнеслись с большим сочувствием к нашему начинанию и что они обещали всякую поддержку. На самом деле это было не так, но я не считал возможным в этот критический момент сказать им что-либо такое, что могло бы их обескуражить и внушить неуверенность в их предстоящих выступлениях. Мой доклад их очень ободрил и они остались очень довольны. Что касается положения на местах, все в один голос утверждали, что настроение среди крестьян ничуть не изменилось и что приезд губернатора никого не пугает. А переговоры с помещиками приостановлены до приезда губернатора. День приезда губернатора еще не был фиксирован.

Из Нигоити я на второй день поехал в деревню Супса, где я должен был встретиться с представителями тех деревень, где происходила присяга и были предъявлены требования помещикам. На этом совещании выяснилось, что по слухам губернатор после Нигоити посетит также их деревни, а потому они считали нужным создать одну общую комиссию для общего руководства в дни приезда губернатора. Им я сделал доклад относительно переговоров как в Батуме, так и в Кутаисе с тем содержанием, как сделал я это в Нигоити. И они тоже остались довольны, как в Нигоити. Общее настроение крестьян в этих деревнях по их докладу было такое же, как в Нигоити. Выяснилось, что помещики не дали ответа на предъявленные им требования, но все были уверены, что они не осмелятся пожаловаться губернатору. «А если осмелятся, и мы заговорим иначе», говорили они. Эта угроза показалась мне очень опасной и я внес предложение, чтобы нигде не предпринимать никаких самостоятельных шагов без ведома и согласия других. Предложение мое было принято единогласно, и с этой целью была создана контактная комиссия из трех лиц, которой поручалось общее руководство всеми выступлениями в дни приезда губернатора, а после отъезда губернатора начать переговоры с батумцами об общем руководстве движением.

Меня лично очень беспокоило то обстоятельство, что ни один известный социалист не хотел брать на себя какую-либо ответственность и избегал принять участие в руководстве движением.

В ожидании генерал-губернатора работы было очень много: совещания происходили почти ежедневно с представителями, а по вечерам — встречи с крестьянами и нужная агитация среди них, а также еще разные другие практические вопросы, ожидаемые аресты, сбор денег для арестованных и др. В этой работе проходили дни, а губернатор все еще не приезжал. Находилась на месте только уездная администрация, которая то и дело искала главным образом того, кто приводил к присяге. Была отложена довольно крупная сумма для того, кто мог дать какое-либо указание на этот счет. Настоящее имя того, кто приводил к присяге, т. е. мое, знало только несколько лиц. Поэтому слухи называли сегодня одного, завтра другого, послезавтра третьего. И полиция хватала то одного, то другого, но скоро убеждалась, что ее сведения неверны.

В средних числах июля стало известно, что в следующее воскресенье приезжает генерал-губернатор, но приезжает только в Нигоити. Началось приготовление к его встрече. За несколько дней до его приезда прибыла вся уездная полиция. Вызывали каждый день то одного, то другого крестьянина и допрашивали их, то любезно, то сердито, добиваясь все одного и того же: кто приводил к присяге! В субботу вечером собрались мы, сделали последние приготовления и решили собраться в воскресенье утром последний раз до приезда губернатора. С собрания я поехал прямо в Ланчхуты.

Всю ночь в субботу я провел без сна, думая все время о том, что будет завтра, чем кончится эта первая встреча крестьянства с генерал-губернатором на почве возникшего революционного движения. Мои переживания осложнялись еще тем обстоятельством, что ни в Батуме, ни в Кутаисе мое начинание не поддержали те, чья авторитетная поддержка была бы для меня так дорога морально. Правда, крестьяне этого пока не знали, но когда узнают? Ведь могли они подумать, что я их подвел, ввел в заблуждение и поставил в опасное положение. Мой авторитет не мог, конечно, покрыть всего того, что могло случиться на этой почве. Все это меня очень беспокоило, я терял душевное спокойствие и думал только о том, как бы сегодня все сошло благополучно, а потом бросить все и с сентября вернуться в институт. С таким тяжелым настроением в воскресенье, рано утром, я отправился на собрание представителей.

Дорога в Нигоити проходит у ворот двора Н. Жордания и, когда я поровнялся с воротами, во дворе, под большим ореховым деревом сидел незнакомый мне человек. Кто он может быть? Вчера его не было, наверное приехал ночью. Я знал, что в доме Н. Жордания часто бывали его товарищи проездом из Тифлиса в Батум или обратно. От Цитлидзе я часто слышал, что эти «приезжие товарищи» всегда приносят что-либо интересное из области движения, порой привозят и кое-какую литературу. Зная это, я и подумал, а может быть этот господин, который сидит под деревом, и есть один из этих «товарищей Жордания». Решил проверить. Вошел во двор и, увидев отца Жордания, которого я хорошо знал, я справился у него о человеке, который сидел под деревом. Он меня с некоторым удивлением спросил: «Разве не знаете его? Это Сильвестер Джибладзе. Вчера ночью, с Ноем приехал из Тифлиса». Трудно передать ту эмоцию, какую вызвало это сообщение у меня. Решил не идти в Нигоити, не повидавшись с ними и не узнав их мнения. Нико (отец Ноя Жордания) сказал, что Ной еще спит, а с Джибладзе он познакомит сейчас же. С этими словами он повел меня к незнакомцу и представил. О Джибладзе я знал очень многое, но никогда его не видел (см. Приложение № 2).

Лично его я видел первый раз теперь, и его умное лицо и большие милые глаза сразу расположили к нему настолько, что, казалось, мы были знакомы давным-давно. Так как я очень спешил, начал рассказывать ему без всяких предисловий все, что произошло в Нигоити, но ни словом не обмолвился о батумских и кутаисских переговорах. Он слушал меня с огромным вниманием и, когда я кончил свой рассказ, он сказал, не спрашивая ничего: «Здесь оказывается большое дело, а мы ничего этого не знали. Сейчас же надо разбудить Ноя» (Жордания). И он быстрыми шагами направился к дому. Вошел в комнату Ноя и через несколько минут с балкона дома позвал меня.

Когда я вошел в комнату, Жордания сидел еще в постели в одной рубашке. Мы были уже знакомы, поздоровались и он спрашивает: «В чем дело, что случилось? Он (указывая на Джибладзе) что-то сообщил, но я не хорошо понял, скажи в чем дело? Я рассказал ему то же самое, что и Джибладзе. И когда кончил, он спросил, не знаю ли я кто приводил к присяге? Я уже не считал нужным скрывать от них и заявил: «Это я приводил к присяге». Джибладзе внезапно воодушевился, подошел ко мне, положил руку на мое плечо и с широкой улыбкой сказал: «Значит это ты, который приводил к присяге народ на верность революции?» и с этими словами обратился к Жордания: «Вставай скорее, надо поговорить об этом». Но Жордания не спешил; он предложил Джибладзе пойти со мной и сделать все, что нужно будет, а мне сказал, чтобы я держал его в курсе дела. И если нужно будет, вызвать и его.

Все это меня слишком оживило и ободрило. Вмешательство таких известных лиц в этом деле подчеркивало всю важность нашего начинания. Они не стали рассуждать и обсуждать так, как это имело место в Батуме и в Кутаисе, а сразу вмешались, чтобы руководить. Джибладзе и я сейчас же двинулись в путь, и когда мы пришли в назначенное место, все были в сборе. Я открыл сейчас же собрание и здесь я допустил один промах, который потом объясняли моей неопытностью, но я не мог иначе поступить. Промах заключался в том, что как только я открыл собрание, я сказал: «Дело, начатое нами, такого большого значения, что на помощь нам приехал такой известный революционер, как С. Джибладзе». Собрание очень этому было радо и долго ему аплодировало. Но сам Джибладзе, видно было, не особенно был доволен этим, о чем и сказал мне потом: «Ты не должен был назвать мою фамилию. В таком деле всегда надо соблюдать максимальную осторожность». Но сделал я это сознательно. После батумских и кутаисских разговоров я хотел, чтобы присутствующие знали, что в этом деле не я один, а что его поддерживает и такое известное лицо, как Джибладзе. Это было безусловно необходимо для усиления моего авторитета с одной стороны, а с другой стороны для ободрения этих представителей. После докладов с мест, я предоставил слово Джибладзе. И он произнес такую речь, подобно которой ни до, ни после я не слышал. Джибладзе был вообще известный оратор, но на этом собрании он был несравним ни с кем. Этой своей речью он так воодушевил присутствующих, что, когда он кончил, почти все в один голос воскликнули: «После этого, что бы ни случилось — не будем жалеть». Собрание разошлось в очень приподнятом настроении, Джибладзе отправился в свою деревню за семь километров отсюда, а я остался там же, чтобы следить за развитием событий.

В половине двенадцатого на станции Нигоити остановился специальный поезд генерал-губернатора Кутаисской губернии, ген. Смагина. Его сопровождала, кроме своих чиновников, рота казаков, так называемых пластунов, известных своей жестокостью. В поезде был также один черный арестантский вагон с железными решетками.

На вокзале поезд встретила вся уездная администрация во главе с уездным начальником. Недалеко от станции, перед сельской канцелярией давно собралось все нигоитское общество, больше чем человек 700. Немножко дальше от них — много женщин и детей, которые пришли не только из-за театрального любопытства, но встревоженные судьбой своих сыновей, мужей и братьев. Ведь губернатор с казаками в деревне и то по делу «Нафицвара» (плато, где произошла присяга) — дело не шуточное.

Губернатор после доклада со своей свитой направился к канцелярии сельского общества, прошел мимо народа и, не поздоровавшись с ними, с балкона канцелярии отдал казакам приказ оцепить сход (собрание), что было исполнено сейчас же. Сам он громким голосом, почти крича, начал свою речь: «Вы здесь все против государя, вы верите и слушаетесь всяких мальчишек и производите беспорядки. Выступаете против помещиков и предъявляете им глупые требования. Предупреждаю, если еще повторится нечто подобное, — всех вас переселим в Сибирь. А теперь поговорите между собой и выдайте мне всех тех, кто вас соблазнял. И когда выдадите их — я отпущу домой, а до того все будете стоять здесь». Сказав это, обернулся и пошел со своей свитой на обед к старшине. По традиции все такие высокие персонажи всегда бывали гостями у здешних князей, но на этот раз они воздержались, чтобы народ не понял это в нежелательном для них смысле.

После хорошего обеда губернатор вернулся в приподнятом настроении, но не вспомнил, что столько народа по его вине еще не обедало. Как только пришел, спросил: «Ну, что? Готов ли список?». Народ молчал. При повторении того же вопроса один старик ответил: «Какой список мы можем составить! Ничего такого здесь не произошло, чтобы стоило вам беспокоиться. Против правительства мы никогда не были. Мы ведем переговоры с нашими князьями на счет арендных земель и надеемся, что легко сговоримся и этим кончится все. Здесь никаких беспорядков и никаких выступлений против правительства не было. При таких условиях какой список мы можем составить?».

Губернатор взбесился и накричал на старика: «Когда в лесу присягали и того не было? Кто был тот негодяй, что народ приводил к присяге?». Старик не испугался и спокойно ответил: «Мы никакой присяги не принимали. Кто-то по вражде к нам распространил такие слухи». Губернатор перестал его слушать и повторял одно и то же: «Список бунтовщиков».

Но народ вовсе не думал составить такой список. Уже вечерело, когда губернатор последний раз потребовал главарей и фамилию того, кто их приводил к присяге и когда народ и на этот раз ответил полным молчанием, — сам он достал из кармана список и выкрикнул имена и фамилии 27 лиц. Кроме трех все оказались на лицо. Всех их казаки и повели на вокзал и заперли в арестантский вагон. Губернатор в последний раз накричал на народ и пригрозил, что если еще что-либо подобное повторится, всех переселит в Сибирь. С этими словами он покинул канцелярию и со своими казаками направился к поезду. Уже стемнело, когда бравый генерал со своими 27-ю пленными умчался в Кутаис. Семьи арестованных очень были опечалены, но сами арестованные держались образцово. Один из них, старик Мгелидзе, даже шутил. Он из своего арестантского вагона попросил соседа, чтобы тот передал его жене, что он едет в Кутаис для того, чтобы купить ей кофточку, которую она просила. Здесь в Нигоити не нашел такой, которая была бы достойна ее.

Губернатор уехал, но уездный начальник остался и на второй день опять созвал сход и требовал от них настойчиво того, кто их приводил к присяге. Крестьяне давали все тот же ответ: «Мы не присягали и потому и не можем никого назвать». Уездный начальник уехал, но обещал скоро вернуться, и к этому времени должно быть найдено, кто их приводил к присяге.

Полиция ушла, крестьяне остались, и в связи с визитом губернатора возник целый ряд вопросов. Но все мы в первую очередь думали, как освободить арестованных. Я вернулся в Ланчхуты и сделал подробный доклад Жордания. Он сказал, что теперь надо воспользоваться арестом крестьян и повести широкую агитацию среди них против правительства, объясняя им, что правительство на стороне помещиков и против крестьянства. Приезд губернатора и аресты крестьян будут прекрасной иллюстрацией к такой агитации. Что касается вообще движения — руководство этим должна взять в свои руки сама партия. На это я теперь сообщил ему все, что произошло в Батуме и Кутаисе. «Это правда — сказал он, — что марксизм считает крестьян собственниками и мелкими буржуями, но у нас нет таких условий и наши крестьяне ничем не отличаются от городских рабочих. Поэтому мы можем свободно работать и среди крестьян» — и дал целый ряд указаний для работы среди них.

Работа усложнилась. Движение со дня на день расширялось. Заметно стало, что полиция серьезно подозревает меня в роли «присягателя». Поэтому я должен был оставить школу окончательно и перейти на нелегальное положение. Я и оставил школу, но оставил ее и заведующий Цитлидзе. Его назначили с большим повышением заведующим дворянской школой в Старо-Сенаки (в Мингрелии).

Я переселился окончательно в Нигоити и отдался всецело работе среди крестьян. Посещал почти каждый день в Ланчхуты Н. Жордания и докладывал ему подробно о ходе движения и нашей работе. Один раз при посещении он мне сообщил, что у него был из Батума «Карл» Чхеидзе, а из Кутаиса С. Киладзе для обмена мнениями о крестьянском движении, и сошлись на том, что общее руководство крестьянским движением возьмет на себя партия, которая должна декларировать это публично. И добавил, что он уже написал об этом товарищам в Тифлис и просил их созвать совещание, на котором он сам сделает по этому вопросу специальный доклад. А временно руководство должна принять на себя батумская организация, как более близкая географически к Гурии.

Я пригласил представителей всех деревень, где происходила присяга, познакомил их с мнением Жордания и просил, если они разделяют такое мнение, выбрать специальную комиссию для переговоров с батумской организацией. Мое сообщение о мнении Жордания их очень обрадовало, приняли без прений предложение начать переговоры с батумским комитетом, но выбор новой комиссии нашли лишним и поручили вести переговоры той контактной комиссии, которая уже существовала. Приступить к переговорам надо было как можно скорее, потому что, с одной стороны, движение расширялось быстрым темпом, а, с другой стороны, в некоторых местах помещики отказывались удовлетворить требование крестьян и обратились за помощью к полиции. Полиция потребовала от крестьян, чтобы они удовлетворили помещиков, как всегда. Так что движение не только расширялось, но и осложнялось. Самоуправство полиции и упорство некоторых помещиков, особенно аресты, так озлобили крестьян, что можно было ожидать нежелательных эксцессов. К этому добавилось и то, что в Ланчхутах арестовали Н. Жордания, а в его селе — С. Джибладзе — двух известных главарей, и отправили их в кутаисскую тюрьму. Все это обязывало ускорить переговоры с батумским комитетом, чтобы он принял на себя руководство движением. Для переговоров с комитетом и выехали мы, все члены контактной комисии — учитель Микель-Габриельской школы, М. Мегрелидзе, представитель селения Супсы, Н. Боргуа, и я. Батумский комитет был представлен в полном составе. Председательствовал Н. Чхеидзе. Он открыл собрание сообщением о переговорах с Жордания по работе среди крестьян и закончил сообщением, что Жордания считает нужным созвать по этому вопросу совещание всех организаций и, по его мнению, партия должна взять в свои руки общее руководство движением. И добавил, что такого же мнения и С. Джибладзе. «А что касается меня, — я теоретически не разделяю это мнение, но раз движение развивается таким темпом, — мы не можем оставаться в качестве зрителей издалека, и мы должны ему оказывать возможное содействие. Но практически какова будет наша помощь, об этом поговорим потом. Сначала надо решить вопрос — взять ли на себя руководство движением или нет».

В прениях по этому вопросу приняли участие все члены комитета. Из прений выяснилось, что руководить движением все были согласны, но поставить движение под знаменем партии многие не согласились. В этом вопросе большинство разделяло мнение Чхеидзе. Это мнение очень раздражало. Разговоры с Жордания и речь С. Джибладзе в Нигоити на собрании представителей крестьян меня убедили в том, что среди социал-демократов не было общего мнения по вопросу крестьянского движения. Если Жордания и Джибладзе ничего не имели против того, чтобы поставить крестьянское движение под знамя социал-демократической партии и руководить именем партии, то батумский комитет в своем большинстве безусловно не разделял это мнение. Ободренные мнением Жордания и Джибладзе, мы теперь более смело требовали, чтобы батумский комитет взял на себя руководство движением именем комитета, а не иначе. Никакую другую форму руководства мы не примем, заявили мы определенно. Наше такое твердое заявление вызвало некоторое возбуждение. Были моменты, когда мы собирались уходить с собрания, но председатель Чхеидзе делал все возможное, чтобы придти к соглашению. Собрание затянулось почти до утра. Наконец, председатель внес, по его мнению, примирительное предложение.

Вот это предложение: «Батумский социал-демократический комитет принимает на себя руководство начатого в Гурии крестьянского движения, и для этой цели при батумском комитете создает специальный орган под названием: 'Комитет сельских рабочих'. В этот комитет войдут как представители крестьян так и представители рабочих, но по назначению батумского комитета, пред которым они будут ответственны». Мы согласились принять это предложение. Ибо не принимать его — означало расстаться с батумским комитетом окончательно, а после ареста Жордания и Джибладзе руководить нашими силами разросшимся движением было невозможно. Мы заявили, что соглашаемся, пока состоится совещание всех социал-демократических организаций, на котором вопрос будет решен окончательно.

Этим закончилась моя первая схватка между «крестьянами», как нас называли некоторые, и рабочим комитетом. Было решено и то, чтобы комитет как можно скорее составил «комитет сельских рабочих». Уходя, нас просили сообщить незамедлительно имена лиц, которые войдут в этот комитет как представители крестьян. Мы обещали, что сообщим без замедления. С этого дня у крестьянского движения появился объединяющий центр и единое руководство. Правда, это не было то, чего добивались мы, но тот факт, что он был создан при комитете социал-демократической партии и что в нем участвовали представители рабочих, означало, что с сегодняшнего дня рабочее и крестьянское движения объединились и имеют общее руководство. А это само собой имело громадное значение как политически, так и психологически, особенно для крестьян, и поэтому представители крестьян встретили это сообщение с большим удовлетворением.

Переговорил с местными представителями о кандидатах в «комитет; они очень просили меня войти в этот комитет, но я принужден был отказаться, так как полиция почти была убеждена, что автором присяги был именно я, и установила за мной усиленную слежку. Список был переслан через несколько дней, и первый «Комитет сельских рабочих» начал действовать.

После отъезда губернатора движение еще больше расширилось. Очень скоро во всей Гурии не осталось деревни, которая не присоединилась бы к движению. Усиление движения усилило и репрессии. Полиция стала устраивать в каждой деревне общекрестьянские собрания (сходы) и требовать выдачи главарей, главным образом того, кто приводил к присяге. Но народ везде и всюду отвечал одно и то же: не было никакой присяги и не знают никаких пропагандистов. Не было ни одного случая, чтобы где-нибудь кого-нибудь выдали. Правда, арестовали многих, но это были или случайные аресты, или по доносам шпионов, но ни в каком случае народа. Крестьянство в своей массе держалось очень стойко, и никакие угрозы не смогли заставить их выдавать кого-либо, хотя многих знали лично. Поскольку усиливалось движение, постольку оно теряло экономический характер и все больше становилось политическим. Репрессии убедили крестьян, что правительство помогает помещикам против них. В этом их убеждали те меры, которые принимались против них со стороны полиции. И когда они убедились в этом, единодушно выступили против правительства. Теперь они стали требовать не столько уменьшения надела, а смену правительства. И так как избавиться от местной полиции нельзя было, если не изменился бы вообще режим, — они стали требовать смены существующего режима и замены его народным правительством. Таким образом лозунг: «Долой самодержавие, да здравствует республика» встретил в крестьянстве полное одобрение, и с этой поры движение приняло всецело политический характер, и чисто революционное движение завладело всей Гурией.

Теперь уже «Комитет сельских рабочих» не в состоянии был руководить движением из Батума. Усиление революционного характера крестьянского движения, восприятие тех лозунгов, которые выставлялись рабочими городскими организациями убедило всех, что гурийское крестьянское движение того же характера и преследует те же цели, что и рабочее движение. Поэтому, когда в Гурии на место «сельского комитета» самочинно был создан орган под названием «Гурийский социал-демократический комитет», никто уже не возражал. Таким образом гурийское социал-демократическое движение получило всеобщее значение, как движение социал-демократическое, и его комитет был признан с теми же правами, как все другие социал-демократические комитеты в городах. А в 1903 году «Гурийский социал-демократический комитет» непосредственно был включен в состав «союзного комитета», как полноправный его член.

Первый «Гурийский комитет» был составлен только из профессиональных пропагандистов и составился самочинно, без всяких выборов. Среди этих был и я. Комитет разделил всю Гурию на семь районов и каждый район вручил одному так называемому ответственному пропагандисту, который был в то же время и членом комитета. Мой район был Ланчхутский, самый большой; в него входило семь больших обществ, по этому району проходила главная магистраль железной дороги, и все ее станции, находящиеся на Гурийской территории, начиная со станции Саджевахо до станции Натанеби, в том числе и Нигоити, входили в этот район.

Когда путем репрессии полиция не могла выяснить, кто именно приводил к присяге народ «на революцию», как говорили тогда, и она не знала, что делать и как достичь своей цели, что стало очень важным для ее полицейской репутации, — кто-то посоветовал ей привести народ к присяге и если не все, то некоторые по крайней мере под боязнью присяги могут открыть правду. Уездный начальник принял этот совет и стал готовиться к присяге народа и под присягой требовать выдачи всех пропагандистов и других главарей и, в первую очередь, того неизвестного, который первый заставил народ «присягнуть на революцию». И чтобы присяга была более эффективна, для присяги выбрал икону под названием «Ломис-карели» (икона из деревни Ломиси). Нельзя сказать, что гурийцы народ очень набожный, напротив, скорее атеисты. И религия на них по исторически сложившимся условиям не имела такого влияния, как в других местах, но этой иконы почему-то многие очень боялись. Икона эта находилась в церкви деревни Суреби, на самом восточном краю Гурии. Я не имел возможности выяснить, почему эта икона имела такое влияние и почему ее так боялись. Но что она имела огромное влияние — не подлежало сомнению. Например, когда между двумя спорщиками не было никаких письменных или словесных доказательств через свидетелей — один из жалобщиков предлагал другому присягнуть на «Ломис-карели» и этим решить спор. Если он отказывался от этой присяги, считался виновным, и сельские судьи решали дело в пользу другой стороны. Утверждали, что кто-то присягнул на «Ломис-карели», но солгал и дело выиграл, но через неделю ходил и кричал, что он сказал неправду, и пока не исправил дело, не мог успокоиться и все время кричал, что соврал. Многие верили этому и ходила по всей Гурии фраза: «Ломис-карели заставил кричать». Почти в каждой деревне прибегали для выяснения правды к «Ломис-карели». Благодаря всему этому эту икону знали даже вне пределов Гурии. И вот теперь уездный начальник решил прибегнуть к помощи этой иконы.

Как только это стало известно — собрался комитет. Комитет не был уверен, что кто-либо из-за присяги на «Ломис-карели» не выдаст кого-нибудь, если его знал. Поэтому надо было принять меры предосторожности. Но какие? Мы, работающие среди крестьян, с самого начала условились, чтобы никогда и ни в коем случае не затрагивать религиозное чувство народа. Напротив, говорили, что религия дело частное, оно свободно и никто не имеет права вмешиваться в это. Могу утверждать, что такая наша позиция в религиозном вопросе очень способствовала нашей популярности среди всех крестьян, несмотря на их возраст. И если в наших требованиях имелся пункт о прекращении платить «Драмис фули» священникам, то это не имело никакого отношения к религии и сами крестьяне, и старые и молодые, считали его несправедливым налогом и сами они требовали его упразднения. Что касается отправления богослужения в церквах — оно совершалось без всякой заминки за все время движения и никто не поднимал вопроса о закрытии церквей даже тогда, когда некоторые священники для взимания «драмис фули» обратились к полиции и полиция за бесценок продавала насильно взятые вещи из крестьянских домов для удовлетворения претензий некоторых священников. После всего этого открытое выступление против «Ломис-карели» могло посеять много недоразумений. Из всех предложений по этому вопросу комитет признал наиболее целесообразным мое предложение: перенести «Ломис-карели» тайком в другую какую-нибудь церковь временно и по миновании опасности — вернуть на свое место. Привести в исполнение это постановление поручили мне.

Я поговорил об этом с одним священником и он согласился поместить «Ломис-карели» в своей церкви. Правда, это было слишком рискованно для него лично, но я дал ему все гарантии, какие только были возможны в этих условиях. Церковь, где находилась «Ломис-карели», была на краю села, ее никто не охранял. Надо было найти ключ, чтобы открыть и взять икону. Эту операцию можно было проделать очень легко. Самое опасное было в пути: была опасность наткнуться на полицейских, которые шныряли по ночам по всем дорогам. Я выбрал трех храбрых товарищей и поручил им привести это дело в исполнение. Посланные вернулись без иконы. Они мне признались чистосердечно, что испугались. Они вошли в церковь, но не осмелились подойти к иконе. «Так светило, что казалось вот-вот крикнет на нас. Главное так сердито глядел на нас, что мы предпочли выйти из церкви и пойти домой». Они были очень обескуражены, но нечего было делать. Я предложил им, чтобы об этом нигде ни словом не промолвились. Пришлось послать других и икона была доставлена в назначенное место. Когда через несколько дней в Суреби открыли церковь и там не оказалось «Ломис-карели», поднялась невероятная шумиха. Прибыл сам уездный начальник арестовать старосту церкви, но, убедившись, что он ни при чем, — освободил. Создалась новая легенда. Распространились слухи, что «Ломис-карели», видя, что в Гурии появились безбожники, ушел в те края, где чтят Бога и религию. «Пока не пришли революционеры, я оставался здесь, но теперь здесь мне не место и я ухожу» — сказал якобы «Ломис-карели». Нет сомнения, эта версия была пущена в ход противниками революционеров. Поэтому и было, что как бы в ответ на это, появилась другая версия: «Ломис-карели» якобы сказал, что «он оставляет Гурию, потому что полиция хочет использовать его против народа, а он против народа никогда не пойдет, а потому уходит из Гурии и вернется, когда будет народное правление». Пока шла эта анонимная глухая полемика, полиция метала громы и молнии. Она объявила, что уплотит 1.000 рублей тому, кто укажет место, где находится «Ломис-карели». Она была убеждена, что это дело рук революционеров, и это обвинение она долго предъявляла всем арестованным.

Усиление движения, исчезновение «Ломис-карели», убийство нескольких лиц, заподозренных в шпионстве, — вызвало вторичный приезд губернатора с его казаками. Губернатор посещал деревни, собирал народ, угрожал, арестовывал, кое-где бил кнутом стариков, что вызывало такое всеобщее возмущение, что вопрос об его убийстве серьезно стал в порядке дня нашего комитета. При создавшихся условиях моя работа в Гурии с каждым днем все более и более осложнялась. Опасность ареста все более возрастала, и по соглашению с товарищами я покинул Гурию и перебрался в город Кутаис, не прекращая, конечно, связи с гурийскими товарищами.

3

МОЙ ПЕРВЫЙ АРЕСТ. ВСТРЕЧА В ТЮРЬМЕ СО СТАЛИНЫМ. ССЫЛКА. ПОБЕГ

В то время было принято среди революционеров, что когда кто-либо из них по тем или иным причинам перебирался из одного места в другое, считал для себя обязательным заявиться в местную организацию и поставить себя в ее распоряжение. Согласно этому я и заявился в кутаисский комитет. Через несколько дней меня пригласили на заседание комитета. Когда в назначенный день я явился на заседание комитета, там застал всех тех, которые мне раньше отказали в поддержке, считая крестьянское движение «мелко-буржуазным» движением. Теперь здесь царили совсем другое настроение и иной взгляд. Теперь никто уже не противился этому движению. Больше того. Когда узнали, что я оставил Гурию и хочу поселиться в Кутаисе, — все были рады, заявив, что я начну работать вместе с ними среди здешних крестьян. Это означало, что в вопросе о крестьянском движении здесь произошла более радикальная перемена, чем в Батуме. И это стало более ясно, когда я рассказал им историю учреждения в Батуме «комитета сельских рабочих».

Из обмена мнений выяснилось, что здесь сами хотят, по своей собственной инициативе, начать работу среди крестьян. Я узнал здесь также о том, что комитет решил добиваться освобождения Жордания из тюрьмы. Старались выпустить его из тюрьмы под залог по болезни, а потом отправить нелегально за границу. Это наверное и удалось бы, но совершенно неожиданно всю интеллигенцию во главе с Жордания из кутаисской тюрьмы перевели в потийскую тюрьму. Из потийской тюрьмы Жордания вместе с несколькими другими арестованными был освобожден временно, до решения его дела в Петербурге, в департаменте полиции, и в ожидании этого решения местом жительства назначили ему город Ганжа.

Работу среди крестьян кутаисский комитет возложил на меня, а работу среди городских рабочих — на товарища Алешу, которого я не знал и еще не видел. Но там же узнал, что он ученик тифлисского учительского института, А. Джапаридзе, высланный из Тифлиса в Кутаис под надзор полиции. Потом этот самый Джапаридзе стал большевиком и был одним из видных руководителей большевистской организации в Баку. После февральской революции работал в Баку и впоследствии стал комиссаром внутренних дел бакинского Совнаркома. 20-го марта 1918 года, в числе 26 бакинских комиссаров, был расстрелян и он в степях Закаспия.

В связи с поручением мне работы среди крестьян, я поставил вопрос, от имени кого я должен вести эту работу. Вопрос вызвал оживленный обмен мнений, но теперь он был совсем иного характера чем тогда, когда я в первый раз обратился к ним за поддержкой. Теперь спор шел не о том, начать ли среди крестьян работу, а о том, вести ли эту работу от имени кутаисского комитета или создать для этого специальный орган, независимый от кутаисского комитета. После долгих споров решено было создать независимый орган под названием «Имеретинский социал-демократический комитет». Интересно отметить, что теперь никто уже не требовал добавления к этому слова — «сельский». А это был большой прогресс в понимании крестьянского вопроса и в их отношении к крестьянскому движению. А еще важнее было то, что единогласно, без всяких прений, было принято слово «социал-демократический». Также единогласно было принято предложение, чтобы к новому комитету прибавить слово «Мингрельский», мотивируя тем, что пока в Мингрелии не будет создан свой комитет, придется вести работу «Имеретинскому комитету». Таким образом получилось полное название: «Имеретино-Мингрельский социал-демократический комитет». Возник вопрос, в каких взаимоотношениях станет этот новый комитет с кутаисским комитетом. Решено было — временно новым комитетом будет руководить кутаисский комитет, а потом он сам сумеет самостоятельно вести свою работу. Оказалось, что во главе дела пропаганды и агитации в кутаисском комитете стоит М. Цхакая. Ему же и поручили дело пропаганды среди крестьян. Цхакая пригласил меня к себе для выработки плана работы.

М. Цхакая был человек в летах, приблизительно 50—52 лет. Он учился в Тифлисской духовной семинарии. (Интересно отметить, что большинство руководителей грузинской социал-демократической партии вышли из духовной семинарии: Жордания, С. Джибладзе, И. Рамишвили, Н. Рамишвили, С. Джугели, М. Цхакая и многие др.). За революционную деятельность он был выслан из Грузии на три года в Россию, в Екатеринославскую губернию. После окончания срока высылки он вернулся в Грузию и жил в г. Кутаисе, наверное, под тайным надзором полиции. На почве преследования у него развилась «шпиономания». Ему казалось, что шпионы следуют за ним по пятам. Бывало он проходил несколько километров, чтобы «избавиться от преследования шпика», как он любил выражаться. Товарищи знали это и раз устроили ему такую шутку: один из товарищей, которого он не знал лично, стал преследовать его «по пятам». Цхакая по разным закоулкам старался улизнуть от него, но не удавалось, «шпион» все преследовал его. Уставши, он зашел в ресторан, и когда через некоторое время вышел, увидел там же своего «преследователя-шпиона». Он сейчас же вернулся в ресторан и просидел там почти до вечера. Через несколько дней после этого на одном собрании он рассказывал об этом с большим юмором. В это время вошел тот «шпион», который его преследовал. Цхакая вскочил и набросился на него с криком: «Вот он! Товарищи, разойдитесь, нас проследили, разойдитесь сию минуту!» Его с трудом успокоили, собрание состоялось, но он еще долго относился к этому товарищу с недоверием. После раскола в социал-демократической партии он примкнул к большевикам, долгое время прожил за границей и вернулся в Грузию после революции 1917 года. Здесь он входил в местную большевистскую фракцию, защищая политику Ленина. После покорения Грузии он был делегатом грузинских коммунистов в интернациональной контрольной комиссии в Москве, где и умер в глубокой старости. Он был человек начитанный, но лишенный способности защищать свою мысль в нужной последовательности и сосредоточить все внимание на обсуждаемом вопросе. Когда он говорил, имел привычку называть имена всех авторов, которых он вообще читал и так нагружал цитатами из этих авторов, что обсуждаемый вопрос совершенно утопал в этих цитатах и, несмотря на его длинную речь, никогда не было ясно, чего он хотел.

Когда я пришел к нему, застал у него Джапаридзе. Он познакомил нас и предупредил — никогда к нему не приходить вместе. Первое время ни я, ни Джапаридзе не осмеливались останавливать его, но потом так привыкли к нему, что как только он начинал называть авторов — сейчас же напоминали ему, что это не имеет отношения к делу и, смеясь, он говаривал: «Хорошо, будем говорить только об этом».

По делу пропаганды среди крестьян мы с Цхакая согласились в том, что я в первую очередь начну работать в Мингрелии, а не в Имеретии. Для этого нужно было найти кого-либо из Мингрелии, который бы поехал со мной. Так как мы никого лично не знали, написали батумскому комитету и просили прислать кого-нибудь из работающих там мингрельцев. Батумский комитет исполнил нашу просьбу и через несколько дней приехал в Кутаис с рекомендательным письмом рабочий завода Ротчильда — Е. Беселия. Беселия был человек в летах, в вопросах движения разбирался довольно свободно. С этим Беселия я и поехал в Мингрелию. Днем скрывались «как попало», а по вечерам с помощью местных лиц устраивали собрания крестьян. Мы объехали весь Сенакский уезд, создавая в каждой деревне маленькие группы и устанавливая между ними организационную связь. Здешние крестьяне очень хорошо были осведомлены о гурийском движении, очень ему сочувствовали и это очень облегчало нашу работу.

В Сенакском уезде, именно в Старо-Сенаки, была та дворянская школа, где был заведующим мой бывший заведующий в Ланчхутской школе, А. Цитлидзе. Он был очень рад видеть меня у себя. Он был, конечно, в курсе крестьянского движения в Гурии и, когда я рассказал ему о мингрельских делах, — он был в восторге. И когда я спросил его, не может ли он принять на себя общее руководство работой в Сенакском уезде до учреждения сенакского комитета, он мне сказал, что готов сделать все возможное только при одном условии — если с ним будет иметь дело только один человек, а другие об этом не будут знать. Я согласился, конечно, с этим и с помощью Беселия наметили одного товарища, в благонадежности которого нельзя было сомневаться, и, связав его с Цитлидзе, — мы уехали из Сенакского уезда, я — в Кутаис, а Беселия — в Батум.*)

---

*) Когда в этом уезде расширилось и усилилось движение, Цитлидзе стал его главным руководителем. А когда в 1905 году здесь установилась так наз. «Сенакская республика» — Цитлидзе единогласно был избран ее президентом. После поражения революции и воцарения реакции, Цитлидзе и его сотрудники были арестованы и преданы суду. Это был громкий процесс в Тифлисе. Цитлидзе и двум его товарищам суд присудил смертную казнь, а остальным каторгу на разные сроки. Грузинское общество энергично вмешалось в это дело и возбудило ходатайство перед наместником о смягчении наказания. Наместник удовлетворил это ходатайство и Цитлидзе и его товарищам-смертникам смертную казнь заменил 10-летней тюрьмой. После отбытия этого наказания Цитлидзе опять кинулся в общественную работу. Во время Грузинской республики он, как опытный педагог, заведывал школьным делом в Батумской области. После покорения Грузии Советами он был арестован и после долгого заключения в тюрьме

По возвращении из Мингрелии, по дороге в Кутаис, я заехал в Нигоити повидаться с товарищами и осведомиться о положении дела и в то же время информировать их о работах в Мингрелии и о создании «Имеретино-Мингрельского комитета». Я не знал, что в этот день там была полиция. Как только сошел я на вокзале, подошел ко мне полицейский и потребовал паспорт. Паспорт я не носил с собой и назвал другую фамилию. Полицейский хотел меня отпустить, но в это время подошел другой полицейский и распорядился повести меня в канцелярию к уездному начальнику. Уездный начальник осмотрел меня с головы до ног и прямо сказал, что я не тот, кем я называю себя, и распорядился навести справку в той деревне, которую я назвал, и вызвать оттуда моего отца. Оттуда сообщили, что названный человек давно умер. По получении этого сообщения, он мне заявил, что я такой-то (назвал мою настоящую фамилию) и прямо из Нигоити со специальным конвоем отправил меня в кутаисскую тюрьму, доложив губернатору, что «наконец-то он арестовал того, который в прошлом году приводил к присяге крестьян».

На второй день генерал-губернатор специально приезжал в тюрьму «посмотреть меня». Приезд губернатора в тюрьму был большим событием и как тюремная администрация, так и арестованные отнеслись к нему с большим любопытством. Никто, конечно, не знал по какому поводу он приехал. Не знал тем более я. В ожидании его приезда администрация почистила все, приготовила для арестантов лучший обед, чем обыкновенно, и обращение было самое вежливое; словом, старались, чтобы заключенные не заявили губернатору какую-либо жалобу.

Ровно в 11 часов прибыл губернатор со своей свитой, и как только приехал, вызвал меня к себе. Пришел сам начальник тюрьмы и так спешил, что еле-еле дышал и предложил, чтобы я следовал за ним к губернатору. Из бюро начальника меня сейчас же ввели в особый кабинет к губернатору. Как только я вошел, сейчас же один из офицеров его свиты стал рядом со мной. Губернатор с величайшим любопытством глядел на меня в упор. Видно было, что относился он ко мне скептически. Через несколько минут небрежно спросил фамилию. Я не скрыл и назвал мою настоящую фамилию. «Почему скрыл свою фамилию от уездного начальника?» — спросил он. «Я не хотел быть арестован-

---

сослан вместе с другими на пять лет в Туркестанский край. После отбытия этого срока он вернулся в Грузию, но через некоторое время его опять арестовали и он умер в тюрьме. Так погиб один из самых заслуженных педагогов и в то же время самый активный участник борьбы против самодержавного режима!

ным» — ответил я. «Это вы приводили к присяге крестьян против правительства?» Я ответил, что нет. «Но пишет уездный начальник, что это вы». «Уездный начальник ошибается, он верит шпионам», — ответил я. Он встал, бросил на меня свирепый взгляд и заявил: «Твой отказ не спасет, лучше признайся во всем и это облегчит твое положение». Приказал начальнику тюрьмы запереть меня и, сказав это, ушел.

Приезд губернатора специально по моему делу и его личный допрос сильно поднял мой революционный престиж в глазах тюремного начальства, но с другой стороны усилил надзор за мной. Потом нам стало известно, что я не произвел на губернатора то впечатление, которое могло убедить его в том, что именно я был тот, кого они искали. Передавали, как будто он сказал: «Такой мальчишка не мог всего этого натворить». Несмотря на это, мое дело все же передали прокурору «по особо важным делам», Малиновскому.

Через несколько дней меня вызвали в контору тюрьмы на допрос. Допрашивал сам Малиновский. Малиновский был верный защитник того режима, против которого мы боролись, и, когда теперь сравниваю его допрос с допросами коммунистических следователей — Боже, какая разница! Кто мог представить, что тот режим может быть заменен этим диким коммунистическим режимом! Если бы мы тогда могли представить нечто подобное — не думаю, чтобы кто-нибудь из нас принял бы участие в разрушении царского режима. И одно из величайших преступлений коммунистической партии состояло в том, что благодаря ее деспотическому правлению народ стал мечтать о царском режиме.

Малиновский допрашивал меня девять раз, спрашивал обо всем, старался вынудить у меня то или иное признание, но ни разу не повышал голос; допрашивал очень корректно, записывал мое показание, потом прочитывал и, если нужно было, делал исправления и потом давал на подпись. Он интересовался главным образом вопросом о присяге, добивался узнать — присяга была против правительства или другого содержания. Я не считал нужным удовлетворить его любопытство и повторял, что вся история с присягой выдумка и больше ничего. Я, конечно, не убедил его в том, что вообще не было присяги, но что я не имею никакого отношения к этой присяге — в этом, кажется, он убедился и на последнем допросе заявил мне, что он не имеет достаточных оснований для передачи моего дела в суд и возвращает его администрации, и что с этого дня я буду числиться в тюрьме на имя губернатора. Он высказал мнение, что за недостатком доказательств «они вас должны совсем освободить». Из всего было видно, что администрация была убеждена в моей виновности, но доказательств не имела никаких и в надежде получить их продолжала держать меня в тюрьме.

В ожидании приговора мы приступили к упорядочению условий тюремной жизни. Тюремная администрация не была подготовлена для того, как вести себя по отношению к политическим. Она не делала никакого различия между политическими и уголовными. Обращались со всеми одинаково. Не было у нас кроватей, лежали прямо на цементном полу, без тюфяка. На прогулку выпускали раз в день и то на десять минут. В уборную пускали только по утрам и вечерам, в остальное время — ни за что. Вечером, после «проверки» в 8 часов тушили свет в камерах, оставляя его только в корридоре. Горячую воду давали в день только один раз. Пища была Бог знает какая. Видеть начальника тюрьмы можно было только во время «проверки» вечером. Свидание с родными полагалось только один раз в месяц и то на 15 минут, человек 10—15 вместе, через решетку на расстоянии, из-за чего на свиданиях приходилось кричать во все горло. Надзиратели обращались грубо, а некоторые даже дерзко покрикивали. Когда их звали, — они или совсем не отвечали или приходили, когда сами хотели. Идти к доктору можно было только с разрешения фельдшера, а фельдшером был некий пьяница. За малейшее повышение голоса против надзирателя таскали в карцер или наказывали лишением права на свидание временно, и часто случалось, что из далекой деревни приезжали родные на свидание и уезжали обратно, не повидавшись, потому что тот, к кому они приехали, был лишен права на свидание. Книги и газеты не разрешались, писать можно было только раз в неделю. Таковы были тюремные условия, когда меня привезли в кутаисскую тюрьму.

Насколько развивалось движение, настолько усиливались репрессии. Участились аресты, и в тюрьму стали прибывать новые и новые арестанты. Все политические. Когда набралось нас достаточное число, во время прогулок решено было начать борьбу за улучшение тюремных условий. Была выбрана комиссия для выработки требований и предъявления их начальнику тюрьмы. В комиссию был выбран и я. Мы выработали требования, познакомили с ними всех во время прогулки и все одобрили. Требования касались только урегулирования внутреннего распорядка и условий. В них не было ни одного пункта политического характера. Несмотря на это, тюремная администрация наши требования встретила враждебно. Начальник тюрьмы заявил, что он не может сам удовлетворить ни одно из этих требований и передаст их своему начальнику. Мы успели сообщить обо всем этом кутаисскому социал-демократическому комитету и просили следить за развитием событий. Ответ на наши требования запоздал. Надзиратели после этого стали вести себя еще более дерзко. Один из них даже пригрозил: «Вы не думайте, что здесь можете сделать то, что делали в лесу». Отказывали пропускать к начальнику тюрьмы для переговоров и мы вынуждены были говорить с ним только по вечерам во время «проверки».

Прошло больше десяти дней после предъявления требований и ответа еще не было. Комиссия решила начать голодовку. На прогулке решение комиссии одобрили все и решено было с понедельника начать голодовку. Очень старались, чтобы присоединились к нам и уголовные, но не удалось. А политических в это время было больше ста человек. В назначенный день, в понедельник, когда принесли горячую воду — все политические отказались принять. Надзиратели надсмехаясь, говорили: «Ничего, проголодаетесь, будете просить». На этот утренний протест и начальник тюрьмы не обратил внимания. Принесли обед — и от этого отказались. Принесли ужин и того не приняли. Когда вечером начальник тюрьмы обходил камеры на проверку — никто из политических с ним не заговорил. На второй день повторилось то же самое. На третий день начальник тюрьмы прислал доктора уговорить нас прекратить голодовку и ждать ответа. Мы категорически отказались. Четвертый день повторилось то же самое. Но теперь заметно было, что администрация начинает нервничать. На пятый день начальник тюрьмы вызвал меня в свою канцелярию. Я отказался, заявив, что у меня нет никаких дел, а если имеются у него, сам может придти. Надзиратель открыл мой «секрет» (маленькая камера для одиночек) и хотел взять меня силой. На шум со всех камер загудел громкий шум и крик. Надзиратель испугался и сразу закрыл дверь. На шум прибежал сам начальник и, узнав в чем дело, накричал на надзирателя. Тюрьма успокоилась. На шестой день начальник тюрьмы пошел к своему начальнику с докладом. Там он узнал, что наше требование передано на заключение губернатору. На седьмой день ответ от губернатора был получен. Губернатор сообщал, что наше требование переслано министру внутренних дел и ждет его распоряжений. А до того предлагал прекратить голодовку, иначе он примет меры. В этот день кутаисский социал-демократический комитет выпустил листовку, где говорилось о том, в каких условиях держат нас в тюрьме, и когда арестованные потребовали улучшения условий, их заставляют голодать, и приглашал общество заявить энергичный протест против такого обращения с борцами за народное дело. Прокламация возымела свое действие. В городе произошла демонстрация. Вокруг тюрьмы начало собираться много народа и не расходилось до позднего вечера. Все это повлекло к приезду в тюрьму губернатора. Он привел казаков и расставил их вокруг тюрьмы. Появились казаки и в коридорах. Губернатор сделал попытку поговорить с арестантами, но мы отказались. Когда он обходил камеры, никто из нас не встал. Его свита набросилась на арестованных и стала поднимать насильно. Поднялся невообразимый шум. Арестованные начали бить в двери, шум доносился далеко. Чтобы напугать арестованных, казаки в коридоре дали залп. Из-за этого шум и крик еще больше усилился. Губернатор поспешно ушел из тюрьмы. Тюремная администрация более усердствовавших арестованных стала тащить в карцер. Больше всех усердствовал надзиратель Николай. После полудня тюрьма начала понемногу успокаиваться. Карцеры были полны арестованными, хотя вечером всех выпустили в свои камеры. На второй день на улице около тюрьмы кто-то стрелял в надзирателя Николая и тяжело ранил. Наконец, и губернатор утолил свою жажду мщения и на одиннадцатый день голодовки большинство требований удовлетворил. Голодовка прекратилась.

Разрешили иметь кровати, прогулку два раза в день, право свидания в неделю раз, а главное прекратилось обращение на «ты» и т. д. Тюремный режим изменился. Выстрел в надзирателя Николая так напугал тюремную администрацию, что она не противилась хождению в чужие камеры в гости к товарищам. Это дало возможность начать занятия среди политических. В ожидании высылки многие стали изучать русский язык, многие брали уроки по разным предметам, многие занимались политической экономией. «Тюрьма стала университетом», говорили вне тюрьмы. Тюремная администрация свыклась со всем этим настолько, что некоторые из них исполняли даже разные поручения, например, доставка нужных книг, писем и др., так что тюрьма была в тесном контакте с организацией вне тюрьмы.

В тюрьму почти каждый день приводили арестованных то в одиночку, то группой. В один вечер поздно привели целую группу и поместили в большой камере против моего «секрета». В тюрьме приход новых арестованных всегда вызывал большой интерес: кто, откуда, почему арестован, что нового на воле и т. д. — забрасывают такими вопросами вновь прибывших. Постарался я тоже узнать от вновь прибывших что-либо, но так как после «проверки» двери не открывали — пришлось навести справку у надзирателя. Он сообщил, что эти арестанты из батумской тюрьмы. На второй день их выпустили на прогулку с нами. Мы познакомились. Это были рабочие из Батума, арестованные за знаменитую демонстрацию 9 марта 1903; почти все главари и среди них Сталин, единственный интеллигент. Тогда его псевдоним был не Сталин, а Коба. Рассказывали они нам все подробности об этой демонстрациии и об арестах в связи с этим. Они были очень недовольны, что их перевезли сюда. Кобу (Сталина) я видел первый раз в жизни и не подозревал даже о его существовании. На вид он был невзрачный, оспой изрытое лицо делало его вид не особенно опрятным. Здесь же должен заметить, что все портреты, которые я видел после того, как он стал диктатором, абсолютно не похожи на того Кобу, которого я видел в тюрьме первый раз, и ни на того Сталина, которого я знал в продолжении многих лет потом. В тюрьме он носил бороду, длинные волосы, причесанные назад. Походка вкрадчивая, маленькими шагами. Он никогда не смеялся полным открытым ртом, а улыбался только. И размер улыбки зависел от размера эмоции, вызванной в нем тем или иным происшествием, но его улыбка никогда не превращалась в открытый смех полным ртом. Был совершенно невозмутим. Мы прожили вместе в кутаисской тюрьме более чем полгода, и я ни разу не видел его, чтобы он возмущался, выходил из себя, сердился, кричал, ругался, словом, проявлял себя в ином аспекте, чем в совершенном спокойствии. И голос его в точности соответствовал его «ледяному характеру», каким его считали близко его знавшие.

Потом, в продолжение многих лет, я встречался с ним в разных областях общественной жизни, главным образом в революционой работе, и я до сих пор не могу найти объяснения всему тому, что произошло с этим человеком в его жизненной карьере.

Говорят и пишут, что история не знает такого примера. Это верно, но это не объяснение факта, а только его констатация. Как будто ничего не предвещало ему такого восхождения! Биография его, до его головокружительного восхождения, совсем не сложна. Даже можно сказать: до этого он — человек без биографии.

Вот эта биография: учился он в духовной семинарии и вышел из третьего класса в 1899 году. В этом году он начал заниматься в кружках среди рабочих, но в организацию еще не вступил, так как в этом году тифлисская организация состояла из одного только тифлисского комитета, а там не так легко принимали «новичков». Ему дали два кружка для занятий. В этих кружках он с первых же дней стал интриговать против главного их руководителя — С. Джибладзе. Когда это обнаружилось, организация дала ему соответствующее наставление и предостережение. И когда это не подействовало, а он все продолжал, — организация предала его партийному суду. Это был первый партийный суд, который создала социал-демократическая организация Грузии, чтобы судить партийного товарища. Суд состоял из районных представителей. После допросов суд единогласно постановил исключить его из тифлисской организации, как клеветника и неисправимого интригана. После этого приговора у него отобрали кружки, в которых он занимался. Тогда он из Тифлиса перебрался в Батум. В Батуме знали о тифлисском постановлении и приняли его так холодно, что он предпочел уехать в Баку. Из Баку вернулся очень скоро опять в Батум. Здесь перед его приездом был большой провал. Арестовали почти всех членов батумского комитета. Это дало ему возможность обосноваться там. Он начал работать и под его руководством и была устроена демонстрация 9-го марта, за что он и сидел теперь в кутаисской тюрьме.

После моей высылки сослали и его. Он бежал и приехал опять в Батум, но к работе его там не допустили. Это было в 1904 году. Как раз в этом году стало известно в Грузии о расколе на лондонском съезде. Он сейчас же примкнул к большевикам. Но когда лидером большевиков стал Ст. Шаумян, началась склока между ними на почве первенства. Шаумян служил в Баку и жил почти легально. Там же, в Баку, работал нелегально и Сталин, тогда еще — Коба. Борьба между ними продолжалась долго. И дошло до того, что в 1909 году бакинская большевистская группа обвинила его открыто в «доносе» на Шаумяна и предала его партийному суду. Состоялся суд, но состав суда был арестован в тот же день, а Сталина арестовали, когда он шел на суд. Находясь в тюрьме, члены суда решили закончить суд в тюрьме, но тюремные условия не очень способствовали этому. Дело затянулось. Потом Сталина сослали, и дело заглохло. Он опять бежал из ссылки, но на Кавказ не возвращался. Остался в России и оттуда наезжал временами в Грузию. Наезжал главным образом в те дни, когда на Кавказе происходила экспроприация. Он в этих экспроприациях не принимал личного участия, но экспроприированные деньги каждый раз аккуратно отвозил Ленину. Так что он был главным «финансистом» российского большевистского центра. Несмотря на это, этот центр в эти годы никогда не выдвигал его кандидатуры ни на какой высокий пост. Он не был выбран в Центральный Комитет Российской Социал-демократической Партии, даже в качестве кандидата. Не был и делегатом на конгрессах по рекомендации центральных партийных учреждений, а создавал мандаты для съездов сам, как, например, борчалинский мандат на стокгольмский съезд в апреле 1906 года.

Вот вся его биография. Она ничем не отличается от биографии многих других ему подобных, — она проста и банальна. И каким образом человек с такой биографией мог достичь такой вершины в 200-миллионной громадной империи, удержаться на этой высоте столько лет — это действительно достойно внимания и этот вопрос долго еще будет занимать умы специалистов. Как личность, Сталин ничем особым не отличался. Был человек очень сухой, даже высохший, если можно так выразиться. Когда, например, мы выходили на прогулку и мы все отдельными группами устремлялись в тот или иной уголок тюремного двора, он, Сталин, один ходил своими маленькими шагами взад и вперед, а если кто заговаривал с ним, раскрывал рот для своей холодной улыбки и, может быть, произносил несколько слов. И этой своей нелюдимостью обращал на себя всеобщее внимание.

У известного грузинского поэта Р. Эристави есть одно прекрасное стихотворение под заглавием: «Родина». Начинается оно так: «Где родился я, где вырос, где находятся могилы моих предков — вот родина моя» (свободный перевод). Знал ли Сталин, или лучше сказать, — помнил ли Сталин, где родился, где вырос, где находилась могила его предков? Я думаю, что нет. Или вернее — может быть знал и помнил, но безусловно не чувствовал.

Я знал его многие годы по общей работе в одной партии, сидели мы вместе в тюрьме, когда мы оба были молоды, — а молодость ведь никогда не забывается, — и я не помню, чтобы что-нибудь «человеческое» его увлекало. Его «мизантропство» слишком рельефно изнутри выпирало наружу. После долгих лет и после стольких общественных переворотов я встретился с ним в Москве впервые в апреле 1920-го года.

Он — комиссар Советской России, а я — особоуполномоченный правительства его «родины» Грузии по заключению с этой Россией мирного договора.

Я зашел к нему, и что же? Обрадовался он встрече со мной? Ничуть не бывало. Он поздоровался со мной, правда, улыбнулся, но и то не полным ртом. Не спросил даже, как я очутился в Москве, что творится на его «родине», как живут его знакомые, товарищи.

Когда я сидел в его кабинете, вошел Л. Каменев. Увидев меня, он бросился на шею и мы расцеловались. Он все время дергал меня руками и приговаривал: «Ах вы грузинские белогвардейцы! Вы хотите уйти от нас и одни есть шашлыки и пить кахетинское вино! Шалишь, брат, не так легко! Мы вас не так легко выпустим — не правда ли, товарищ Сталин — а?» И Сталин теперь второй раз улыбнулся, не произнеся ни слова.

Каменев стал расспрашивать обо всем, интересовало его все, спрашивал о всех социал-демократах, о их здоровьи, о жизни и все это почти с любовью и с огромным интересом. Потом спросил, как я очутился здесь, в Москве, где живу и что делаю. И когда я рассказал о моей миссии, он театральным тоном, в позе, в шуточной форме задумчиво, после некоторой паузы, заявил: «Это дело трудное, но для милых грузин можно будет».

Так встретил, так говорил и так интересовался Грузией человек, которого я знал куда меньше, чем Сталина, который ни одним словом не заикнулся о своей «родине». Помнил ли он «где родился, где вырос, где находилась могила его предков?» — как говорил поэт.

И этот мрачный, нелюдимый человек, человек, который в своей жизни, может быть, ни разу не смеялся полным ртом, не обладавший никакими выдающимися умственными способностями, — царствовал десятки лет над шестой частью земного шара.

Может быть для такого случая и писал поэт:

«Гигант страдает от пигмея,
«Властитель гибнет от раба,
«И часто гнусного злодея
«Венчает лаврами судьба».

Я не пишу биографии Сталина, этим заняты многие и многие. Я заговорил о его биографии вскользь, в связи с воспоминанием о нашей тюремной жизни, которая имела место в 1903 году.

Камеру, в которую поселили батумцев, администрация тюрьмы назвала «камерой рабочих». Это название так и осталось за этой камерой и потом, когда «батумцев» там уже не было. В этой «камере рабочих» также начались занятия. Здесь проходили главным образом политическую экономию. Очень распространена была в то время книга Богданова под названием — «Краткий курс политической экономии». Это была популярная книга, написанная для тех, которые хотели получить первоначальное понятие о политической экономии. В то время изучение основных понятий политической экономии считалось обязательным для марксистов. Книга была написана на русском языке, и это очень мешало ее изучению среди грузин, тех грузин, которые недостаточно понимали русский язык. Но изучение этой книги считалось настолько важным, что ее переводили по страницам, записывали в тетрадях и потом изучали как в школах. Такой же порядок ее изучения был и в «камере рабочих». Сталин, и еще один, Дгбуадзе, читали и переводили, а другие записывали, изучали и в неделю раз кто-нибудь из них читал доклад, а другие принимали участие в обмене мнений по докладу. На эти доклады стали приглашать и нас и эти вечера со временем стали настолько интересными, что ждали их с нетерпением. В других камерах больше интересовались историей французской революции, и здесь устраивались доклады. Как книга по политической экономии, так и история французской революции были занесены в тюрьму без разрешения начальства. Надзиратели знали это, но после ранения Николая так были напуганы, что не смели доносить. Напротив, — предупреждали, когда предполагались обыски в камерах у политических, и тогда мы все наши книги передавали уголовным на хранение. Знал о чтении и дебатах и начальник тюрьмы, но, боясь столкновений и беспорядков, не придирался к чтению. Он требовал только порядка. А за порядком при создавшихся условиях следили мы сами. Словом, установилось взаимоотношение, желательное для обеих сторон. И обе стороны старались не нарушать «спокойное» течение тюремной жизни. Оно было нарушено очень серьезно, и было вызвано следующим обстоятельством:

С нами сидело много уголовных арестантов. Некоторым из них угрожала смертная казнь. Они сидели по одиночке в «секретах» и были заперты все время. Их корридор был совершенно изолирован от остальных арестантов и для них был установлен особый, более строгий, режим. «Секреты», в которых они сидели, назывались «секретами смертников». Политическим удалось своей борьбой изменить режим и для «смертников». Теперь до вынесения приговора все они сидели в общих камерах и только после приговора переводили их в «секреты смертников». А раньше с самого начала такие арестанты сидели в этих «секретах» на строгом режиме. Смертная казнь при царском режиме совершалась и путем расстрела, и через повешение. Расстрел считался почему-то «привилегированным актом» и практиковался главным образом по отношению к военным, а уголовных вешали. Мы узнали, что приговор над смертниками приводили в исполнение во дворе нашей тюрьмы, как раз на той площади, которая была предназначена для нашей прогулки. В тюрьме была традиция, что когда кого-либо вешали, в тот день никто мяса не ел и не выходил на прогулку. Тюремная администрация знала это, конечно, но на этой почве никаких инцидентов не создавала. Традиция эта была установлена уголовными. А теперь, когда в тюрьме сидело столько политических и началась борьба против самого режима в целом, — мы не могли, конечно, в случае казни, удовлетвориться только тем, чтобы не есть мяса. Нужно было еще что-нибудь. И печальный случай для этого скоро наступил. В тюрьме сидел молодой парень, некто Папидзе. Он обвинялся в нападении с целью грабежа и убийстве человека. Был он очень веселый, молодой, общался с нами и безусловно очень жалел о происшедшем. До суда он сидел в общей камере, но, когда его осудили на смертную казнь, перевели в «секрет смертников», и сидел он там один-одинёшенек в ожидании смерти. Этот случай внес в нашу тюремную жизнь чрезмерную нервность. Все жалели его и не знали, как ему помочь. Бежать, даже при нашей помощи, было невозможно. Рассчитывать на помилование тоже не приходилось. Что же надо было делать для его спасения? Для нас, политических, это был первый случай быть свидетелем смертной казни и все мы слишком нервничали. Были приняты все меры, чтобы он по крайней мере убил палача, когда он войдет в его камеру для связывания ему рук перед повешением. Это не удалось. И когда рано утром его выводили из «секрета» на казнь и он начал кричать, ругая правительство, — вся тюрьма встала с постелей и политические начали бить в двери и кричать. Политических поддержали и уголовные, и в тюрьме поднялся невероятный шум. Грохот от железных дверей доносился очень далеко и вокруг тюрьмы собралось много народа. Весь город встал на ноги, несмотря на то, что еще не было светло. Тюремная администрация ничего не могла поделать. Вмешался полицмейстер, который пришел, чтобы присутствовать при казни, но без успеха. Рассвело. Палачи ушли, тело несчастного Папидзе сняли с веревки и унесли, убрали все со двора, и тюрьма погрузилась в глубокий траур. Никто не думал об еде, — ни администрация, ни арестованные. Воцарилась могильная тишина и никто не старался ее нарушить. В четыре часа прибыл прокурор. Тюрьма встретила его в траурном настроении и мы потребовали, чтобы «это безобразие» больше не повторялось в нашем дворе, и чтобы нас перевели в какую-нибудь другую тюрьму или нашли для нас другой двор для прогулок. Прокурор обещал переговорить о наших требованиях с губернатором и, когда на другой день пришел, сообщил, что ничего больше невозможно сделать, как прекратить вешать в тюремном дворе.

Постепенно тюрьма успокоилась, и через несколько дней возобновились и занятия. Число политических возрастало с каждым днем, но высылали не меньше. Получен был и мой приговор. Меня с 7-ю крестьянами из Гурии высылали на три года в распоряжение харьковского губернатора. Это была первая ссылка по гурийскому крестьянскому движению.

В первых числах сентября 1903 года наш этап, вместе с другими высланными, вышел из кутаисской тюрьмы. Я оставлял тюрьму, с которой было связано столько воспоминаний. Прощался со всеми по-дружески, провожали нас все очень тепло. Даже начальник тюрьмы, несмотря на то, сколько хлопот я причинил ему, пожелал «доброго пути». Сталин и его группа остались в тюрьме. Потом я узнал, что и его выслали на три года, но в другую губернию в России.

В дороге до Харькова присоединилось к нашему этапу много арестованных из разных тюрем. В ростовской тюрьме наш этап перегруппировали и отправили по местам назначения. Отправили и нас. В дороге я убедился, что о гурийском движении осведомлена вся читающая Россия. Во всех тюрьмах, куда ни прибывал наш этап, политические осведомлялись, кто мы такие и откуда. И когда узнавали, что мы по гурийскому крестьянскому движению, с особенным вниманием относились к нам и так забрасывали всевозможными вопросами, что мы не успевали отвечать. Даже тюремная администрация осматривала нас с некоторым любопытством. Во всех тюрьмах, где только останавливался наш этап, местные политические ухитрялись связаться с нами, если не лично, то письменно. Чем дальше мы двигались по нашему пути, тем больше все были осведомлены о нашем приезде. Благодаря всему этому мы, высланные по гурийскому делу, стали фаворитами и в этапе. Даже конвойные относились к нам как-то иначе. А когда нас привели в харьковскую тюрьму, там не только знали о нашем приезде, но и готовились к этому, чтобы иметь возможность поговорить с нами серьезно. Харьковская тюрьма была наиболее благоустроенная из всех тюрем, в которых нам пришлось побывать во время этапа. Здесь политические сидели отдельно от уголовных и, видно было, пользовались некоторой свободой передвижения. Потом я узнал, что это они постарались, чтобы нас доставили в их отделение, а не держали в пересыльном отделении, как это было везде. И как только нас привели и поселили в довольно чистую камеру, несмотря на то, что было поздно, все же пришел к нашей двери один из политических, познакомился и спросил по гурийскому ли мы движению, не нужно ли нам чего, и предупредил, что они очень интересуются гурийским крестьянским движением, надеются, что одного из нас возьмут к себе на третий этаж и просил приготовить для них самый подробный доклад. А если это не удастся, передадут нам перечень вопросов и попросят дать письменный ответ. Я обещал, что сделаю все возможное, чтобы как можно подробнее познакомить их с нашим движением. Он был очень рад и попрощался так, как будто мы были давнишние знакомые. Как в этапе, так и здесь, я убедился, что гурийское крестьянское движение всюду вызывало огромный интерес. Мы даже не подозревали этого.

В харьковской тюрьме оказалось много политических, главным образом социал-демократов и социал-революционеров. Для всех наше движение представляло исключительный интерес. Этот интерес был двоякий: один — для социал-демократов и другой для социал-революционеров. Два разных взгляда и оба отрицательные. Русские социал-демократы вообще не верили, что крестьяне способны сыграть революционную роль и воспринять идеологию социал-демократов. Социал-революционеры верили в революционность крестьянства, но не верили, что они пойдут за социал-демократами. Крестьян они считали приверженцами своей программы и были уверены, что их программное требование о «социализации земли», — это и есть точное стремление самих крестьян и, когда узнали, что гурийские крестьяне примкнули к социал-демократам, — стали сомневаться в самом факте существования движения. Таким образом не было сомнения, что гурийское крестьянское движение, в тот момент в особенности, вызывало исключительный интерес обеих партий. И не удивительно. Это было новое явление, которое предвещало, что оно будет иметь решающее значение и для идеологии этих партий. Поэтому в обеих русских социалистических партиях уделялось нашему движению все возрастающее внимание, ибо от этого зависела также их политико-тактическая установка.

Харьковский губернатор нас не принял и, в свою очередь, выслал в распоряжение саратовского губернатора. Не помогли никакие наши протесты. В ожидании саратовского этапа мы хорошо отдохнули в харьковской тюрьме и наши новые друзья ухитрились устроить мой доклад на одном довольно многочисленном собрании в их камере. Пребывание в харьковской тюрьме имело для меня большое значение. Я и сейчас с большим умилением вспоминаю время, проведенное в этой тюрьме. Это была сплошь идейная атмосфера, спор о доктринах, спор о социализме, спор с теми группами, с которыми я столкнулся в первый раз. Они были безусловно во много раз лучше меня подготовлены теоретически, но я был богат фактами из движения и это давало мне возможность устоять «с честью» против них. Я замечал, что ни одни, ни другие не верили, вернее, мало верили моим фактам, порой даже нападали довольно остро, но все это делали с такой душевной теплотой и в таких выражениях, что я чувствовал к ним самую дружескую привязанность. Я не смог, конечно, их убедить. Было впечатление, что они остались при своих мнениях, но ко мне и те и другие относились очень тепло, хотя друг друга не слишком щадили. Мы провели в тюрьме больше чем две недели, и за это время они не раз обращались к нам за разъяснением и за уточнением тех или иных вопросов, то словесно, подбегая к нашей двери, то письменно, более обширно, и мы старались снабдить их всеми интересующими сведениями. Когда в камере я делал доклад и по поводу доклада разгорелись прения, один оратор социал-демократ с горечью заметил, что грузинские товарищи допустили большую ошибку, что это движение поставили под свое знамя. На это оратор социал-революционер ответил — «это верно, крестьянское движение — это наше дело и чем скорее вы, социал-демократы, это поймете, тем лучше и для вас, и для нас, и для общего дела». Вмешался в этот диалог и я, заявив: «успокойтесь, товарищи, это движение начали мы, мы его не уступим никому и будем нести ответственность за него мы, и только мы». Все дружески отнеслись к этому моему, немножко задорному, заявлению и почти в один голос заговорили: «мы все с вами, товарищ».

Эх, друзья! Жив ли кто-нибудь из вас теперь? Если жив и вспомнит наш тогдашний как бы религиозный спор и сопоставит его с сегодняшним варварством, — неужели не скажет с горечью: за что мы страдали, чего ждали и что получилось?!

Настал день нашего этапа. Когда нас высылали из Кутаиса в распоряжение харьковского губернатора, согласно тюремным правилам, все наши вещи и деньги переслали прямо в харьковскую тюрьму и должны были выдать нам здесь. Но теперь харьковский губернатор отправлял нас в распоряжение саратовского губернатора и на этом основании тюремные власти отказались выдать нам наши вещи и деньги. А мы очень нуждались, в особенности в белье. Но в этом нам отказали, заявив, что вещи уже отправлены в Саратов. Тогда мы просили, чтобы нам дали хотя бы тюремное белье. И в этом отказали. Тогда мы заявили, что никуда не поедем: нас выслали сюда и должны освободить здесь и вручить нам наши вещи. Начальник тюрьмы заявил, что он ничего не может сделать, что нам надо обратиться по этому вопросу к губернатору, но он не советует: наши вещи уже пересланы, завтра утром наш этап идет и, если мы подадим жалобу, кто знает, сколько нам придется здесь сидеть в ожидании ответа. Об этом стало известно нашим товарищам в тюрьме, они прибежали сейчас-же и обещали уладить все. Вечером мы получили собранные среди них деньги и белье.

На второй день утром мы попрощались с нашей милой тюрьмой. Со всех камер прощались с нами с братской любовью и кричали: «Доброго пути». После обеда наш этап вышел из харьковской тюрьмы. Оставляли навсегда тюрьму, где нас так тепло приняли наши друзья арестованные, которых мы не знали, никогда не видели, но что-то нас так роднило, что мы были не только знакомые, но братья, несмотря на партийные различия. Тот идейный спор о нашем крестьянском движении, который возгорался здесь, я и сегодня вспоминаю с такими переживаниями, как будто это было вчера.

Из харьковской тюрьмы в нашем этапе было более ста человек. Среди них больше половины — уголовные. Начальник конвоя оказался слишком грубым офицером. Кричал, ругался, не позволял покупать на станциях продовольствия. В пути его сменил другой отряд конвоя. Новый начальник конвоя вел себя по отношению к нам очень прилично и с ним мы доехали без всяких инцидентов до Саратова. Здесь мы ожидали нашего освобождения из тюрьмы и выдачи наших вещей, как вдруг объявили, что саратовский губернатор отказывается принимать нас, высланных по гурийскому делу, и высылает в распоряжение генерал-губернатора Тургайской области. Мы были до крайности возмущены, но делать было нечего. Пришлось подчиниться. И здесь просили, чтобы дали наши вещи и деньги по крайней мере, но нам отказали, заявив, что они уже отправлены в оренбургскую тюрьму.

Наш этап уехал через три дня и нас повезли в город Оренбург. Ночью прибыли в самарскую тюрьму. Из всех тюрем, через которые мы проезжали, здание самарской тюрьмы было лучшим. Здесь оказались и политические, которые сейчас же установили с нами связь, забросали вопросами о гурийском движении. Они были страшно возмущены, узнав о нашем мытарстве. Утешали тем, что Оренбург отсюда близко и через день мы уже будем там. Здесь все те, с которыми нам пришлось иметь дело, были эсерами. И они не хотели верить, что во главе крестьянского движения в Гурии стоят социал-демократы. «Они ведь отрицают работу среди крестьян и за это ведут борьбу с нами», — говорили они. Один из них спросил: «Нет ли там социалистов-революционеров?». Я ответил, что есть. — «Как относятся они к вашему движению?». — «К движению относятся хорошо, но к нам — очень плохо», — ответил я. — «А почему?», — спросил он с некоторым удивлением. — «Потому, что им не удалось связаться с этим движением», — ответил я. — «У вас, товарищ, там в Грузии все наоборот, как видно. Во главе крестьянского движения становятся социал-демократы, а социал-революционеры смотрят издалека. Это как-то странно. А у нас совсем иначе. У нас социал-демократы не только не руководят крестьянским движением, но на нас нападают за это и Бог знает, как нас честят». Они очень хотели взять меня в свою камеру для доклада, но не удалось. Просили написать, но я не смог исполнить их желания. Записали наши имена и фамилии, дали свои и попрощались дружески.

Конвой по пути к Оренбургу был очень хороший, ничем нас не стесняли, раз даже газету дали прочесть. Мы очень были обеспокоены тем, что не были уверены, что нас оставят в Оренбурге. Но самарские товарищи убеждали нас, что этого не может быть, потому что дальше Оренбурга ничего нет, кроме степей и киргизских аулов, а эти аулы так далеко, что нас наверное не пошлют туда, а оставят в самом Оренбурге. Благодаря этому мы ехали в Оренбург сравнительно успокоенными.

Когда мы прибыли в Оренбург, была уже зима и кругом глубокий снег. В Оренбурге нас привели в тюрьму, но здесь застали только двух арестованных за пьянство. Стражи никакой: начальник и один надзиратель. После тех тюрем, которые мы проехали, оренбургская тюрьма показалась нам пустыней. Начальником тюрьмы оказался тот, который нас принял. Никаких формальностей. Он не хотел даже запирать дверь. В тот же вечер пришел пристав и объявил, что сегодня мы останемся здесь, в тюрьме, так как для нас квартиру еще не нашли. «Завтра найдем и освободим». На второй день пришел тот же пристав, дал подписать бумагу, что без разрешения полиции не уйдем никуда, вручил наши вещи и деньги, обязал нас до распоряжения генерал-губернатора являться каждую субботу в его полицейское управление на проверку, дал стражника для подвоза наших вещей на нашу новую квартиру и попрощался очень вежливо.

Квартира наша оказалась довольно приличной. Несколько больших комнат с кухней, а самое главное, — обособленная, никого кроме нас. Путешествуя так долго по этапу, уставшие и грязные, мы стали приводить себя в порядок. Наши вещи оказались в сохранности, не потерялось ничего, были и деньги. Умылись, почистились, оделись по человечески, и, отдохнувши, вышли осматривать город.

Город Оренбург оказался маленьким провинциальным городком. Но сама область — огромной, северная граница которой дотягивалась до границы Китая. На этой громадной территории были разбросаны аулы киргизов, которые занимались скотоводством.

Из Оренбурга до этих аулов надо было ехать не меньше двух недель в зимнее время. А когда были большие снега — дорожное сообщение совсем прекращалось. При нас генерал-губернатором этой области был некто ген. Таубе. Через две недели нас вызвали в полицейское управление и объявили, что по распоряжению генерал-губернатора мы высылаемся в киргизские аулы, но, так как теперь зима и ехать невозможно, — зимой оставят нас в городе, а на поселение отправят весной. Дали подписать бумагу, что это распоряжение нам объявлено.

С этого дня среди нас зародилась идея бегства. Но выяснилось, что кроме меня никто не был расположен к этому. Все остальные были сельчане и предпочитали отбыть свой срок и вернуться легально. Решено было вернуться мне одному. Побег должен был состояться в понедельник, так как до субботы мы не были обязаны явиться в полицию для регистрации. А до субботы, при благоприятных условиях, я мог доехать до Грузии. Побег облегчало и то обстоятельство, что деньги наши еще не были израсходованы и хватало их на проезд вторым классом. Правда, путешествие вторым классом стоило гораздо дороже, но зато было более надежно. Решили также билет, во избежание всяких подозрений, покупать не до Тифлиса, а только до какого-нибудь большого города поблизости Грузии. В субботу мы все заявились в полицию и подписали лист о явке в полицию. В воскресенье утром один из моих товарищей пошел на вокзал купить для меня билет до Ростова. Покупка билета не вызвала никаких подозрений. Узнали и то, что поезд отправлялся по направлению к Ростову вечером. Я решил ехать в тот же день, если на вокзале не будет никаких подозрительных обстоятельств. Пообедали вместе, нагрузили меня всевозможными поручениями, которые я должен был запомнить наизусть, попрощался со всеми как родной и в назначенный час с двумя товарищами вышел на вокзал. Народу было много, но многие были подвыпившие и очень весело настроенные, что очень облегчало мое намерение. Единственный жандарм на вокзале подходил то к одной, то к другой группе и просил не шуметь. В этой его церемонии я улучил время и вошел в вагон. Я условился с моими товарищами, что когда я войду в вагон, если они заметят что-либо подозрительное, предупредят по условленному знаку. Поглядывая из вагона, я такого знака не заметил. Это означало, что все сошло хорошо. Поезд тронулся и я спокойно оставил и киргизские аулы и милый патриархальный городок Оренбург. Мне жалко было только моих товарищей, среди которых только один мог кое-как объясниться по-русски. По условию — до субботы они не должны были сделать никакого заявления обо мне. А в субботу заявить, что я не ночевал дома и что они не знают, где я.

В поезде, как только кондуктор проверил наши билеты, я лег спать. Спал до следующего вечера. Потом поужинал в вагон-ресторане, как полагалось пассажиру второго класса, и опять лег спать. Доехал до Ростова без всякого инцидента. Из Ростова поезд ехал только до Баку, а в Баку я должен был пересесть в другой поезд, на Батум. Из Ростова до Баку ехал тоже без всяких инцидентов. Опасность была только в Баку. Там до отхода моего поезда я должен был ждать целый час, а это ничего хорошего не предвещало, тем более, что, по сведению ростовской газеты, в Баку совсем недавно, оказывается, было серьезное выступление местных рабочих. Поэтому я и решил остаться на станции Баладжары, предпоследняя станция до Баку, и ждать там моего поезда на Батум. Я остался здесь и пока я кончил ужин, подкатил и мой поезд; я вошел в вагон и уехал преспокойно. Теперь главная опасность была только на станции Тифлис, где предстояла смена паровозов. В Тифлис прибыл ночью, я прикинулся, что сплю, хотя совсем не спалось. Время, проведенное здесь мне показалось ужасно долгим. Наконец, наш поезд тронулся и на сердце отлегло. Теперь я был сравнительно спокоен. До Батума ночью опасности случайного ареста не ожидалось, а к утру наш поезд был бы на территории Грузии, а там уже меньше всего приходилось бояться. Ночь прошла спокойно. Утром, на рассвете, наш поезд остановился на маленькой станции Джуматы, в пределах Гурии. Здесь уже не было никакой опасности, даже местного жандарма не было. Я слез с поезда совершенно спокойно. Местный железнодорожный сторож повел меня к представителю местной социал-демократической организации, который бесконечно обрадовался моему приезду. Отсюда я написал в Оренбург моим товарищам письмо о благополучном приезде в Гурию и просил сообщить последствия моего побега.

4

МЕЖДУ ВТОРЫМ СЪЕЗДОМ РСДРП И РЕВОЛЮЦИЕЙ 1905 Г.

Рост движения в Гурии. Делегаты Закавказья на 2-ом съезде РСДРП. Социалисты-федералисты и национальный вопрос.

В Гурии я застал очень много изменений. Движение овладело всей Гурией и там царил безраздельно «Гурийский социал-демократический комитет».

Гурию я не узнал. Как могло в продолжение такого сравнительно маленького срока, который я провел в тюрьме и этапе, так измениться все? Вся Гурия была объята движением. Не осталось ни одного села, которое не включилось бы в общее движение. Гурийский комитет был очень рад моему приезду. Хотя число пропагандистов-агитаторов было уже немалое, но быстрое развитие движения, которое уже начало охватывать всю народную жизнь, — требовало много сил и мне поручили мой бывший район — Ланчхутский, в состав которого входил очень близко мне знакомый — Нигоити. На заседании комитета было постановлено установить во всех районах одну и ту же организационную структуру. Она имела следующую формулу: в каждом селе учреждался кружок из 10 товарищей. Это называлось атеулы (десятка). В случае надобности их могло быть несколько в одном и том же селе. Но сколько бы их ни было, они выбирали одного в качестве представителя села. Он назывался «асистави» (сотник). Собрание асиставов выбирало из своей среды одного. Он назывался представителем общества. Представители обществ всего района составляли районную организацию, и эта районная организация выбирала из своей среды одного, который входил в гурийский комитет.

«Гурийский комитет» и был составлен из этих районных представителей. Комитет имел право включить в свой состав то или иное лицо по своему усмотрению. Пропагандисты принимали, конечно, самое активное участие в работах комитета и все они приглашались на заседания комитета, но никто из них не входил в комитет и не имел решающего голоса. Это было нововведение после меня. Когда я работал в Гурии и мы создали первый комитет, он состоял на девять десятых из пропагандистов, которых никто не выбирал. Теперешняя конструкция была безусловно более рациональная. Во-первых, она связывала все районы тесными узами как между собой, так и с руководящим центром — комитетом. Во-вторых, все были выборные лица, которых можно было заменить в любой момент, а в третьих — выборное начало устраняло много недоразумений, обыкновенно связанных с актами назначения свыше. Это выборное начало очень импонировало членам революционных организаций и они очень дорожили им и охраняли это право от покушений с чьей бы то ни было стороны. Надо подчеркнуть и то, что выборный комитет в то время существовал только в Гурии и нигде больше. В других организациях он был введен только после раскола на лондонском съезде.

Немного раньше, до моего приезда, Гурию, оказывается, объехал сам генерал-губернатор Смагин. По его распоряжению многие были арестованы, и на этой почве взаимоотношения между правительством и крестьянами были очень обострены. Губернатор был уверен, что репрессиями он напугает крестьян и заставит их отказаться от борьбы. Но все обиды, аресты, ссылки, взимание с крестьян надела через стражников в пользу помещиков и «драмис фулы» для священников и другие подобные меры убедили крестьян в том, что правительство — враг их, что оно защищает помещиков и священников против них. И это была высшая политическая школа для народа. Для этого уже не нужны были ему теперь пропагандисты. Это он сам видел, сам испытал и поэтому он, как один человек, громко крикнул: «Долой такое правительство». И это означало в то же время, что с экономической борьбы народ перешел к политической борьбе. Начался второй этап борьбы — борьба политическая. Теперь и помещики убедились, что положение слишком осложняется и они были готовы пойти на любое соглашение с крестьянами, но вмешалось правительство и запретило им пойти на соглашение. Несмотря на это, некоторые помещики стали требовать от крестьян «комитетских условий» и заявляли, что удовлетворят их без возражений.

Крутые меры правительства выводили из терпения крестьян и кое-где стали убивать более жестоких агентов. Террор стал в порядке дня. Участились убийства то стражников, то заподозренных в шпионаже. Применение террора еще больше обострило и без того сложное положение. И если бы не энергичное вмешательство комитета, террор мог бы принять зловещий характер.

Для выработки общих для всей Гурии мер комитет созвал конференцию сельских представителей. Конференция эта должна была выработать общие меры и урегулировать целый ряд местных вопросов, которые встали в процессе революционной работы. В работах конференции принимали активное участие все ответственные пропагандисты районов. Главный вопрос был — объявление бойкота всем правительственным учреждениям. После обмена мнений вопрос был решен в положительном смысле единогласно. В связи с этим возник целый ряд вопросов практического характера, разработка которых поручена была комитету. Но в то же время обязали всех нас, пропагандистов, в кратчайший срок представить комитету свои заключения по этому поводу. Конференция постановила также отпраздновать рабочий праздник — первое мая и в этот день по всей Гурии устроить митинги.

Устройство праздника 1-го мая — это было впервые и все районы стали готовиться к его устройству торжественно. Были высказаны пожелания, чтобы в более крупных пунктах после митинга устроить и демонстрации. Местные власти замечали, конечно, какое идет подготовление по всей Грузии к первомайскому празднику, и стали готовиться и сами.

Из переписки, обнаруженной в архиве жандармского управления после революции 1917 года, стало известно, что гурийская полиция была уверена, что демонстрации эти превратятся в восстание и мятежники займут все правительственные учреждения. Может быть поэтому и было, что полицейские и стражники во время первомайского праздника в нескольких местах стреляли в мирных демонстрантов и убили нескольких. Несмотря на это, демонстрации все же состоялись и в некоторых пунктах приняли грандиозный характер, например в Ланчхуты.

Эти демонстрации еще больше озлобили правительство и теперь уже по распоряжению самого наместника Кавказа наказали всю Гурию. Во многих деревнях поселили казаков и обязали народ кормить их. Стали требовать от народа оружие. Назначили в большинство деревень правительственных старшин на жалование, которое должны были платить крестьяне. Арестовали очень многих крестьян и потребовали от крестьян возмещение всех недоимок помещикам и священникам.

Несмотря на все это, народ не испугался и не пал духом. Напротив. Постановление конференции о бойкоте правительственных учреждений и представителей власти стало еще более популярным. Начался бойкот по всей Гурии против всяких правительственных учреждений. Священникам никто не препятствовал отправлять богослужение, но категорически запретили молиться за государя и его семью. Стали рвать портреты царя, а в некоторых местах публично сжигать. Возобновились убийства шпионов. На похороны убитых шпионов не являлся никто. Священники отказывались их хоронить. Убитых стражников хоронили на военных кладбищах — на расстоянии 50-60 верст. Следствием участившегося террора было то, что полиция как бы заперлась на своих стоянках и вне их редко показывалась. Крестьяне перестали платить всякие подати. Закрылись все правительственные учреждения и на место их народ создал свои. Бумажное производство совершенно прекратилось. Судьи выбирались самим народом и они разбирали дела безвозмездно. Решения суда приводились в исполнение сейчас же. В семейных делах, например раздел, братья должны были сами через третейский суд устроить свои дела. Решение третейского суда считалось обязательным. Его можно было обжаловать только на суд всего общества. В некоторых более сложных делах судей выбирало само общество. Жалобу по поводу разбоя мог возбудить на общественном собрании всякий, если имел что сказать. Не было ни одного случая, чтобы не опознали вора или разбойника. Благодаря этому разбой и воровство совершенно прекратились. Народ был всем этим очень доволен, не был доволен только тем, что судьи за разбой или воровство выносили, по их мнению, слишком мягкие приговоры. Если кто-нибудь из совершивших разбой или воровство признавался в своем преступлении, — ему прощали в первый раз, но предупреждали, что за повторение взыщут вдвое. За два года в моем районе не было случая рецидива. То же самое, за редкими исключениями, было и в других районах. Для наказания выработались следующие меры: воспрещение посещения общественных собраний, бойкот на шесть месяцев или на более долгий срок. Заставляли публично извиняться, посылали на общественные работы. Запрещение жить в своей деревне на более или менее длинный срок. В редких случаях выселяли из Гурии. В общих собраниях участвовали и женщины. Собрания происходили в хорошую погоду на дворе, часто в ограде церкви, а в дурную погоду — в помещении школ.

На всех собраниях выбирали нового председателя из своей среды. За словом обращались к председателю и тот предоставлял им слово по очереди. В процессе этих собраний стали также вырабатывать регламент — кому сколько говорить. Вести такое большое собрание (500—700 человек) было нелегко, но без преувеличения можно сказать, что председатели-крестьяне справлялись превосходно. Первоначально замечалась некоторая неловкость, но со временем эти собрания проходили в совершенном порядке. На этих собраниях присутствовал раз академик Мач из Петербурга и так был восхищен, что посвятил ему целый фельетон в «Санкт-Петербургских Ведомостях». На собраниях была, конечно, полная свобода слова.

Происходили собрания иного порядка — собрания, на которых обсуждались вопросы принципиальные, широко общественные, политико-тактические. На этих собраниях присутствовали все, как и на других собраниях, и мужчины и женщины, но председательствовали мы и из собрания никто не принимал в дебатах участия.

На этих собраниях, после 1903 года, шли главным образом прения между большевиками и меньшевиками среди социал-демократов, а с социал-федералистами по национальному вопросу и о социализации земли. Дебаты по этим вопросам затягивались очень часто с двух часов пополудни до 1-2 часов ночи, но народ оставался все это время и слушал с неослабеваемым вниманием ораторов, выражая сочувствие тому или иному оратору своими аплодисментами. Эти собрания были настоящий «народный университет» для наших крестьян и это продолжалось годами. Это имело безусловно громадное влияние на политическое воспитание наших крестьян, которое так высоко стояло по сравнению с крестьянами соседних народов. Можно сказать, что вся жизнь в деревне подчинилась интересам революционного движения и стала всецело под его знамя.

Местная полиция и все местные учреждения продолжали существовать; все чиновники были на местах, но совершенно без дел. Полиция ограничивалась тем, что присылала сельскому старшине письменное распоряжение, которое никогда не исполнялось. Установилась полная свобода. Гурия стала именоваться «республикой», хотя она никого не выбирала в президенты, если не считать «Гурийский социал-демократический комитет», который распоряжался всем и вся и стал настоящим правительством во всех отношениях.

В конце 1902 года был основан «Союз Кавказских социал-демократических организаций». В его учреждении принимали участие только три организации: Тифлисская, Бакинская и Батумская. Были еще две или три группы, но они не считали еще себя организацией и потому не принимали участия. Конференция названных организаций состоялась в Тифлисе под председательством Ноя Жордания в одной из комнат ресторана «Тили-Пучура». Жордания жил тогда в городе Ганджа под надзором полиции в ожидании приговора из Петербурга. В Тифлис он приехал нелегально, и как только закончилась конференция, вернулся туда. Через месяц после этой конференции из Петербурга был получен приговор по его делу. Он высылался на три года в Вятскую губернию. Как только это стало известно тифлисскому комитету, — он постановил отправить Жордания тайком за границу. С этой целью комитет командировал одного своего члена в Батум заручиться согласием капитана того или иного судна. А другого члена, Г. Цулукидзе, отправил в Ганджа уведомить об этом Жордания. Жордания согласился бежать и на второй день нелегально выехал в Батум и оттуда через две недели на одном английском нефтяном судне уехал за границу. Капитана парохода убедили, что он дезертир, а не политический. В то время капитаны отказывались брать на свои пароходы политических беглецов. Пароход вез керосин и из-за этого заходил во многие порты, вследствие чего долго задержался в пути.

За это время в Тифлисе была получена телеграмма с извещением, что созывается съезд российской социал-демократической партии и просили прислать делегатов. «Союзный Комитет» послал трех делегатов. Из Тифлиса — Д. Топуридзе, из Батума — А. Зурабова, а из Баку — Кнунянц. На съезде наши делегаты выступали под псевдонимом. Топуридзе — (Карский), А. Зурабов — (Беков), Кнунянц (Русов). Делегатам предоставили по два голоса каждому.

Жордания приехал в Лондон, оттуда в Париж, а из Парижа в Женеву. Как только о его приезде стало известно кавказским делегатам, они предложили съезду пригласить его с совещательным голосом. Съезд принял это предложение и от имени съезда Плеханов послал ему приглашение в Женеву. Жордания сейчас выехал и вместе с другими кавказскими делегатами принял участие в работах съезда под псевдонимом Кострова.

Известно, что этот съезд имел роковое значение для российской социал-демократической партии. Об этом написано очень много и я его не касаюсь. Я хочу только отметить, какое влияние он имел на кавказские организации вообще, а в частности на нас, участвовавших активно в революционном движении в Гурии. Поэтому я хочу восстановить некоторые пассажи этого съезда и отметить также участие наших делегатов в его работах.

Съезд открылся в столичном городе Бельгии — Брюсселе. Но как только бельгийская полиция убедилась, что это был съезд российских революционеров, не без вмешательства, наверно, царского посла, запретила его и предложила делегатам покинуть Бельгию. Съезд был перенесен в Лондон.

Первый съезд партии состоялся в г. Минске, в самой России, в начале 1898 года. И на этом съезде присутствовали делегаты тех отдельных организаций, которые тогда существовали только в некоторых местах. На этом съезде должен был присутствовать также и делегат тифлисского комитета, В. Цабадзе, о котором я говорил выше, и который перед отъездом был арестован.

Этот первый съезд не мог дать партии ни программы, ни устава для общей работы. Он постановил только опубликовать общую декларацию, составление которой поручил П. Б. Струве. Был выбран также центральный орган, но скоро после съезда все члены его были арестованы. Правда, съезд признал неотложным создание единой партии, дал ей даже название, но фактически партия еще не существовала. Разногласия, столкновения и разобщенность продолжались попрежнему как внутри самой России, так и за границей. Отдельные группы продолжали попрежнему выступать от своего имени, а не от имени партии. Каждая группа объединялась вокруг того или иного литературного органа и в большинстве случаев именовалась названием этих органов. Например, группа «Рабочая мысль», группа «Рабочее дело», группа «Южный рабочий», группа «Освобождение труда» и др. Между этими группами существовала беспрерывная борьба, целью которой было утверждение своей гегемонии в рабочем движении. Среди всех существующих групп главная была группа «Освобождение труда», во главе которой стоял такой известный и авторитетный социал-демократ как Плеханов.

Авторитет Плеханова не только по всей России, но и у нас в Грузии стоял очень высоко и влияние его писаний на всех нас имело решающее значение. На все съезды он получал мандат от грузинских организаций и на этой почве между местными организациями происходили постоянные столкновения — каждый желал, чтобы он выступал от имени его организации.

В 1906 году на Объединительном съезде в Стокгольме наш «Гурийский Комитет» с трудом отвоевал право передать ему один из своих мандатов. Плеханов — один из самых ортодоксальнейших марксистов — делегат гурийских крестьян на съезде. Одно это указывает какая перемена произошла в воззрениях социал-демократов на крестьянское движение и надо признать, что в изменении этого взгляда гурийское крестьянское движение сыграло решающую роль. Огромное влияние имела также газета

«Искра», которую издавала за границей эта группа. Не будет лишним отметить, что «Искра» довольно долго печаталась нелегально у нас в Баку, для чего была оборудована специальная нелегальная типография и это обстоятельство очень способствовало ее широкому распространению. Нужно отметить и то, что у нас вообще на Кавказе не имела места та борьба, которая так остро велась среди социал-демократов вокруг так наз. «экономизма» внутри России. «Экономизм» у нас не проявлялся, и в широких партийных кругах не имели о нем никакого представления. Так что направление «Искры» не имело против себя никакой оппозиции. Принимая все это во внимание, все партийные организации очень большую надежду возлагали на Лондонский съезд и ждали, что он сможет, наконец, создать единую партию, дать ей единую программу и единый руководящий центр. К сожалению, эта надежда не оправдалась. Единение не установилось. И не только не установилось, но, напротив, съезд разделился на две равные части. Наметился почти формальный раскол.

Наши делегаты на съезде, Русов (Кнунянц) и Беков (Зурабов), в организационном вопросе поддержали Ленина, но во всех остальных вопросах были вместе и выступали против Ленина, либо в качестве примирителей. Жордания (Костров) в голосовании не принимал участия, так как он имел только совещательный голос, но по существу стоял всецело на позиции меньшевиков. Из всех остальных вопросов, самым важным был вопрос аграрный. В прениях по этому вопросу приняли участие все крупные участники съезда во главе с Плехановым. Съезду было предложено несколько проектов по крестьянскому вопросу. Среди них был и проект, выработанный редакцией газеты «Искра».

Я уже говорил, как отнеслись у нас к крестьянскому движению вначале Батумская и Кутаисская организации. Такое отрицательное отношение к крестьянскому движению было в то время общее среди социалистов. Особенно резко относились к нему русские социал-демократы. И это отрицательное отношение отразилось и на проектах по этому вопросу и на общих дебатах. И если, как я отметил выше, вначале и наши организации отнеслись к нему отрицательно, то теперь делегаты этих организаций были самыми ярыми его защитниками на съезде. Из их речей легко себе представить, как отнеслось большинство съезда к такому важному вопросу. Для иллюстрации привожу в сокращенном виде речи некоторых из них.

Костров (Жордания): «Я согласен с основными частями проекта аграрной программы. Нам безусловно необходимо уничтожение всех остатков крепостного порядка, в какой бы форме они ни были. Так что с этим спорить не приходится. Но дело в том, что крестьянская жизнь выдвинула вопросы, касающиеся не только старого порядка, но и нового. У нас крестьянское движение началось не там, где сильны остатки крепостного права, а там, где они очень слабы. Например, в Гурии. Ясно, что оно есть результат не только старой жизни, но и новой. Следовательно говорить им, что революция должна устранить только остатки, значит ничего не говорить. Они требуют большего, чем это, и наверное во время революции ухватятся за землю. Как нам быть в таком случае? Одно из двух: или мы должны их усмирить, или объявить — 'моя хата с краю'. В первом случае мы сыграем роль реакционеров, во втором — роль простых зрителей. Вот это нужно принимать во внимание при обсуждении аграрной программы. Товарищ Ленин в своем напечатанном докладе говорит: «Мы бы покинули классовую точку зрения пролетариата, если бы допустили в нашей программе, что 'крестьянство' пойдет вместе дальше уничтожения остатков крепостного права». Хорошо, но отсутствие его в программе не означает его отсутствие в жизни. Товарищ Егоров заявил, что мы наверное не будем иметь успеха в крестьянстве и во главе его станут разные авантюристы. Я энергично протестую против этого. Нам нужно стать во главе крестьянского движения и вести его под знаменем пролетариата, а не предоставить его на произвол судьбы. Словом, наша аграрная программа должна выражать требования, как отрицательные так и положительные ... »

Карский (Топуридзе): «Ошибаются те, которые говорят, что во главе крестьянского движения могут быть оппортунисты и даже, как некоторые говорили 'авантюристы'. Я должен защищаться, потому что у нас на Кавказе мы с товарищами уже стали во главе крестьянского движения, а мы не изменили нашим основным принципам. На Кавказе уже есть крестьянское движение. В Гурии, например, оно охватило почти все крестьянство. Мы не говорили им об отрезках, потому что у нас нет соответствующего явления ... »

Несмотря на энергичное противодействие наших делегатов, съезд все же включил в программу возвращение «отрезков» и это ставило нас, грузин, в весьма неловкое положение. Когда, согласно программе, мы говорили крестьянам об «отрезках», они спрашивали, где эти отрезки и кто должен их вернуть? Мы говорили — что помещики, но они справедливо замечали, что теперь ни этих помещиков нет, ни их земель. Где мы должны искать их?

И на самом деле, по всей Грузии этих отрезков нигде не оказалось, и приходилось местным организациям самим создавать на местах свои программы и руководствоваться этим, пока, наконец, стокгольмский Объединительный съезд не пересмотрел этот пункт программы и не принял более радикального. И на это решение немалое влияние оказало Гурийское крестьянское движение.

Из делегатов съезда вернулось в Грузию только двое. Жордания был эмигрант и не мог вернуться, а Карский уехал в Саратов. В Тифлис вернулись Русов и Беков. Они сделали подробный доклад «Союзному комитету», но «Союзный комитет» по разным соображениям решил докладов в местных организациях не делать, так что никто из нас не знал, что произошло на съезде.

А между тем он представлял наибольший интерес для нас, работавших в Гурии. Мы знали, что в порядке дня съезда стоял аграрный вопрос, и с нетерпением ждали всех подробностей по этому вопросу. На наш неоднократный запрос «Союзный комитет» отвечал одно и то же: «Ждем протоколов». И это продолжалось до приезда Н. Жордания. Жордания приехал из-за границы в январе 1905 года и сделал подробный доклад в Тифлисе о расколе на лондонском съезде. Но до того, пока я расскажу об этом докладе и его последствиях, — я должен вернуться еще раз к гурийским делам.

Как я отметил выше, крестьянское движение в Гурии с 1904 года протекало в таких регулярно-организационных формах, что привлекало общее внимание всего Закавказья — как народа, так и правительства. Наместник Кавказа в одном из своих донесений петербургскому правительству говорил: «Не будет преувеличения, если скажу, что гурийцы — авангард в деле развития революционного движения во всем Кавказе. Гурийцы с начала 1904 года задались целью провести в жизнь свои социал-демократические идеи равноправия сословий, уничтожения капитализма и изменения существующего государственного строя путем угроз, насилий, убийства и террора»... (Дело канцелярии Наместника на Кавказе по особому отделу. № 5162. Стр. 5).

В этом докладе ничего не преувеличено, что касается того, что «гурийцы — авангард всего революционного движения на Кавказе»; верно и то, что был изменен всецело «государственный строй», но не соответствовало действительности утверждение, что «провели в жизнь социал-демократические идеи уничтожения капитализма». Заслуживает особого внимания именно то, что, несмотря на то, что во главе движения стояли социал-демократы, облеченные безграничным доверием народа, сосредоточившие в своих руках безраздельную власть, благодаря чему могли в любой момент произвести тот или иной эксперимент осуществления социализма, ни руководящему органу, ни кому-либо из его членов не приходила в голову эта нелепая мысль. Они при всем желании не могли уничтожить капитализм, так как Гурия была сплошь крестьянская страна и на ее территории не было ни одного завода, ни одной фабрики.

Когда мы начали работу среди гурийских крестьян, у нас не было противников в лице партии или группы с определенной программой и соответствующей организацией. Существовали только наши социал-демократические организации, и на всех собраниях и митингах выступали мы и только мы, благодаря чему вся идейная и организационная работа была сосредоточена в наших руках. Это, конечно, очень способствовало нашей связи и нашему сближению как с гурийскими, так и с крестьянами других уездов. Крестьянство видело нас и знало только наши социал-демократические организации. Это обстоятельство давало, в первое время по крайней мере, возможность вести революционную работу вне всякой конкуренции других партий. А когда появились другие партии, все крестьянство было уже связано крепкими организационными узами с социал-демократическими организациями. И эта связь оказалась такой прочной, такой крепкой, что ее не смогли разорвать никакие нападки и наступления впоследствии других партий, ни каждой в отдельности, ни всех вместе. Социал-демократия осталась до конца неоспоримым главарем всего движения.

Первое публичное выступление против нас произвели анархисты. В Гурии, в уездном городе Озургеты жил некто Ил. Гогелия. Этого Гогелия в Гурии знали очень многие. Но знали по тому анекдоту, который был распространен по его адресу. Гогелия начал строить двухэтажный дом из кирпича. Этажные дома в то время были редкостью, а если и были — все принадлежали тем или иным феодалам-князьям, а Гогелия был крестьянин. При том все дома тогда строились из деревянных досок, а Гогелия начал строить из кирпича. Но главное было то, что Гогелия начал строить свой кирпичный дом, как утверждали, когда ему не было и 20 лет. А теперь ему было за 60 лет, а выстроена была только половина первого этажа. По этому поводу шутили, что Гогелия каждый год кладет по кирпичу. Рассказывали такой анекдот: один из учителей на уроке арифметики задал ученикам такую задачу: Гогелия начал строить свой дом в таком-то году, на каждый этаж требуется столько-то кирпича, дом будет двухэтажный, каждый год Гогелия кладет по одному кирпичу — через сколько лет построит Гогелия свой дом? Правда, это анекдот, но в данном случае он показывает, как популярен был Гогелия со своим домом. В деревнях можно было слышать: такой-то родился, когда Гогелия начал строить свой дом. Или: то-то сбудется, когда Гогелия окончит постройку своего дома. Было также вроде частушки четверостишие, которое распевали деревенские парни. По всему этому Гогелия знала вся Гурия, хотя лично его, может быть, знали лишь единицы. У этого Гогелия было три сына. Двое старших после окончания среднего учебного заведения учились за границей, а третий, младший, учился в самом городе Озургеты. Учившиеся за границей два брата — оба стали анархистами. Старший сын вернулся из-за границы в 1904 году. Другой остался там и стал издавать в Женеве анархическую газету. Под влиянием старшего брата стал анархистом и третий брат. И это дало повод шутникам говорить, почему отец Гогелия отказался достраивать свой дом: «Если достою, все равно разрушат мои анархисты-сыновья». В то время об анархистах в деревнях было распространено мнение, что «анархисты все разрушают».

На одно многолюдное собрание вблизи города Озургеты пришел этот анархист Гогелия и потребовал слова. Свобода слова на всех наших собраниях была обеспечена для всех, и он, конечно, слово получил. Как только он поднялся на трибуну, с первого же слова начал ругать социал-демократов самыми грубыми словами. На собрании крестьян выступление такого рода было первый раз и собрание не знало, как реагировать на это — дать продолжать речь, или лишить его возможности докончить ее. Собрание продолжало слушать, но, когда Гогелия заявил, что «социал-демократы — приказчики буржуазии и защищают только ее интересы», почти со всех сторон в один голос закричали: «Значит, мы тоже буржуазия»? На что он ответил: «Вы не буржуазия, а мелко-буржуазия». Этот ответ вывел собрание из равновесия, и со всех сторон стали кричать: «Долой его, не хотим слушать. Он нас оскорбляет». Раздражение собрания было столь велико, что никакие наши просьбы дать ему закончить свою речь не помогли и он вынужден был оставить трибуну и покинуть собрание. После этого он больше нигде не показывался на крестьянских собраниях, переехал на жительство в Тифлис и там вместе с другими анархистами издавал газету «Набаты» (подарок). Это был первый наш противник, выступивший публично против нас, и это его выступление, вследствие его бестактности, кончилось для него так неудачно.

После этого начались атаки против нас как на собраниях, так и в прессе со стороны новой партии, под названием «Социал-федералисты». Партия эта возникла в 1904 году и с ней нам пришлось вести борьбу с первого же дня ее возникновения. Эта борьба продолжалась в течение 15 лет без перерыва. В этой борьбе как на общих собраниях, так и в прессе, вместе с другими товарищами, мне пришлось принять самое активное участие. Об этом стоит рассказать несколько подробнее.

С возникновением этой партии в порядке дня стало разрешение национального вопроса практически. И с этого дня этот вопрос не снимался с порядка дня ни в прессе, ни на общих собраниях. Полемика по этому вопросу, порой очень жестокая, продолжалась между нами до объявления независимости Грузии — 26-го мая 1918 года. Кто только ни участвовал в этой полемике, кто ни переводил и ни печатал для оправдания своей позиции произведений известных заграничных авторов в этой области? Особенно усердствовали в этом отношении мы, пропагандисты. Помимо наших программных пунктов и их толкования, нам приходилось следить и изучать также литературу противника. Лично мне, помимо публичных выступлений, приходилось и писать кое о чем по этому вопросу и в газетах. То же самое делали и другие товарищи. Но самым главным полемистом и защитником наших основных положений был лидер партии, Н. Жордания. Это он вел беспрерывную полемику с противниками и эта долголетняя борьба по национальному вопросу, нет сомнения, будет отмечена как самый важный исторический этап в развитии грузинской общественной жизни. Спор по этому вопросу был еще более интересен тем, что он велся не отвлеченно, теоретически, а в связи с другими вопросами как по истории Грузии, так и ее социально-политического положения. Объяснение прошлой и настоящей истории Грузии с точки зрения марксизма и выводы из этого для будущего — происходило первый раз и оно вызвало большой интерес в широких грузинских кругах. В споре по национальному вопросу попутно возник очень интересный вопрос: принесло ли Грузии какую-нибудь пользу вступление России и, если принесло, в чем выражалась она? И когда Н. Жордания во вступлении России в Грузию вместе с отрицательными сторонами отметил и положительные стороны, среди противников поднялась целая буря, и дошли до того, что не постеснялись объявить нас «изменниками грузинского народа и агентами России»...

Учреждение партии «социал-федералистов» произошло за границей. 1-го апреля 1904 года в швейцарском городе Женеве собралась группа грузинской интеллигенции. Эта группа выделилась из консервативной группы газеты «Иверия», но не примкнула к группе «Месаме-даси» (третья группа), т. е. к социал-демократам. Она стала издавать в Париже свою собственную газету под названием «Сакартвело» («Грузия»). Газета выходила и на французском языке. На страницах этой газеты они стали пропагандировать свою программу. «Наша основная цель, — читаем там, — способствовать пробуждению национального самосознания грузинского народа». («Сакартвело», № 1). Газета не отрицает существования классов, но не разделяет борьбы на этой почве и старается найти такую формулу, которая должна была бы быть приемлема для всех. «По нашему мнению, — продолжает автор программной статьи, — развитие капитализма в Грузии в современных условиях должно принять национальное направление. Рост рабочего класса на ряду с торгово-промышленным классом должен стать не ареной классовой борьбы, а условием нашего национального возрождения. Грузинские капиталисты, т. е. промышленники и торговцы, должны противостоять не грузинским рабочим, а иностранным элементам, которые являются монополистами торгово-промышленной жизни страны. Грузинский рабочий, какой бы профессии он ни был, — должен проникнуться тоже национальной идеей» и т. д. и т. д. (А. Джорджадзе. «Сакартвело», № 1). Таким образом газета «Сакартвело» («Грузия») отвергала тактику классовой борьбы, проповедуемой журналом «Квали» (соц.-дем.) и проповедывала программу защиту всех как г р у з и н. «Не примыкаем к 'Квали', — писала газета, — так как она защищает односторонний демократизм, не примыкаем к 'Иверии', так как она защищает односторонний патриотизм. Ни тот, ни другой для нас неприемлем. Жизнь ставит третий вопрос — национальность и народ, демократизм и патриотизм, между ними строгая связь... Мы добиваемся национальной автономии»... и т. д. и т. д. («Сакартвело», № 3—4). «Наше политическое требование — национальная автономия. Через эту автономию мы защитим наше национальное 'я'. Вместе с тем самоуправление даст возможность радикально изменить наше экономическое положение. Таким образом на нашем знамени мы напишем только два слова: национальное самоуправление и демократия» («Сакартвело», № 2). О возникновении социал-федералистической партии и ее программе Н. Жордания написал отдельную брошюру под заглавием: «Грузинские националисты». Эта брошюра была издана в том же году (1904) в Женеве и нелегально доставлена в Грузию. В этой брошюре Жордания детально разбирает программу социал-федералистов и противопоставляет те пункты, которые были приняты на лондонском съезде по национальному вопросу. Он доказывает, что пункты, принятые лондонским конгрессом, куда больше прав предоставляют народам, и в их числе грузинскому народу, чем программа социал-федералистов, так что «партия социал-федералистов и не социалистическая и не демократическая. Она чисто националистическая партия», — заключает автор.

С возникновением социал-федералистической партии нам противостала теперь партия с определенной программой, которая начала создавать свои организации, влияние которых было очень сильно не только среди рабочего класса, но и среди широких слоев населения. Началась борьба, борьба в узком кругу, на больших собраниях, в прессе. Эта борьба порой принимала ожесточенный характер и продолжалась со дня учреждения этой партии (1904 год) до 26-го мая 1918 года, когда была объявлена независимость Грузии. За все это время не было случая общего выступления ни по одному вопросу. И если по временам борьба затихала, при первой возможности она опять возгоралась. Не думаю, чтобы в какой-либо стране в разработке и изучении какого-либо вопроса народные массы принимали такое участие, как в национальном вопросе в Грузии. Поэтому, по моему мнению, решение национального вопроса прошло так гладко, так организованно, что оно не вызвало нигде никаких эксцессов.

Со дня объединения с Россией в Грузии произошли три основных изменения. Эти изменения были настолько глубоки в своей социально-политической значительности, что не будет преувеличением, если скажу, что последствием этих изменений явилось создание трех совершенно разновидных Грузий. Первое изменение произошло, когда Грузия лишилась независимости, а пришла и утвердилась Россия. Второе произошло тогда, когда Грузия опять приобрела независимость, Россия ушла и утвердилась демократия. Третье произошло, когда Грузия опять потеряла независимость, и Россия, уже в образе Советов, опять вернулась. Эти три эпохи — совершенно разные эпохи, одна на другую не похожи, одна другой диаметрально противоположны. Каждая из этих эпох зиждется на совершенно новом социальном фундаменте, который устанавливает соответствующий политический и национальный строй. Эти изменения так глубоко задели жизнь грузинского народа во всех сферах ее проявления и они стали такими многосторонними, что воспроизвести их хотя бы кратко в пределах воспоминаний нет никакой возможности. Поэтому я остановлюсь здесь только на одном вопросе, и то не подробно. Это — вопрос национальный. И то для того, чтобы более понятна стала наша позиция, против которой десятки лет вели ожесточенную борьбу все грузинские партии, несмотря на свои разные программы.

В процессе развития грузинского национального вопроса можно отметить три главных этапа. Первый этап — 1832 год, когда был организован заговор «для изгнания русских из Грузии». Заговорщики выставили только один единственный вопрос, вопрос национальный. Все остальные вопросы подчинили ему.

Второй этап — 1870—80 гг., когда передовое поколение этого периода в порядок дня поставило в первую голову «экономическое преобразование» и все остальные вопросы, в числе их и национальный, подчинило ему. Настало время, когда потребовалось установить некоторый синтез: национальный вопрос и вопрос «экономического преобразования» освободить от подчинения один другому и в ходе жизни предоставить им свое собственное место, установить между ними соответствующее им взаимоотношение и этим внести должную ясность в понятие и понимание сущности этих проблем. Известный публицист Н. Николадзе в одной из своих статей отмечает, что «каждое поколение нагружено своей собственной тяжестью, диктуемой его эпохой». Совершенно верно. И «тяжесть» нашей эпохи как раз в том и заключалась, чтобы объяснить и усвоить взаимоотношение этих двух вопросов, найти между ними общее, показать различие, установить для каждого из них свое собственное место, из их общности выработать общую линию деятельности, а линиям расхождения отвести соответствующее русло. Повторяю, это была «тяжесть эпохи» для поколения и эту «тяжесть» смело и блестяще выполнило то молодое поколение, о котором я более или менее подробно говорил выше и которое вошло в историю развития грузинской общественной истории под названием «Месаме-даси» и которая с 1898 года официально именуется — «Социал-демократическая Рабочая Организация». Когда зародилась эта группа в жизни грузинского народа, устанавливались такие экономические взаимоотношения, которые безжалостно разрушали ту национальную общность, на которую ссылались до сих пор. Теперь эта общность не только разрушалась, но ее части жестоко противопоставлялись друг другу. Появились угнетающие и угнетаемые, и обе стороны стояли перед этой новой группой и от этой группы зависело, на чью сторону она станет, главарем какой стороны желает быть и кому она окажет помощь в ежедневной борьбе за существование. Но в то же время эту помощь надо было организовать так, чтобы от помощи ч а с т и не пострадало ц е л о е . А это не так уж легко было. Н. Жордания, начиная с «Квали», главным образом и занят этим вопросом. В одной из своих программных статей он подробно останавливается на этом вопросе. Эта, во всех отношениях интересная статья написана еще в 1894 году. Привести более подробно содержание этой статьи не было бы излишним, но рамки воспоминаний не разрешают это сделать, а потому ограничусь ее заключением:

> «Грузинская жизнь, — читаем мы, — вмещает в себе две стороны, —обе необходимые и крепко связанные между собой: материальное развитие разных уголков страны и материальное разобщение — разделение грузинского народа. В первом случае нация объединяется идейно на почве национального самосознания. Во втором случае та же нация распадается соответственно своим интересам на почве экономического самосознания. Эти две стороны исходят одна из другой. Первая вызывает второе, вторая — первое. Грузия одна и неделимая, Грузии две — разделенные по линии богатства и бедности. В первом вопросе мы объединяемся. Если в сфере внутренних вопросов мы боремся, то против внешних врагов мы объединяемся. Нация становится единой, но в то же время — делится. Различие в единстве, единство — в различии. Согласие в делении, деление — в согласии... Грузинский народ живет теперь в новой эре не как этнографический народ, а как народ, имеющий собственную культуру, собственные мораль и обычай. Все это и есть национальная почва, на которой мы строим европейскую культуру. Если мы потеряем эту почву — теряем народность, культуру, свое я... Если не воспримем европейскую цивилизацию — останемся слабыми, готовыми к перерождению. Грузинство и европейство — вот что написано на новом знамени. Наше шествие вперед предполагает постепенное раскрытие этого знамени... Жизнь грузинского народа подходит к европейской. Европейство происходит на грузинской почве, на грузинской культуре. Родина и заграница, Грузия и Европа, грузинство и европейство — вот что написано на нашем знамени. Вычитать и усвоить все это и перенести их в сознание народа — исторический вопрос наших дней»...*)

Таким образом, в первом же марксистском выступлении национальный вопрос был поставлен в неразрывную связь с социал-политическими вопросами. Как указывалось выше, впоследствии группа «Месаме даси» приняла название «социал-демократической» и вошла в состав Российской Социал-демократической Рабочей Партии и приняла вместе с ней общую программу и в эту программу по ее настоянию были внесены специальные пункты по национальному вопросу. Русские товарищи с самого начала мало внимания уделяли национальному вопросу. Для них национальный вопрос почти не существовал. А для нас с первого же дня партийной работы возник, например, прежде всего вопрос об

---
*) Н. Жордания. «Избранные статьи», стр. 108—114.

языке. Чтобы изучить марксизм, приходилось изучать его сначала по-русски. А это было недостижимо для широкой массы. Поэтому наши организации большое внимание уделяли вопросу об языке и, когда в 1903 году на лондонский съезд были отправлены делегаты, им поручено было поставить этот вопрос, им был дан даже соответствующий проект, но на съезде создалась такая атмосфера, что наши делегаты нашли неуместным выдвинуть свои проекты. Но, приняв энергичное участие в общих работах съезда, они сумели обратить внимание съезда на такие вопросы, которые имели сугубо национальный характер. Так что инициатива постановки национального вопроса в российской социал-демократической партии исходила от грузинских социал-демократических организаций. И это не удивительно. «У кого что болит, тот о том и говорит», — гласит пословица. Русских товарищей, повторяю, эта «болезнь» не беспокоила.

Как известно, на Лондонском съезде в программу партии были внесены три пунктка — 3, 8 и 9 (см. протоколы съезда). С этой программой мы работали до революции 1917 года. На почве этой программы мы боролись в продолжении нескольких десятков лет против наших противников. Но эта борьба касалась не столько принципиальной стороны вопроса, сколько форм разрешения этого вопроса. Что национальный вопрос должен был быть надлежаще урегулирован, — об этом никто не спорил. Свобода нации и свобода личности были бесспорны для всех. Разногласие начиналось в способе разрешения вопроса. Либеральная интеллигенция думала удовлетворить свои национальные стремления обращением с петициями к самодержавному царю и на этом основании отказывалась принять участие в революционной борьбе против существующего режима. Социалистические партии (социал-демократы, социал-федералисты и социал-революционеры), наоборот, ставили своей задачей разрушение самодержавного строя, установление в России демократического строя и через него — осуществление своих национальных идеалов. Но в то же время между социал-демократами и социал-федералистами шла резкая полемика о том, какая форма правления более соответствует интересам народа. Мы, социал-демократы, находили более приемлемым одно областное самоуправление для всего Закавказья с парламентом в Тифлисе. Социал-федералисты отстаивали автономию отдельных народов, а потом федерацию этих автономных единиц. Должен заметить также, что ни одна партия, кроме социал-демократов, не отстаивала в решении национального вопроса суверенное право народа, решение которого должно было бы быть обязательным для всех. Права нации на это, как известно, очень ясно были выражены в десятом пункте программы: право нации на самоопределение, которому Плеханов на вопрос делегата «Бунда» на стокгольмском съезде дал такое толкование: «Право нации на самоопределение предполагает и отделение, т. е. право на создание отдельного государства, если народ своим большинством это постановит». Это толкование или интерпретация Плеханова было подтверждено единодушными рукоплесканиями всего съезда.

Другой спорный вопрос с социал-федералистами был аграрный вопрос. Они переняли без всяких изменений из программы социал-революционеров известный пункт о социализации земель, что мы абсолютно отвергали.

Так как свобода слова и собраний более гарантирована была в Гурии, публичный спор по этим вопросам между партиями происходил главным образом здесь. В это время вся Гурия покрыта была нашими организациями и все крестьянство находилось под влиянием социал-демократической партии, так что помимо наших организаций устраивать собрания было невозможно. Без согласия наших местных организаций никакое собрание не могло состояться, ибо никто не пришел бы. Это знали, конечно, социал-федералисты и, когда им нужно было собрание, обращались к нам официально. Отказать в созыве собрания было неудобно, а в то же время эти собрания причиняли нам много хлопот: приглашение народа, выбор места для собрания, охрана собрания от наскока полицейских и участие в прениях. Больше всех в этом отношении доставалось мне. Мой район прилегал к железной дороге, а это очень облегчало путешествия как со стороны Тифлиса, так и со стороны Батума. Сообщение в центре Гурии было менее удобное и поэтому представители других партий предпочитали иметь собрания по линии железной дороги, хотя и в других уголках часто происходили такие встречи с представителями противников. Этим публичным собраниям мы придавали большое воспитательное значение как в смысле политическом, так и в смысле расширения умственного кругозора. И поэтому в созыве таких собраний мы им никогда не отказывали. На таких собраниях всегда присутствовало 500—600 человек обоего пола. Первое слово всегда предоставлялось представителю противной партии, но руководили собраниями всегда мы. Споры на таких собраниях требовали от нас большой подготовки. Мы должны были быть основательно знакомы не только с нашей позицией в национальном вопросе, но и с позицией противника. Нужно было изучить не только партийную литературу, но следить также за иностранными авторитетами в национальном вопросе и в частности за решением его в пределах российской империи. Знание постановлений интернациональных и национальных конгрессов и конференций и их толкование считалось обязательным. Словом, подготовлены должны были быть серьезно.

Положение наших противников было более легким, чем наше. Они только начали появляться на публичных собраниях, не были нагружены никакими организационными работами, поэтому имели достаточно свободного времени для подготовки. При этом все свое внимание они сосредоточили только на национальном вопросе, поэтому все свое время отдавали изучению только национального вопроса. И если за границей появлялась новая книга по этому вопросу, сейчас же переводили ее и приносили на такие собрания. Это обязывало и нас следить за появлением таких книг, знакомиться с их содержанием, чтобы «не осрамиться пред миром», как говорили тогда. А все это для наших товарищей, и без того перегруженных всякими делами, было очень тяжело и обременительно. Однако, другого выхода не было. Отказываться от вызова, помимо всего прочего, было делом престижа, а вопрос престижа в тогдашних условиях имел громадное значение. Эти диспуты принесли ту огромную пользу, что нигде перед широкими массами национальный вопрос не был так открыто и широко поставлен и обсужден публично со всех точек зрения, как у нас. Почти каждое воскресение, в продолжении целых часов, народ слушал пространные доклады по этому вопросу, выслушивал и возражения, запоминал кто и что сказал по этому вопросу, какое имеют отношение эти суждения для грузинского вопроса специально и, выслушивая подобные обсуждения в продолжении нескольких лет, народ усвоил твердый взгляд по этому вопросу.

Во время дебатов содержание той или иной книги, имеющей отношение к обсуждаемому вопросу, мы должны были знать настолько хорошо, чтобы противник не мог ввести собрание в заблуждение, ссылаясь на нее. Поэтому обе стороны пользовались цитатами с большим вниманием и осторожностью и сейчас же требовали указания страницы. На этой почве происходили иногда трагикомические происшествия. Для примера расскажу об одном: На одном таком большом собрании, в разгаре спора, противник привел против моего товарища цитату из книги заграничного автора. Цитата оправдывала позицию противника. Мой товарищ сейчас же потребовал назвать книгу. Противник назвал известную книгу по национальному вопросу австрийского социалиста Реннера. Товарищ потребовал указать страницу. Тот указал. Все это поставило товарища в неловкое положение. Выходило, что Реннер, известный социал-демократ, товарищ по партии, оправдывал позицию противника. Когда собрание закончилось, товарищ вернулся домой, отыскал книгу Реннера, открыл указанную противником страницу и нашел, что ничего подобного Реннер не говорил. Возмущению товарища не было предела. Несмотря на позднее время, он взял с собой названную книгу и пошел в дом, где проживал противник, разбудил его и потребовал указать приведенную им на собрании цитату. Тот сейчас же понял в чем дело и признался, смеясь, что он пошутил и стал извиняться. Товарищ не принял никаких извинений и потребовал от него, чтобы он на следующем же собрании заявил, что он солгал. А если он этого не сделает, — оставляет за собой право действовать так, как найдет нужным. И эти слова были сказаны таким тоном, что противник понял, что здесь шутками не отделается и обещал дать ему удовлетворение в требуемой им форме. На следующем собрании он сделал заявление в той форме, какой требовали от него. Этот простой инцидент стал известен вскоре широкому кругу обеих партий и имел то большое последствие, что после этого все участвующие в прениях стали осторожными в пользовании цитатами из чужих писаний.

Такие публичные диспуты бывали и в городах, и в других уездах, но не так часто как в Гурии, где условия для таких публичных дебатов были куда более благоприятными, чем в других местах. У нас такие дебаты не прекращались и тогда, когда свирепствовала реакция, только с той разницей, что они устраивались в тех местах, где не стояли войска. Полиция знала об этом, но избегала нападения. Особенно широкий характер приняли такие собрания в 1904—1905 гг., когда по всей Гурии установилась полная свобода и социал-демократический комитет стал полным хозяином положения. В эти годы и социал-федералисты работали во всю, выступали на всех собраниях по всей Гурии, вели беспрерывную кампанию за свою программу в газетах, приступили также к созданию своих организаций. В городах им удалось создать кое-какие организации, но в деревнях — почти нигде. Интересна судьба этой партии.

Она считала себя социалистической и национальной. В национальном вопросе она выставила лозунгом автономию Грузии. Этим лозунгом она привлекла к себе громадное большинство грузинской интеллигенции, среди которой находились многие заслуженные общественные деятели, которых грузинское общество хорошо знало. Все они в пропаганде и агитации принимали самое активное участие как в городах, так и в деревнях. Но нигде не сумели обосноваться прочно. Нигде, ни в городах, ни в деревнях не смогли создать такие организации, в которых приняли бы участие рабочие или крестьяне. Армию составляла интеллигенция, главным образом ученики разных учебных заведений. И несмотря на то, что почти пятнадцать лет вела партийную работу, — партия эта число своих сторонников все же не смогла увеличить настолько, чтобы сыграть заметную роль в политической жизни страны. Не только при царизме, даже во время революции, когда Грузия объявила свою независимость и произошли выборы в грузинское учредительное собрание путем всеобщего, равного, прямого и тайного голосования — из ста тридцати депутатов с трудом провели восемь депутатов, тогда как социал-демократы провели 109 депутатов. Не было ни разу такого собрания в деревнях, где народ пошел бы за партией социал-федералистов. Мало того: очень часто наши, гораздо менее подготовленные, пропагандисты побеждали их на общих собраниях. И виной всему этому были, по моему мнению, два пункта ее программы, которые в условиях того времени были абсолютно неприемлемы.

Мы не раз советовали им отказаться от этих двух пунктов, но они не соглашались. Эти два пункта были — автономия и социализация земель. Автономия касалась всех — как рабочих, так и не рабочих. Социализация же земель касалась главным образом крестьянства, а крестьянство составляло громадное большинство грузинского народа. При возникновении этой партии была уже российская социал-демократическая партия, в которую мы все входили. А эта партия вела общую борьбу против самодержавия. Выключение из этой общей борьбы, идейно или политически, удаляло нас из общего фронта, а это обособление так пугало народ, что одного этого было достаточно, чтобы не идти за такой партией, которая выставляла своим лозунгом такое требование, которое могло лишить его участия в общем фронте. Эту опасность народ так крепко чувствовал инстинктивно, что и слышать не хотел об автономии. Сколько было случаев, когда народ открыто говорил представителям этой партии: «Что бы вы ни сказали, все равно, мы за вами не пойдем. Пока что закончим общую борьбу против самодержавия, а потом сможем сговориться по другим вопросам». Так что, — сначала общее, а потом частное, так крепко было усвоено народом, что очень часто отказывались слушать их пропагандистов. Словом, народ учил интеллигенцию политическому уму-разуму.

Другой пункт, еще более неприемлемый для крестьян, следовательно для большинства грузинского народа, — это социализация.

Этот пункт, как я отметил выше, социал-федералисты списали с программы русских социал-революционеров, которые отстаивали это положение главным образом теми соображениями, что в то время в России прочно было общинное землевладение. Но у нас никогда не было общинного владения. Наше крестьянство и понятия не имело об этом. Наше крестьянское землевладение с самого начала основывалось на частном владении. И соответственно этому психология нашего крестьянства была пропитана сущностью этой частной собственности. А социализация земли предполагала уничтожение именно этой собственности и наше крестьянство никогда не пошло бы за такой партией, которая имела бы в своей программе такое требование. На всех собраниях, где ставился этот вопрос, — а ставился он везде и на всех собраниях, — крестьянство отказывалось выслушивать до конца их. Самое интересное было то, что когда грузинское учредительное собрание приняло земельный закон, по которому часть конфискованных земель передавалась государству, другая часть — муниципалитетам, а большая часть распределялась между малоземельными крестьянами **в собственность,** — социал-федералисты повели против этого закона ожесточенную оппозицию. Но во всем учредительном собрании нашли только пять депутатов социал-революционеров и то потому, что их программное требование было таким же. Все остальные депутаты голосовали за закон. Они обратились также к крестьянам с особым воззванием — потребовать социализацию конфискованных земель, а не раздел в частную собственность, но это воззвание нигде не вызвало никакого отголоска. Напротив, закон учредительного собрания везде был принят с большим удовлетворением.

Принципиально мы не были, конечно, против автономии, но мы отвергали ее с точки зрения тактики. Возможно, говорили мы, что мы станем сторонниками автономии. Возможно и то, что мы объявим даже независимость Грузии, говорили мы. И наше предсказание на самом деле сбылось. История пожелала, чтобы независимость Грузии была объявлена лидером грузинской социал-демократической партии Н. Н. Жордания, которого больше всех обвиняли в том, что он «изменник родины» и «агент русских». Ни автономия, ни централизм не были для нас догмой. И если каждая национальность будет бороться только за свои частные национальные интересы, — говорили мы, — этим она совершает преступление против общего освободительного движения, ибо этим ослабит общее движение и усилит реакцию. Поэтому борьбу против социал-федералистов мы считаем борьбой против реакции. Это их очень раздражало.

Несмотря на то, что споры с социал-федералистами велись систематически, это отнюдь не мешало усилению общего движения. Оно крепло, развивалось и возникало постепенно во всех частях Грузии. Из Гурии, как я указывал, оно в первую очередь перекинулось в соседний уезд — в Мингрелию. Затем в Имеретию, а позднее всех началось в восточной Грузии. Так что в начале 1905 года движением была объята вся Грузия, как города, так и деревни. В одном из своих донесений в Петербург генерал Малама писал: «Крестьянское движение в Гурии, начатое три года тому назад на аграрной почве, превратилось в чисто революционное движение и распространилось в другие уезды — в Кутаисскую, Сенакскую, Зугдидскую, Шорапанскую и Батумскую области». И это была сущая правда.

5

1905 ГОД В ГУРИИ

В начале 1905 года все крестьяне были втянуты в движение и во всех уголках Грузии они повторяли одно и то же: «Мы хотим того, что и гурийцы». Правда, не во всех районах движение шло так организованно как в Гурии, но причина была, во-первых, в том, что Гурия, благодаря близости к городам, стояла много выше в смысле политической сознательности. В Гурии еще в 1903 году фактически была полная свобода, установленная «явочным порядком». В последующие годы она настолько окрепла, что наш комитет предлагал социал-демократическим организациям внутри России устраивать свои конференции у нас в Гурии, где они были бы в совершенной безопасности. Таким образом, в начале 1905 года все крестьянство вело политическую борьбу и на этой почве крепко связалось с рабочим движением в городах. Поэтому всякая репрессия в городах сейчас же отзывалась и в деревнях и вызывала горячее сочувствие и нужный протест. Города и деревни жили одной и той же революционной жизнью, одними мыслями и одинаково чувствовали общее политическое биение и в этом чувстве объединялись со всей Россией. Как крепка была эта связь наших крестьян с общероссийским движением, видно хотя бы из тех резолюций, которые выносились на общих собраниях почти во всей Гурии: «Мы, жители такой-то деревни, — начинались подобные резолюции, — собрались 26-го ноября для обсуждения общеполитического положения и после обмена мнениями постановили: сделать замечание председателю Совета Министров Витте и потребовать от него снять немедленно осадное положение в Польше. Приветствовать революционных матросов Черноморского флота и их главаря Шмидта. До снятия осадного положения в Польше не давать новобранцев для солдат, не платить подати и т. д. и т. д.» (Мах. 1905 г., стр. 128).

Такая солидарность существовала по всем вопросам — касались ли они всей России, или лишь местных дел. Тифлисская администрация не раз доносила в Петербург: «Положение на Кавказе слишком серьезно. Кутаис отрезан от Тифлиса, в Баку полная анархия, в Гурии настоящее восстание, к которому присоединились Мингрелия и Аджара. В правительственных кругах считают необходимым усиление репрессий, хотя сомневаются, что это достигнет цели». (Там же, стр. 129). Так оценивала положение высшая власть в крае и она была близка к истине.

Гурийские события очень тревожили власть и она решила принять строгие меры. Объявила всю Гурию на военном положении, выделила «особый отряд» под начальством самого свирепого генерала Алихана-Аварского и приказала ему усмирить Гурию во что бы то ни стало. «Отряд» этот состоял из пехоты, кавалерии и артиллерии, всего восемь тысяч человек. «Отряд» прибыл на последнюю станцию гурийской территории — Натанеби, расположился там и готовился начать отсюда наступление. Прибытие генерала Алихана в Гурию встревожило все грузинское общество и депутация общественных деятелей в Тифлисе посетила заместителя Кавказского наместника генерала Малама и, во избежание кровопролития, просила приостановить движение войск Алихана и послать в Гурию человека, к которому гурийцы отнесутся с доверием и через такое лицо урегулировать дела Гурии мирно. Просили также, чтобы это лицо сопровождали представители прессы с тем, что их сообщения будут пропускаться без цензуры. Совершенно неожиданно ген. Малама согласился на все это, приказал генералу Алихану не двигаться вперед и до нового распоряжения оставаться в Натанеби. Для выяснения же положения в Гурии назначил члена Совета наместника, Султана-Крим-Гирея. С того дня, как Алихан двинулся в Гурию, наш комитет принимал все меры для спасения населения, а как только стало известно о приезде Крим-Гирея началась соответствующая работа для встречи с ним. Генерал Алихан-Аварский задержался на станции Натанеби в ожидании нового приказа.

Крим-Гирей принадлежал к той незначительной группе русских бюрократов, которые до известного предела сочувствовали движению. Он был образованный человек с либеральными взглядами. Перед отъездом в Гурию он пригласил представителей прессы и обратился к ним со следующими словами: «Правительство дало мне очень важное поручение — познакомиться на месте с требованиями гурийцев и, елико возможно, умиротворить их. Мы не хотим действовать репрессиями. Что будет в нашей власти — разрешим сами, а что выходит из нашей компетенции —

доложим государю императору. Вы знаете, что в скором времени будет созвано народное представительство, которое наверно в первую очередь рассмотрит требования крестьян. При таких условиях умиротворение крестьян — дело не маловажное. Но я один, конечно, не в состоянии это сделать. Нужна ваша помощь. Я знаю, что грузинская пресса имеет огромное влияние на народ и я прошу вас помочь мне. У меня большое желание, чтобы моя миссия увенчалась успехом. Но это будет невозможно, если не поможете вы. Прошу вас отправить со мной ваших представителей».

На другой день Крим-Гирей в сопровождении представителей газет всех направлений выехал из Тифлиса к нам в Гурию. Приехал он к нам в феврале месяце и начал обходить деревни. Везде он обращался с народом очень учтиво, за то и народ принимал его с большим почетом. Во избежание всякой провокации наш комитет взял на себя его охрану, пока он оставался в пределах Гурии. И эта мера, при создавшихся условиях, совсем не была лишней. Для разговора с населением созывалось все общество. Народ потребовал от Крим-Гирея удалить из собрания всех агентов администрации, лиц заподозренных в шпионстве, всех стражников и священников. При этом заявили, что они скажут всю правду только в том случае, если будут уверены, что за это их не арестуют. Все эти требования Крим-Гирей удовлетворил. После этого на собраниях оставались одни крестьяне, которые среди себя выбирали несколько лиц и поручали им доложить Крим-Гирею о своих нуждах и требованиях. Эти уполномоченные блестяще выполняли свою роль. Крим-Гирей объехал всего 12 обществ и во всех этих обществах представители крестьян рассказывали и знакомили с беспросветной жизнью крестьян. Рассказывали о чрезмерных податях, о малоземельности, о недостатках народного просвещения, о закрытии администрацией по всей Гурии библиотек и читален, о самоуправстве чинов полиции и о разных многих несправедливостях по отношению к ним со стороны правительства и требовали положить конец всему этому. И заканчивали свои требования так: «Существующее правительство не в состоянии удовлетворить все эти наши требования, поэтому должно быть созвано представительство всего народа, которое легко поймет нужды народа. Только правительство, выбранное этими представителями, будет пользоваться нашим доверием». Содержание речей всех этих уполномоченных разных деревень было почти везде одно и то же, но формы изложения своих нужд и лексикон их передачи очень разнились друг от друга. Для примера приведу здесь вкратце некоторые из них.

«Вы обратились к нам, — говорит Крим-Гирею один крестьянин, — с наставлением потерпеть еще немного. Терпение, конечно, очень хорошая вещь, но до каких пор? Вы сами сказали, что мы терпели долго. Больше терпеть мы уже не можем. Не можем потому, что от нашего правительства мы ничего хорошего уже не ждем. Разве вы лучше нас не знаете, что одно высокопоставленное лицо, которое только по собственной воле правит громадным государством, никогда на нашу сторону не станет? Вы нам говорили хорошие слова, но мы не убеждены, что наши требования будут удовлетворены, так как удовлетворение их возможно только при условии изменения существующего строя. Сколько времени это высокопоставленное лицо правит государством и до сих пор на народ ни разу не обратил своего внимания. И поэтому теперь мы требуем от него ответа. Пусть никто не думает, что нас могут обмануть» и т. д. и т. д. («Могзаури», № 9, 1905 г.).

В другой деревне ему сказали: «Наше требование состоит из трех слов: свобода, справедливость и хлеб». В некоторых деревнях к своим требованиям добавляли: «Мы не для нас только требуем все это. Мы знаем, что также страдают миллионы таких же крестьян как мы» и т. д. Почти во всех деревнях общее требование было — свобода слова, печати и собраний.

Во всех деревнях после словесных объяснений передавались Крим-Гирею требования в письменной форме. Эти требования были формулированы так:

1. Конфискация всех удельных и монастырских земель и передача их бесплатно трудящемуся народу.
2. Передача всех надельных земель бесплатно в распоряжение крестьян.
3. Учреждение крестьянских комитетов для проведения в жизнь этой реформы.
4. Упразднение всех косвенных налогов и введение подоходного налога.
5. Упразднение сословий и равенство всех перед законом.
6. Свобода слова, печати и собраний.
7. Неприкосновенность личности и жилища.
8. Выборы судей и ответственность чиновников перед законом.
9. Упразднение постоянного войска и установление всеобщего вооружения.

10. Отделение церкви от государства. Священников должны содержать верующие.

11. Обязательное обучение до 16 лет, — и чтобы все это стало возможным провести в жизнь — созыв Всероссийского Учредительного Собрания, выбранного всеобщим, равным, тайным и прямым голосованием («Могзаури», № 91).

Все это Крим-Гирей выслушал с большим вниманием, ни разу не останавливая никого. А потом сам задавал вопросы, чтобы убедиться — понимают ли они, о чем говорят. Ответы на его вопросы убедили Крим-Гирея, что народ очень хорошо понимает, о чем говорят его уполномоченные. Большинство этих уполномоченных были люди пожилые, лет 60—70, с длинными белыми бородами, которые своим спокойным тоном и разумными словами удивляли Крим-Гирея. Крим-Гирей безусловно убедился, что гурийцы крайне бедны и что огромное большинство их на самом деле испытывает большую нужду в земле. Когда один крестьянин сказал ему, что когда он ляжет на своей земле, ноги у него на чужой земле, — он вскрикнул: «Этого не может быть!» А когда в другой деревне крестьянин сказал ему: «Когда я свою корову привяжу к дереву в моем дворе, хвост у нее на земле соседа», — он чуть было не рассмеялся, но сдержался и пожелал сам видеть двор этого крестьянина. Его сейчас же повели, показали ему двор этого крестьянина. Он был очень удивлен, что на таком клочке земли проживало многочисленное семейство, хотя, улыбаясь, добавил: «Здесь, на этом дворе, не только хвост одной коровы, но хвосты по крайней мере десяти коров могут уместиться, но это все-таки очень мало для семьи». Он убедился в самодурстве и самоуправстве агентов правительства, но понимал прекрасно, что существующее правительство ни в коем случае не могло удовлетворить требований, которые предъявлялись гурийскими крестьянами. Поэтому во всех деревнях он повторял одно и то же: «Не спешите, потерпите еще немного, а потом посмотрим, все образуется».

Крим-Гирею не дали возможности объехать всю Гурию. Он побывал только в 12 обществах, как его отозвали в Тифлис. Причина его отозвания не была опубликована, но известно, что это произошло под давлением реакционных кругов и под давлением тех же кругов решено было приказать Алихану двинуться вперед. Но провести в жизнь приказ Алихану все же не удалось благодаря тем переменам, которые произошли в управлении Кавказским краем.

Наместником Кавказа с самыми широкими правами был назначен граф Воронцов-Дашков. Новый наместник по приезде обратился к народам Закавказья с манифестом, коим обещал народу провести некоторые реформы. Но из этих обещаний ничего не вышло. Реакция еще более усилилась, но усилилась и революционная борьба.

Крим-Гирей не скрывал своего удивления красноречием крестьян, их находчивостью и умением держаться перед таким большим чиновником. По этому поводу в Тифлисе, в кругу бюрократов, говорили: «С Крим-Гиреем вели разговоры пропагандисты, а он думал, что разговаривал с крестьянами».

Во время своего путешествия Крим-Гирей собрал много интересного материала. Его путешествие по Гурии — это была настоящая демонстрация революционных идей, так как все, что здесь говорилось, стенографически печаталось во всех газетах. И это, нет сомнения, очень способствовало ознакомлению с гурийским движением широких слоев общества, особенно после того, как стали печатать его и русские газеты. И если до сих пор лишь кое-что знали об этом движении, теперь с ним знакомились при таких условиях, когда сомневаться в его серьезности уже нельзя было. Требования гурийских крестьян стали требованиями всего грузинского крестьянства. Поэтому-то во всех уголках Грузии крестьяне говорили: «Мы хотим того же, что гурийцы». Таким образом требование гурийских крестьян стало общей платформой всего закавказского крестьянства. Чтобы иллюстрировать, какое влияние имели газетные отчеты о путешествии Крим-Гирея, я приведу одно место из корреспонденции, напечатанной в газете «Могзаури» из такого глухого уголка, каким был тогда Джавахети. «За последнее время, — читаем мы, — внимание джавахетцев всецело занято гурийскими событиями. **Теперь все только о Гурии и говорят** (подчеркнуто автором). «Да здравствует Гурия» — кричат все, взрослые и малые, мужчины и женщины, армяне и грузины. В деревнях покоя не дают тем, кто получает газету. То один приходит, то другой, то третий. «Господин учитель, просим еще раз прочесть нам о гурийских событиях», — донимают такой просьбой крестьяне сельских учителей» («Могзаури», № 127, 1905 г.).

Таким образом путешествие Крим-Гирея по гурийским деревням, его встречи и разговоры с крестьянами вызвали движение и там, где оно до сих пор не замечалось. Надо думать, что правительство догадалось, какую ошибку оно допустило, посылая Крим-Гирея с такой миссией в Гурию, и его отозванием пожелало исправить эту ошибку, но было уже поздно. Что уже было напечатано, достаточно было, чтобы и друзья и враги знали, что делается в Гурии. И если все это озлобило врагов, друзьям оно дало богатый материал для поддержки движения. Я уже говорил, что генерал Алихан-Аварский со своими войсками был остановлен на станции Натанеби. Отсюда он наблюдал, что происходило в Гурии в связи с поездкой Крим-Гирея, задыхался от злости, но ничего не мог сделать, разве только посылать на имя своего начальства телеграммы такого содержания: «Взоры всей Кутаисской губернии обращены теперь на Гурию и ждут, чем все это окончится. Вернуть мой отряд обратно было бы непоправимой ошибкой» — и все в таком же роде.

С отозванием Крим-Гирея желание ген. Алихана исполнилось. Как только Крим-Гирей уехал из Гурии, ген. Алихану было приказано войти в Гурию. Но теперь он был слишком ограничен в своих правах и в свободе действий. Он не имел права прибегнуть к оружию, если народ не давал ему повода для этого. Как только он вступил на территорию Гурии, объявил всю Гурию на военном положении, потребовал уплаты всех податей и беспрекословного исполнения всех его приказов. Мы хорошо знали, как жаждал генерал крови гурийцев, а потому делали все возможное, чтобы не давать ему повода для этого. Сам народ со своей стороны, чувствуя опасность, терпел все, лишь бы не давать повода войскам прибегнуть к оружию.

Отозвание Крим-Гирея и движение вперед карательной экспедиции ген. Алихана вновь взбудоражило грузинское общественное мнение. Это безусловно имело влияние и на правительство, и на его местных агентов. Поэтому ген. Алихан-Аварский избегал прибегать к своим обычным приемам в смысле жестокости. Ген. Алихан оставался в Гурии со своей карательной экспедицией четыре месяца. Пока его войска стояли в Гурии мы издали несколько прокламаций по адресу армии вообще, а в частности для них. В этих прокламациях мы знакомили их с бедственным положением гурийских крестьян, разъясняли им, что они такие же крестьяне как гурийцы, и советовали не слушаться приказов генерала и не стрелять в народ. Последствием этих прокламаций было наверное то, что вышел приказ не отпускать солдат из казарм без разрешения, воспретить строго солдатам ходить в деревни и следить за тем, чтобы крестьяне не сблизились с солдатами. Наверное ген. Алихан испугался, чтобы его солдаты не побратались с крестьянами. Возможно и то, что это обстоятельство ускорило вывод из Гурии алихановского отряда.

Так или иначе, в конце июля гурийцы с проклятием провожали ген. Алихана с его войсками.

6-го августа, как известно, был издан манифест об избрании Думы. Это была так называемая «Булыгинская дума». Она имела только совещательный голос. Манифест этот был получен нами через несколько дней. По получении манифеста было созвано заседание комитета, на котором присутствовали все ответственные работники. После всестороннего обсуждения манифест был отвергнут единогласно и решено было приступить немедленно к широкой агитации в пользу созыва полноправного учредительного собрания.

15-го августа началась по всей Гурии соответствующая агитация. Устраивались многолюдные митинги. В некоторых местах объединялись несколько деревень, на собраниях этих присутствовало свыше пяти тысяч человек. На этих собраниях и митингах наши пропагандисты разъясняли народу сущность манифеста, его недостатки и везде выносили резолюции с требованием немедленного созыва учредительного собрания. На митинги многие приходили вооруженными, с красными знаменами. В моем районе, в самом Ланчхуты, 27-го августа состоялся большой митинг, а затем демонстрация. На митинге было два знамени. На одном — портреты деятелей рабочего движения Маркса, Энгельса и Лассаля. А на другом — портрет царя вверх ногами. Митинги и собрания устраивались по всей Гурии и продолжались до конца сентября.

Отказ от Булыгинской думы означал продолжение революции, а это обязывало готовиться к вооруженному столкновению. В ожидании этого решено было усилить «красную гвардию» как численно, так и вооружением, наметить места для приюта женщин и детей в случае вооруженного столкновения, обучать желающих обращаться с оружием, научиться как строить баррикады, земляные валы и т. д. Совокупность всей этой работы очень подняла революционное настроение крестьян. Подготовка к восстанию приняла широкие размеры.

14-го октября во всем Закавказье была объявлена всеобщая забастовка. Принять активное участие в этой забастовке Гурия не могла, так как на ее территории не было ни одного завода и ни одного крупного сельско-хозяйственного учреждения. Наше участие могло выразиться только в защите железнодорожной линии, которая пролегала на территории Гурии. И так как этот участок находился в моем районе, всегда, как только начиналась железнодорожная забастовка, гурийский комитет требовал участия в забастовочном комитете и представительство в этом комитете возлагал на нас. Большей частью приходилось участвовать мне лично. Участие в забастовочном комитете для нас имело то значение, что, так как Гурия была более всех угрожаема, на этом маленьком участке, в случае надобности мы могли помешать свободному передвижению войск, направленных против нас. На этом участке мы могли продолжать забастовку даже в том случае, если ее прекратит центральный забастовочный комитет. Бывало и так, что здесь мы сами объявляли забастовку, когда дело касалось одной только Гурии. И теперь, когда 14-го октября была объявлена всеобщая забастовка, руководство забастовкой по линии гурийской территории перешло в наши руки. Мы подчинялись, конечно, во всем центральному забастовочному комитету, его директивы и распоряжения были для нас обязательны. Но прекращение забастовки на этом участке без предварительного нашего запроса не практиковалось.

Объявление всеобщей забастовки 14-го октября мы поняли так, что по всей России готовилось восстание. Начали готовиться и мы. Для восстания прежде всего нужно было оружие, а оружие приходилось доставать с большим трудом. С целью достать оружие чохатаурская местная организация, без ведома комитета, 16-го октября напала на резиденцию чохатаурского пристава и потребовала сдачи оружия. Те отказались. Произошла перестрелка. Были убиты два стражника, а другие два ранены, пристава же с двумя стражниками нападающие взяли с собой.

Когда об этом сообщили уездному начальнику Лазаренко, тот со своими стражниками и сотней казаков сейчас же выехал в Чохатаури. Но перед отъездом, как оказалось, он отправил специального курьера в Батум с донесением о случившемся в Чохатаури и просил выслать ему немедленно один батальон казаков-пластунов, горную батарею и две сотни казаков-кавалеристов. Курьер этот в пути был задержан нашими наблюдателями и с донесением Лазаренко был доставлен в распоряжение нашего комитета. Из его донесения стало ясно, какую судьбу готовил уездный начальник Лазаренко своему уезду. И вот, когда Лазаренко 19-го октября направился в Чохатаури, озургетская организация с участием нескольких членов гурийского комитета спешно решила напасть на отряд Лазаренко на обратном пути. Местом нападения они выбрали проход через горы Насакирали.

21-го октября, в три часа ночи, ко мне приехал специальный курьер, через которого нас уведомляли об этом и просили вместе с частями нашей «красной гвардии» прибыть в Насакирали. Я сейчас же отыскал начальника нашего отряда и перед рассветом более ста гвардейцев направились на место назначения. Когда мы подошли, стрельба была в разгаре. Здесь я увидел представителя озургетской организации, который рассказал мне все подробности о том, что произошло и каково положение здесь, в Насакирали. По его словам, когда Лазаренко со своим отрядом прибыл в Чохатаури, оно было совсем пусто; буквально все население покинуло его. Остались там только мировой судья со своей женой, доктор, начальник почтовой конторы и только один служащий госпиталя.

Уездный начальник остался ночевать там, а на другой день, 20-го октября, вечером, со своим отрядом вернулся обратно в Озургеты, отстоящий от Чохатаури на 25 верст. Когда отряд поднялся на горы Насакирали, в его авангард была брошена ручная бомба, было ранено несколько казаков; сам отряд, спешившись, свернул налево, быстро поднялся на вершину горы и стал стрелять оттуда. Красногвардейцы оцепили гору и, когда мы пришли, с обеих сторон происходила непрерывная стрельба. Стрельба продолжалась целый день.

Когда здесь шла перестрелка, оказалось, что был издан манифест 17-го октября. По причине всеобщей забастовки ни мы, ни местная администрация об этом ничего не знали до вечера 21-го октября. 21-го октября вечером прибыл один товарищ и сообщил о манифесте. Это сообщение вызвало частное совещание о том, что делать. Прекратить ли стрельбу или продолжать? Было решено прекратить стрельбу, распустить гвардейцев, но с тем, чтобы они были наготове каждую минуту. 21-го октября, поздно вечером, стрельба была прекращена и наши отряды постепенно разошлись по домам. Я с некоторыми ответственными товарищами собрались в деревне поблизости и после обмена мнениями относительно манифеста решили предложить комитету созвать спешно заседание комитета.

Мы еще не успели разойтись, как прискакал из Озургеты товарищ, который передал ошеломляющую новость. Известие о нападении на Насакирали, по его словам, было получено в Озургеты 21-го октября после обеда. По получении этого известия сотня казаков-пластунов сейчас же направилась к Насакирали на подмогу своим. В пути они совершенно без причины убили встречного крестьянина. А когда они встретились с ранеными из Насакирали, раздраженные казаки сожгли больше ста домов по пути. Если бы это стало известно до роспуска наших отрядов, борьба наверное продолжалась бы, но теперь было уже поздно.

Из всего было видно, что озлобленное правительство этим не удовлетворится. Поэтому, когда 24-го октября центральный забастовочный комитет объявил забастовку законченной, мы на нашем участке ее не прекратили. Вследствие этого поезда из Тифлиса доходили только до соседней с Гурией станции — Самтреди. А со стороны Батума — до станции Чаква.

В конце октября стало известно, что наместник решил наказать Гурию примерно и поручил это тому самому генералу Алихану-Аварскому. Что Гурия теперь не могла избежать полного разгрома, это было ясно для всех, и это вызвало всеобщее волнение. Начались во всех городах и деревнях специальные собрания и митинги, на которых требовали приостановления репрессивных мер против Гурии.

С одной стороны такое единодушное выступление всего грузинского общества, с другой стороны манифест 17-го октября возымели свое влияние, и ген. Алихану и на сей раз приказано было задержаться на месте в ожидании нового приказа. И во всем этом, наряду с другими, большую роль сыграл Кутаисский губернатор Старосельский.

Старосельский был по профессии агроном. Он окончил сельско-хозяйственную академию. Служил в Закавказье агрономом министерства государственных имуществ. В то же время он был специалистом по виноградной болезни — филоксере, от которой так пострадало виноградарство в Грузии. А виноградарство было у нас единственным источником дохода для населения. Правительство никаких мер, кроме срезывания виноградных лоз и сжигания заболевших лоз, иногда по всему району, не предпринимало. Старосельский выпросил отпуск, уехал во Францию и изучил на месте лечение американских лоз и вместе с тем их прививку. Вернувшись в Грузию, вышел в отставку, поселился вблизи Кутаиса, в селении Сакара, и организовал питомник виноградных лоз. К нему приезжали со всех уголков Грузии для изучения прививки американских лоз. Благодаря ему виноградарство было восстановлено по всей Грузии. На этой почве его имя стало очень популярным. Его знали везде и он пользовался большим авторитетом и всеобщим уважением. Когда на почве революционного движения отношения между крестьянами и правительством стали слишком враждебными и решено было послать в Гурию карательную экспедицию Алихана, в Тифлис съехались городские головы всей Грузии, которые вместе с представителями тифлисских газет посетили генерала Маламу, просили приостановить отправку в Гурию ген. Алихана, а также назначить Кутаисским губернатором человека, близко стоящего к населению, и таким лицом они назвали Старосельского. Малама согласился, отдал приказ ген. Алихану не двигаться до нового распоряжения, а губернатором назначил Старосельского. Последний принял это назначение, но выговорил разрешение представить наместнику проект разрешения аграрного вопроса. Это ему было разрешено и он представил подробно разработанный проект, который был переслан в Петербург.

Вступив в исполнение своих обязанностей в качестве губернатора, он на самом деле оказался другом народа. Разъезжал по городам и деревням, успокаивал страсти, выводил слишком буйные отряды из деревень и городов и спасал народ, как мог. Он безусловно много раз избавил народ от кровопролития. Такое человеческое отношение к населению не простила ему реакционная часть Совета наместничества и через несколько месяцев он сам был арестован и под конвоем отправлен в Тифлис.

О своем аресте он поведал нам в своих воспоминаниях следующее:

«Когда нас везли в Тифлис, в дороге сообщили, что меня и моего помощника Кишидзе будут судить военным судом в Тифлисе. Не доезжая до Тифлиса, в дороге, нас представили генералу Алихану, который с моим назначением был задержан в дороге и ждал распоряжения. Генерал Алихан объявил мне и Кишидзе, что мы смещены и немедленно должны отправиться в Тифлис. Но так как в дороге нас могут убить, то он приказал, чтобы нас везли под усиленным конвоем. Под таким конвоем мы приехали в Тифлис, где до распоряжения наместника нас поместили в гостинице «Ориент», где охрана была еще больше усилена. Благодаря хлопотам ген. Маламы я был спасен от ареста и как только освободили, сейчас же стал нелегальным». (Старосельский. «Дни свободы в Кутаисской губернии». Стр. 115—116).

Из Тифлиса Старосельский перебрался нелегально на Северный Кавказ и, когда там стало невозможно жить, выехал в Петербург, а оттуда через Финляндию в Париж, где скончался в 1916 году.

«Забастовка, объявленная 24-го октября, прекратилась, — продолжает Старосельский, — но поезда ходили только до Кутаиса. Дальше Кутаиса не восстановили, боясь передвижения войск. Особенно тревожила всех судьба Гурии. Ее ожидало на самом деле большое несчастье. Решил я поехать туда немедленно и лично познакомиться с положением, но доехал только до границы, до станции Самтреди. Здесь я получил телеграмму от вице-губернатора, который извещал меня, что по приказу наместника вся Кутаисская губерния объявлена на военном положении и генерал-губернатором назначен начальник 2-й дивизии генерал-лейтенант Н. Ф. Шишковский. В таких условиях оставаться губернатором я нашел для себя невозможным и на второй же день из Самтреди вернулся в Кутаис. Каково было мое удивление, когда по приезде в Кутаис я застал вторую телеграмму от наместника, отменяющую вчерашнюю телеграмму. После этой телеграммы я вновь выехал в Гурию. Поехал я без всякой охраны, что очень удивляло местных русских, которые считали, что для престижа власти это абсолютно недопустимо. Многие пророчествовали даже, если не убийство, то что мой арест неминуем. Но гурийцы так хорошо меня приняли что желать лучшего нельзя было и мечтать. Везде встречали с искренним грузинским гостеприимством». (Старосельский. *«Дни свободы в Кутаисской губернии»*, стр. 46-47).

Старосельский ничего не говорит в своих воспоминаниях о том, как он прибыл в Гурию, а это не лишено интереса и поэтому я позволю себе рассказать об этом хотя бы кратко.

Как я отметил, дальше Самтреди поезда не шли. 25-го октября по телефону из Самтреди вызвали меня в Ланчхуты и передали, что там находится губернатор Старосельский и хочет ехать в Гурию. Как быть? Я ответил, что не могу взять на себя ответственность за согласие приехать, а потому просил дать время переговорить с другими. Я сейчас же связался с председателем комитета, который тотчас-же дал свое согласие и просил с соответствующими почестями привезти губернатора вглубь страны, в селение Хидистави. Я по телефону сообщил в Самтреди о нашем согласии и что завтра утром я сам приеду за губернатором. Нам приходилось ехать в коляске довольно большое расстояние и я принял меры, чтобы прислать лучшую коляску, которая в Грузии вообще называется «фаэтон». На другой день, взяв с собой надежных товарищей в качестве охраны, приехали в Самтреди, оттуда в специальном вагоне до Саджево, а оттуда в коляске выехали в селение Хидистави. Принять губернатора где-нибудь поблизости, в моем районе, было безусловно более удобно, но в смысле безопасности сделать это в глубине Гурии было много лучше, хотя по дальности расстояния поездка эта была утомительна. Лично я и мои товарищи не знали губернатора. Я видел его в первый раз. Внешне он совсем не был похож на тех губернаторов в чине генералов, которых мы привыкли видеть. Это был настоящий тип русского интеллигента-нигилиста, скорее тип идейного человека, чем администратора. Одет он был очень скромно, без каких-либо военных знаков и отличий, никакой военной выправки и бравирования. Когда мы садились в коляску, с нами село также несколько вооруженных человек. При виде их он был несколько удивлен и спросил, кто они такие? Я объяснил, что они мои товарищи и что я их взял для охраны для того, чтобы никто не осмелился выкинуть какую-либо провокационную штуку. «Время не спокойное, теперь всего можно ожидать», — сказал он. Мы на самом деле боялись, что реакционеры для того, чтобы наказать Гурию, могли позволить себе всякую провокацию. Поэтому предупредительные меры вовсе не были излишни, тем более, что карательный отряд Алихана стоял поблизости и малейшая провокация в отношении губернатора достаточна была бы для того, чтобы он вторгся в Гурию. Поэтому гурийский комитет принял все от него зависящие меры, чтобы ни малейший инцидент не имел бы места в связи с приездом губернатора.

Путешествие Старосельского закончилось вполне благополучно. По дороге его везде встречали и провожали с большим почетом. В 4 или 5 часов мы прибыли на место назначения. Комитет в полном составе был на месте. Собралось также много народа из соседних деревень. Но встреча не носила торжественного характера, — ни знамени, ни почетного караула. Причина такой простой встречи была та, что комитет не был уверен, с кем имеет дело. Оказалось, что некоторые были даже против его приема. Обсуждался, оказывается, и вопрос о том, как его принять — на заседании ли комитета или как-нибудь иначе. Присутствие губернатора на заседании социал-демократического комитета было на самом деле совершенно необычайным, в особенности в такое революционное время.

Путешествие наше продолжалось довольно долго и губернатор чувствовал усталость. Поэтому после завтрака он попросил дать ему возможность немного отдохнуть. Его желание было, конечно, исполнено.

Вечером открылось заседание комитета. Председатель комитета, открывая собрание, доложил, что губернатор Старосельский пожелал встретиться с нашим комитетом, на что комитет изъявил согласие и принял все меры, чтобы облегчить ему путешествие. Для того, чтобы узнать, о чем губернатор хочет говорить, первое слово предоставляется ему. Старосельский попросил разрешения говорить по-русски. Большинство комитета хорошо говорило по-русски, но были такие, которые не понимали языка и им переводили все, что говорил губернатор.

Старосельский начал свое слово с благодарности за то, что ему дали возможность приехать и приняли так хорошо. Гурийское движение восхищает всех и в их числе он считает и себя, — добавил он. Потом он стал говорить о манифесте 17-го октября, познакомил детально с его содержанием (текст не был еще напечатан в газетах), и закончил так: «Теперь революционное движение должно изменить свою тактику. Оно должно следовать манифесту и вести борьбу парламентарным методом». Мысль губернатора была совершенно нова, а потому усвоить ее сразу было не легко. Поэтому она и вызвала долгие дебаты. Все члены комитета в своих речах категорически отвергали совет губернатора. Мы все в один голос утверждали, что пока старая власть на своем месте, манифест не будет проведен в жизнь, более того, — она, улучив время, совсем упразднит его. Поэтому лучше начатую борьбу довести до конца, закончив ее созывом Учредительного Собрания. Только после этого можно будет говорить о парламентарном методе, — говорили мы.

Несмотря на то, что дебаты слишком затянулись, губернатор с большим вниманием выслушивал всех. Наконец, он взял слово и стал защищать свое предложение. Он привел целый ряд цитат из Маркса в доказательство того, что крестьянство может идти с революцией до известного момента, а затем может сыграть и архи-реакционную роль. И так как Россия — страна крестьянская, главари революции ни на минуту не должны забывать это предупреждение Маркса. Нужно помнить, что, если рабочий класс останется один, он будет так жестоко наказан, что долгие годы не оправится. Не надо забывать, что рабочий класс сравнительно с общим населением составляет очень небольшое меньшинство и растоптать его будет не так трудно и, кто знает, быть может, в его поражении примут участие довольно большое число тех крестьян, которые теперь вместе с ним борются. — «Вы не можете игнорировать уроки истории, если не хотите взять на себя тяжелую ответственность перед вашим народом и перед историей вашей страны», — закончил он свою вроде ответную речь.

Надо признаться, что эта речь губернатора как по содержанию, так и по известной экспрессии, с которой она была произнесена, произвела на всех нас огромное впечатление. Мы знали многих губернаторов, но губернаторов с казаками и с нагайками в руках. Но губернатор с цитатами Маркса — это было на самом деле необыкновенно и это не могло не произвести на нас впечатления. И все это он говорил так искренно, что вызвал не малую симпатию к своей личности.

Председатель довольно тепло поблагодарил его за такое доброе отношение к гурийскому движению и добавил, что гурийский комитет, несмотря на его блестящую речь, не уверен, что старая власть проведет в жизнь манифест. Но, несмотря на наше такое убеждение, мы сделаем все возможное помочь ему в установлении порядка и своей деятельностью комитет не увеличит трудностей, стоящих перед ним. Поблагодарил еще раз и объявил заседание закрытым. Старосельский остался очень довольным и попросил разрешения встретиться свободно с населением. Председатель заверил, что с утра он может как угодно и где угодно встретиться совершенно свободно со всеми, с кем он пожелает, но просил, во избежание провокации, принять нашу охрану. Губернатор поблагодарил за такое внимание к нему. Был уже второй час ночи, когда его проводили в приготовленную для него квартиру, которую всю ночь охраняли наши товарищи.

На второй день, после завтрака, он уже имел перед собой многочисленное собрание, с которым долго беседовал по разным вопросам. По дороге отсюда в город Озургеты мы устроили еще несколько собраний, где он очень искренно говорил с народом и народ не скрывал от него ничего, задавал при этом без стеснения целый ряд вопросов, при том подчас очень сложных. Так с собрания на собрание мы проводили его до того места, дальше которого начиналось царство полиции. Поблагодарили его за приезд, просили еще раз приехать, если обстоятельства позволят, и попрощались очень тепло. У въезда в г. Озургеты его поджидала вся уездная администрация, которая давно не показывалась за чертой города.

Старосельский приехал и мы приняли его как губернатора, но расстались с ним как друзья. Он оставался в Гурии 4 дня. За все эти четыре дня его сопровождали везде в качестве охраны наши товарищи и он пожелал, чтобы и в городе Озургеты его сопровождали те же лица. Это было для них очень рискованно, так как почти всех их разыскивала озургетская полиция, но отказать нельзя было и все они сопровождали его до границы Гурии. По этому поводу острили, что его охраняли каторжане.

Перед отъездом он просил прекратить забастовку на нашем участке, что мы обещали условно. В Самтреди он застал многолюдный митинг, который обсуждал манифест. Его пригласили на митинг и единодушно просили спасти Гурию, которая находится в большой опасности. Старосельский сам хорошо понимал, как трагично было положение Гурии и он решил, не заезжая в Кутаис, поехать прямо в Тифлис, куда он и отправился в тот же вечер в специальном поезде.

Старосельский сделал подробный доклад наместнику о положении в Гурии и просил отменить распоряжение об отправке туда экспедиции ген. Алихана. Наместник уважил просьбу Старосельского, обещал вернуть Алихана, равно как обещал вывести из Гурии ту часть казаков, которая принимала участие в столкновении на Насакирали и заменить ее другими частями, снять военное положение и предать забвению насакиральское нападение. Старосельский взял на себя обязательство, что после всех этих мер забастовка будет прекращена и что революционеры выпустят войска из Гурии без всяких инцидентов.

Распоряжение наместника сейчас же стало известно в городе, и так как все это происходило по ходатайству губернатора Старосельского, 3-го ноября, утром, когда он в своем специальном поезде должен был отбыть в Кутаис со станции в Тифлисе, благодарные рабочие устроили ему торжественные проводы. Более десяти тысяч рабочих и служащих собрались на вокзале перед отходом поезда. Играл оркестр рабочих и благодарственные речи ораторов покрывались дружными аплодисментами и всеобщим криком: «Браво». Такую же встречу устраивали ему на всех больших станциях до Кутаиса. Гурия еще раз была спасена.

Приезд Старосельского, обмен мнениями с ним, отмена приказа о движении отряда Алихана, манифест 17-го октября и вообще положение в самой России — все это не могло не повлиять и на нас, работников в Гурии, в смысле согласования нашей работы с общим положением. С этой целью решено было созвать конгресс представителей гурийских социал-демократических организаций.

Конгресс этот состоялся в селении Бахви 15-го ноября 1905 года. На конгрессе присутствовало 102 делегата с решающим голосом и 50 — с совещательным. С совещательными голосами были приглашены неответственные работники или сочувствующие, которые не попали в число делегатов. Главный вопрос в порядке дня конгресса был — наша тактика в условиях, созданных манифестом. Так как положение создалось слишком ответственное и опасное, комитет решил от своего имени не делать никакого доклада и не представлять своей резолюции, а удовлетвориться общей информацией, в частности о приезде губернатора Старосельского, и предоставить всем делегатам полную свободу высказаться по этому вопросу, а для составления резолюции выбрать на конгрессе специальную комиссию. Члены конгресса с большим вниманием и серьезностью отнеслись к создавшемуся положению. Почти все были того мнения, что надо воспользоваться манифестом и с его помощью укрепить завоеванную свободу. Но так как вся власть попрежнему оставалась в руках защитников старого режима, высказывали опасение, что они могут попытаться еще раз восстановить свою власть и потому находили необходимым усилить вооружение народа.

Вторым вопросом порядка дня был вопрос о снятии бойкота с правительственных учреждений, который продолжался вот уже два с половиной года и проводился в жизнь с такой полнотой. Вопрос этот вызвал большой спор. Большинство членов конгресса высказывалось за снятие бойкота и обосновывало свое мнение так: бойкот мы объявили с целью внести дезорганизацию в ряды администрации. Благодаря этому партия стала правительством помимо своего желания. А роль правительства ставила партию в весьма неудобное положение, и если эта роль будет продолжаться, мы рискуем потерять влияние на наш народ. Если мы хотим воспользоваться завоеванной свободой, мы должны отказаться от бойкота и удовлетвориться критикой действий правительства и т. д. Противники такого мнения утверждали, что манифест 17-го октября пока что существует только на бумаге. Вся власть остается в руках сторонников старого режима и какая у нас гарантия, что манифест войдет в силу и администрация не будет вмешиваться в политическую жизнь. Поэтому необходимо бойкот еще более усилить.

После долгих и, порой, очень горячих дебатов была избрана комиссия для выработки резолюции. Комиссия составила следующую резолюцию:

1. «После издания манифеста 17-го октября оставление в силе бойкота ставит социал-демократов помимо их желания в роль правительства;

2. Бойкот в деревнях был направлен против самодержавного режима и его агентов;

3. Тактика социал-демократов должна заключаться в том, чтобы завоеванную свободу еще больше углубить и расширить;

4. Принимая во внимание создавшееся соотношение общественных сил, конгресс представителей гурийских социал-демократических организаций постановляет:

Существующий два с половиной года бойкот правительственных учреждений и его агентов считать упраздненным **только в том случае, если манифест 17-го октября войдет в силу, а не станет фикцией на бумаге** (подчеркнуто в оригинале. — Г. У.), если будет осуществлена конституция хотя бы в пределах манифеста и будут упразднены немедленно все те административновоенные меры, которые мешают народу воспользоваться завоеванной свободой».

(Газета «Схиви» (Луч). № 1, 5—7 дек. 1905).

На конгрессе была высказана мысль, чтобы партия начала существовать легально, но эта мысль не встретила сочувствия у большинства членов конгресса. Предвидя, что правительство не проведет в жизнь манифест и что революционные организации вынуждены будут взяться за оружие, конгресс единогласно постановил усилить свои военные организации и устроить сбор денег для приобретения оружия. Так готовилась Гурия вместе со всей Грузией, пока движение не потерпело поражения в самой России.

Избежать последствий поражения не могло, конечно, и Закавказье, и в частности Гурия. И вот 5-го января 1906 года начальник Закавказского военного округа издал следующий приказ:

> «Несмотря на упразднение военного положения в Кутаисской губернии, согласно просьбе губернатора Старосельского, положение в губернии не только не улучшилось, но, наоборот, приняло форму восстания. Полицейские везде устранены, стражники обезоружены и на место их создана местная милиция. Железнодорожное сообщение не только прекращено, но во многих местах сняты рельсы. Все железнодорожные станции заняты вооруженными бандами, которые обыскивают и отбирают оружие, донесения, не пропускают офицеров, обезоруживают жандармов. Банда вооруженных заняла Сурамский перевал с целью отрезать Кутаисскую губернию от Тифлиса. При этом вход в тунель блокирован опрокинутым паровозом. В столкновении с войсками в разных местах убито несколько казаков. Продление такого положения абсолютно недопустимо и для восстановления законности и порядка я принял строжайшие меры: объявил всю Кутаисскую губернию на военном положении, сменил губернатора Старосельского и назначил на место его временно ген.-майора Алихана-Аварского, которому подчинены все войсковые части, расквартированные в Кутаисской губернии, усилив его новыми частями. Предоставил ген. Алихану-Аварскому полную свободу действий, дав вместе с этим следующую инструкцию:
>
> 1. Восстановить немедленно в своих правах все государственные учреждения и представителей власти;
>
> 2. привести в исполнение циркуляр министра внутренних дел об упразднении всяких революционных организаций и об аресте членов всяких комитетов;
>
> 3. вооруженные отряды по всей губернии должны быть уничтожены так, чтобы ни у кого не появилось в будущем желания создать таковые;

4. при намерении восстания или метания бомб пустить в ход оружие, не щадя никого.

Подписал Главнокомандующий войсками Кавказского округа Воронцов-Дашков».

Генерал Алихан с нетерпением ждал такого приказа и как только получил, его войска двинулись вперед и начали разоружать в пути города и деревни. На станции Аджаметы остановили делегатский вагон и перебили всех находящихся в вагоне пассажиров. Расстреливали и начальников станций без разбора. Ночью в 11 часов один отряд вступил в город Кутаис и сейчас же поджог все лучшие магазины на правом берегу реки Риона. Огонь был такой силы, что весь город был им освещен. В самом городе происходила беспрерывная стрельба. Не разрешали пожарным тушить огонь. Одна часть Кутаисского отряда направилась в Чиатуры и Сачхаре, где сожгла больше 42 зданий и магазинов. Другая часть перешла в местечко Багдади и сожгла все магазины. А самый многочисленный отряд под начальством некоего полковника Крылова направился к нам в Гурию.

Крылов сжег в первую очередь несколько магазинов в самом г. Озургеты, потом в Ланчхуты, Нагомари, Чохатаури и др. Потом предъявил населению целый ряд требований для немедленного исполнения. За отказ от исполнения арестовывали, избивали и даже убивали. Когда приезжали в деревню, собирали сход и сначала заставляли присягать на верность императору, а потом выставляли требования: 1) выдать все оружие, находящееся у жителей; 2) выплатить все недоимки; 3) провести призыв новобранцев; 4) выдать всех главарей движения; 5) арест всех дезертиров; 6) гарантировать жизнь всем чиновникам под ответственность всего общества; 7) восстановить все правительственные учреждения и т. д.

Несмотря на суровые репрессии, покорить Гурию оказалось не так легко.

В одном из донесений тогдашнего высшего управления, отправленном 28-го февраля 1906 года, мы читаем:

«Большинство деревень присягнуло на верность государю и обещало начальнику экспедиционного отряда исполнить все его требования. Но обещания гурийцев не имеют никакого значения, так как среди них очень мало верующих. Гурийцы народ неверующий. Гурийцы дают обещания, но исполняют их под давлением лишь силы. Например те деревни, которые расположены на склонах гор, только тогда изъявили свою покорность, когда сожгли их несколько деревень».

В этом же донесении указаны и другие меры, которые пришлось применить начальнику отряда, чтобы гурийцы исполнили его требования. «И если в результате таких мер народ исполнял такие требования как уплата недоимок, отправка новобранцев и др., то выдачу главарей движения избегал всеми способами». И на самом деле, в какие тяжелые условия ни было поставлено население, но не было случая, чтобы был выдан кто-либо. И когда за отказ выдать главарей начальник отряда стал сжигать деревни, гурийский комитет предложил всем более или менее известным главарям покинуть временно территорию Гурии, но с тем, чтобы все оставили на своем месте менее замеченных товарищей. А организации должны были временно приостановить всякую активную работу. Комитет рассчитывал, что таким путем он сможет смягчить репрессии. Согласно этому постановлению мы все должны были покинуть Гурию, но это было не так легко. Границы Гурии были глухо закрыты со всех сторон. Железнодорожные станции занимали войска, которые при посадке в вагон требовали разные бумаги. В городах, где мы могли найти приют, свирепствовала та же реакция. Позднее всех покинули Гурию я и Г. Махарадзе (впоследствии член 2-ой Государственной думы). Опоздание с нашей стороны было вызвано болезнью Махарадзе в лесу, где мы обитали. И пока он болел, я не мог оставить его одного. Он еще не совсем оправился, как карательный отряд прибыл в село, поблизости которого мы скрывались. Начальника отряда убедили, что в этом селе проживают несколько главарей. Поэтому он настойчиво потребовал их выдачи. Сельчане при всем желании не могли никого выдать, так как ни один из тех, кого требовали, не проживал в этом селе. Но убедить начальника отряда не представилось возможным и он приказал сжечь дома тех, которых он считал причастными к движению. В то время я и Махарадзе стояли на опушке горы и видели как длинные языки пламени поднимались то здесь, то там. В то же время мы чувствовали и то, как сжигалось вместе с этим в сердцах крестьян всякое доверие к существующему режиму и к его правительству. Удрученные стояли мы и наблюдали как войска обливали керосином лачужки несчастных крестьян и подносили спичку для поджога. И это делали те войска, которые, казалось бы, должны были сами защищать и оказывать покровительство. Кто может себе представить, какой огонь горел в это время в сердцах этих беззащитных крестьян?

Под вечер бравое войско «честно» исполнило свой долг. Сожгли несколько десятков с таким трудом сколоченных домов несчастных крестьян и с пением направились к своим стоянкам, чтобы выспаться хорошо и на другой день, с утра, приступить к своему позорному занятию — сжигать дома крестьян где-нибудь в другой деревне.

Когда стемнело, я и Махарадзе в сопровождении надежных товарищей вышли из лесу, чтобы оставить временно местность, где так свирепствовала реакция и, кто знает, сколько еще несчастий могла уготовить им судьба. Погруженные в тяжелые думы, встревоженные всем виденным и обеспокоенные тем, что в такое тяжелое время для населения нам приходится покинуть их, мы решили ехать в Тифлис.

С помощью товарищей железнодорожников мы благополучно приехали в Тифлис. После нашего отъезда из Гурии, из той группы, чьей выдачи так настойчиво требовал полковник Крылов, в Гурии остался один только В. Чхиквишили. Согласно постановлению комитета он тоже должен был покинуть Гурию, но не пожелал. Он был высокого роста и шутя говорил: «Как может такой 'длинный' человек скрываться в городе?». Он был убежден, что ему легче будет скрываться где-нибудь в деревне около леса. К сожалению, его надежды не оправдались. И очень скоро после нашего отъезда, когда он переезжал из одной деревни в другую, он наткнулся на случайный проезжающий патруль и благодаря своему высокому росту был остановлен, взят под подозрение и отведен для выяснения личности в г. Озургеты, где его сейчас же опознали. Из-за боязни, что социал-демократическая организация попытается освободить его силой, он под усиленным конвоем в тот же день был отправлен в Батумскую тюрьму, а из Батума на военном крейсере был перевезен в одесскую тюрьму. Здесь он долго сидел, потом был судим и осужден на четыре года каторжных работ. После отбытия каторги, согласно тогдашним законам, он должен был оставаться в Сибири на вечное поселение. В Грузию он вернулся после революции 1917 года*).

---

*) В это время в Тифлисе существовал учрежденный Всероссийским Временным Правительством орган для управления Закавказьем под названием «Особый закавказский комитет» (сокр. «ОЗАКОМ»). ОЗАКОМ назначил его уполномоченным рабочих по ликвидации черноморской железной дороги. Отсюда он переехал в г. Сухум, где был выбран городским головой. Из Сухума он был переведен в Кутаис на должность кутаисского комиссара. Он оказался настолько способным администратором, что когда в Сухуме начались большевистские беспорядки, он был назначен там генерал-губернатором. В 1919 году он был избран членом грузинского Учредительного Собрания и в то же время был выбран тифлисским городским головой. В 1921 году, когда красные войска напали на Грузию, он был назначен генерал-губернатором восточной Грузии. После покорения Грузии он вместе с национальным правительством покинул Грузию и про-

Когда мы были в Гурии, усиление реакции считали временным, как бывало не раз раньше. Но когда я приехал в Тифлис и познакомился с положением, то убедился, что создавшееся положение не было случайного характера. Напротив, из всего видно было, что контрреволюция одержала серьезную победу. Это доказывалось между прочим и тем, что в Гурии отряды карательной экспедиции расположились на разных стратегических пунктах, чего не было раньше. Когда отряды Крылова вступили в пределы Гурии, население не оказало ему никакого активного сопротивления, но пассивное сопротивление продолжалось настолько энергично, что об «успокоении» не могло быть и речи. И как увидим ниже, «общее успокоение» не было достигнуто никогда, так что Гурия все свои организации и установленные в начале движения порядки всецело донесла до революции 1917 года.

Пока в Гурии положение не изменилось, я и Махарадзе остались в Тифлисе в распоряжении тифлисского социал-демократического комитета и продолжали работать в качестве пропагандистов в партийных кружках. При тифлисском комитете существовал в достаточном числе постоянный кадр пропагандистов и, так как я не предполагал оставаться в Тифлисе надолго, я был в резерве, чтобы заменять тех или иных пропагандистов, которые по тем или иным причинам не могли придти в кружок для занятий. Председатель комитета сообщал мне каждый раз, куда пойти и к кому явиться. Занятия в кружках происходили по вечерам. А днем я помогал в нашей ежедневной газете, ведя отдел корреспонденции. О судьбе этих наших газет и о моей работе в них я расскажу возможно подробнее ниже. А теперь должен вернуться к тем печальным событиям, которые именуются «армяно-турецкой резней».

Я был еще в Гурии, когда в городе Баку произошло печальной памяти армяно-татарское столкновение. Столкновение началось в феврале 1905 года. Об этом мы узнали из газет, но не совсем хорошо понимали причины этого страшного происшествия. Мы знали, что между армянами и татарами существовал антагонизм; знали и то, что татарские массы слишком отсталые и не-

---

живал в Париже, принимая участие в борьбе против оккупантов своей родины. В 1924 году, перед началом восстания в Грузии, по требованию нелегального центрального комитета грузинской социал-демократической партии, он поехал нелегально в Грузию. После трехмесячного пребывания там он был арестован Чекой, был объявлен заложником и отправлен внутрь России в Суздальскую тюрьму. В дни восстания был отправлен из Суздальской тюрьмы по направлению к Кавказу и где-то по дороге был расстрелян вместе с другими.

имоверные фанатики, но чтобы дело могло дойти до этого и то в период такого усиления революционного движения, этому никто из нас не мог поверить. И когда по поводу бакинских событий мы выслушивали доклады, трудно было поверить всему тому, о чем нам сообщали. Как газетные сведения, так и эти доклады производили впечатление, что мы имеем дело с людьми, которые сами этого не замечая, вдруг сошли с ума. Только массовый психоз мог учинить возможными все эти ужасные вещи, убийства взрослых и детей, женщин и мужчин, поджоги, грабежи, продолжавшиеся без перерыва четыре дня и ночи, в самом промышленном городе, где полно и войск и полиции, но которые не только не приняли никакого участия в подавлении, но просто не показывались на улицах. И когда после, для выяснения причин этого ужасного происшествия, приехал из Петербурга сенатор Кузьминский, он в своем докладе подчеркивал, что «полиции на улицах не было видно. Она появилась только тогда, когда все успокоилось».

Все понимали, все чувствовали, что бакинские события могли вызвать нечто подобное и в других местах, где татарское и армянское население проживало вместе. В этих местах как татары, так и армяне страшно волновались и готовились отомстить друг другу. Правда, под влиянием всеобщего возмущения, вызванного бакинскими событиями, полиция была теперь более осторожна, более внимательна и принимала кое-какие меры для предупреждения повторения подобных событий, но не было никакой гарантии, что они не повторятся. Во всех социал-демократических организациях происходили специальные заседания и выносились постановления, в которых заявлялся энергичный протест против событий, разыгравшихся в Баку, с требованием учреждения специальной комиссии для выяснения всего того, что произошло в Баку. Наш гурийский комитет сообщил в Тифлис, что если они найдут нужным, мы готовы послать им в подмогу целые отряды.

В августе месяце столкновения в Баку снова начались, но на этот раз они были быстро ликвидированы. В ноябре месяце такое же точно столкновение началось в городе Ганджа. Здесь татары оцепили армянский базар. Началось настоящее сражение. В тот же день на подмогу татарам двинулось из деревень 5.000 вооруженных татар. В первый же день число жертв превысило 200 человек. Армянский базар и татарский моедан загорелись почти в одно и то же время. Как только в Тифлисе были получены сведения о событиях в Гандже, сейчас же начались собрания и митинги. В городском самоуправлении состоялось специальное заседание, на котором после доклада городского головы, Черкезишвили, постановлено было послать депутацию для примирения враждующих сторон. 21-го ноября в рабочем районе Назаладевы состоялся грандиозный митинг рабочих по поводу ганджинских событий. Но совершенно неожиданно началось столкновение в самом Тифлисе и, если бы не вмешательство тифлисского социал-демократического комитета, могла бы произойти ужасная резня.

Как только началось столкновение, все социал-демократические организации собрались в полном составе и порядке. Вечером, часов в пять, примерно 20.000 рабочих с белыми знаменами направились в район враждебно настроенных наций и стали призывать их к примирению. Манифестанты произносили зажигательные речи о дружбе народов на русском, армянском и татарском языках. Манифестация не достигла своей цели. Начались стрельба и убийства. Со всех сторон вооруженные татары спешили к Тифлису. Всю ночь в угрожаемых районах социал-демократические вооруженные патрули охраняли улицы. Все они были рабочие — по три члена от каждой национальности — русские, грузины и армяне. В этот же вечер все социал-демократические организации, и в числе их и наш гурийский комитет, получили от тифлисского комитета извещение о положении, создавшемся в Тифлисе. Гурийский комитет сейчас же отправил в распоряжение тифлисского социал-демократического комитета солидный отряд партийных товарищей.

24-го ноября стрельба возобновилась на Шейтан-базаре. Необходимым стало усиление вооруженных рабочих отрядов, но у рабочих не оказалось оружия и это обстоятельство мешало увеличению рабочих патрулей. Словесная пропаганда уже не достигала цели — обе стороны считались только с вооруженной силой.

В тот же день, 24-го ноября, в редакцию местной демократической газеты «Возрождение» пришел полицмейстер города Тифлиса полковник Цис и осведомил редактора этой газеты насколько положение опасно, заявив ему, что он очень хотел бы по этому поводу переговорить с представителями социал-демократической партии. Редактор «Возрождения» в спешном порядке пригласил представителей всех партий для совещания.

В 12 часов ночи состоялось совещание, в котором приняли участие представители социал-демократической партии, социал-федералистов, социал-революционеров, дашнакцутюн (армянская партия), гинчак (тоже армянская партия) и представители мусульман. (В это время в Закавказье мусульмане не имели никакой партии). Представители социал-демократов явились с той резолюцией, которая была принята в тот же день утром на рабочем митинге. В этой резолюции было сказано, что недостаток оружия очень затрудняет деятельность рабочих патрульных отрядов. Совещание в редакции газеты, после обмена мнениями между собой, пригласило полицмейстера Циса, познакомило его с резолюцией рабочих и заявило, что совещание единодушно одобряет эту резолюцию. Полицмейстер Цис поехал с этой резолюцией к наместнику, вернулся скоро и заявил, что наместник согласен выдать оружие только представителю социал-демократической партии Ис. Рамишвили (впоследствии — член 1-ой Государственной думы). Сам наместник Воронцов-Дашков в своем официальном заявлении по поводу выдачи оружия представителю социал-демократической партии писал: «Доверяя всецело мирным настроениям рабочей партии, которая обратилась с просьбой выдать оружие для установления мира между татарами и армянами, я нашел возможным передать представителю рабочей организации нейтральной нации 2.000 ружей». (Махарадзе, 1905 г., стр. 253).

Правда, распоряжение было на 2.000 ружей, но арсенал выдал только 500 и то наполовину негодных. Ис. Рамишвили полученные ружья сейчас же передал тифлисскому комитету социал-демократической организации, а комитет в свою очередь сейчас же вооружил новые отряды рабочих и направил в угрожаемые районы. Таким образом защита города фактически перешла в руки рабочих организаций. Установить порядок в этих местах было весьма рискованно для жизни рабочих, но, увлеченные гуманитарными стремлениями, эти рабочие отряды не щадили себя, лишь бы избежать кровопролития.

Передача этих 500 ружей вызвала большое неудовольствие среди той группы офицеров, которые были связаны с так называемой «русской патриотической лигой», иначе говоря, с «черной сотней». На второй же день после выдачи оружия в миссионерской церкви собрались члены «лиги», пригласили полицмейстера Циса и губернатора ген. Ширинкина и потребовали от них объяснения, чем они руководствовались, когда выдавали ружья представителям социал-демократической партии. Полковник Цис разъяснил, что ружья выданы социал-демократам для предотвращения армяно-татарского столкновения и, как только минует опасность такого столкновения, ружья будут возвращены. Такое разъяснение не удовлетворило собрание, они заявили протест и разошлись с угрозами.

29-го ноября, когда опасность столкновения еще не была устранена, в рабочий район прибыл казачий отряд и потребовал от рабочих вернуть немедленно ружья. В то же время они потребовали от наместника распоряжения о возвращении оружия. Наместник согласился с таким требованием и потребовал от Рамишвили вернуть оружие, тем более, что «патриотическая лига» ждала лишь случая, чтобы отомстить рабочим. Вместо 500 ружей было возвращено немного меньше и безоружные рабочие вынуждены были оставить свои наблюдательные посты. Как только рабочие отряды удалились, в разных местах показались огненные языки: горели армянские и татарские дома. Вмешательство рабочих все же сыграло огромную роль. Столкновение не получило массового характера и резне был положен предел.

Распоряжение наместника не удовлетворило «лигу» и ее офицерство стало производить в городе эксцессы, что вызвало ходатайство городского головы о выводе из города казачьих частей.

О создании этой черносотенной «лиги» в официальном органе «Кавказ» было написано следующее: «Большие волнения, беспорядки, забастовки и террористические акты принудили лучшую часть рабочих подумать о своем союзе, чтобы иметь возможность противопоставить свою объединенную силу против грубой силы главарей забастовщиков». («Кавказ», № 119, 1905 г.). И эта «лучшая часть рабочих» по удостоверению правительства была та, которая на пятый день после объявления манифеста 17-го октября, с портретом царя в руках, окруженная офицерскими отрядами, с пением «Боже, царя храни» устроила шествие на улицах Тифлиса. По дороге они встретились с группой гимназистов и потребовали, чтобы те сняли фуражки и пели «патриотический гимн». Гимназисты отказались. Тогда манифестанты стали их избивать. Гимназисты убежали и спрятались в здании первой гимназии. Манифестанты погнались за ними. Кто-то в этот момент дал выстрел. Начался погром, который продолжался приблизительно три часа. Войска, сопровождавшие манифестантов, стреляли все время. Стреляли по направлению гимназии, тифлисского собора, редакций газет, частных квартир. В гимназии убили шесть гимназистов, трех учителей, в самой гимназии разгромили все, там же поблизости, в ресторане, убили студента Ватчнадзе с женой. Такие погромы имели место и в других частях города. Точное число раненых и убитых выяснить было трудно, но по газетным сведениям число их превысило сотню. Все газеты это выступление «лиги патриотов» осудили строго, но за то правительство объявило им «свою сердечную благодарность за такое патриотическое чувство».

24-го октября состоялись похороны убитых 22-го октября манифестантами «лиги». Весь город отдал им соответствующую почесть. В пять часов вечера все магазины были закрыты. Прекратилось трамвайное движение. Улицы совершенно опустели. Ни одного экипажа на улице. Весь город окунулся в темноту. На второй день на многих домах были вывешены черные флаги. В тогдашних газетах очень подробно описано, какой широкий характер приняли похороны жертв «лиги патриотов». Погром в Тифлисе на пятый день после издания манифеста произвел на всех большое впечатление и вызвал возмущение и в знак протеста по всей Грузии была объявлена однодневная забастовка. Стало для всех ясно, что манифест ничего не изменил, и что начиналась свирепая реакция.

Армяно-татарские столкновения имели место и потом, но уже не имели такого широкого характера. Ужасная резня обессилила обе стороны. Результаты резни были ужасные. Одних убитых с обеих сторон по всему Закавказью насчитывалось более 10.000 человек. Материальные убытки превышали 100 миллионов рублей. Тень этой кошмарной истории до сих пор преследует тех из нас, кто поневоле был свидетелем этой ужасной резни.

Наступившая реакция началась с объявления на военном положении всего Закавказья. Выступление «лиги патриотов» обнаружило, что «лига» имела свои отделения и в других городах, и что ее вдохновителем является начальник кавказского генерального штаба ген. Грязнов. Стало ясно и то, что он никаких мер не принимал против тех частей, которые устраивали погромы и убивали мирных людей. Особенно ненавидел ген. Грязнов грузин, которых публично обвинял во всех грехах против самодержавия. Депутация общественных деятелей не раз посещала его, прося обуздать своеволие некоторых войсковых частей, но безуспешно. Стало неизбежным принятие решительных мер, и принял их тифлисский социал-демократический комитет. Комитет постановил «убрать» его, т. е. убить и приведение в исполнение своего постановления поручил самому ответственному своему члену С. Джибладзе (Сильва). И это несмотря на то, что все наши организации отвергали террор как средство борьбы с целью низвержения царского режима, как это мыслилось русскими народниками. На наш взгляд одна хорошая демонстрация больше приближала нас к цели, чем убийство нескольких министров. Но, как средство самозащиты, все наши организации прибегали к нему в случае надобности. И теперь, когда выяснилась темная роль ген. Грязнова, его убийство рассматривалось всеми нами как акт самозащиты.

16-го января 1906 года, в 10 ч. утра, в центре города Тифлиса перед глазами многочисленной публики и его сослуживцев ген.

Грязнов был убит бомбой, брошенной в его коляску террористом Джорджияшвили. Это был такой смелый террористический акт, что во всех террористических актах всего Закавказья он занимает первое место. Большевики и их историки, по обыкновению, и этот акт сначала приписывали своей партии, но, когда Сталин пожелал и этот акт вписать в свою биографию, инициатором и руководителем исполнения объявили Сталина. Более того: самого исполнителя акта Джорджияшвили зачислили в группу большевиков. Но забыли, что убийство ген. Грязнова подробно было изложено в их же журнале главарем исполнителей этого акта Ар. Меграбианцем. К их огорчению автор давно умер и этим они были лишены возможности заставить его написать заново свой рассказ по их указанию, т. е. приписать его Сталину, как поступали они со многими другими авторами, заставив их переделать свои воспоминания в угоду Сталину. Рассказ Меграбианца напечатан в 1923 году и напечатан в журнале, который был закрыт и изъят у всех, так что наверное уже не имеется в Советском Союзе у многих.

... «В конце 1905 года, — пишет Меграбианц, — когда восторжествовала реакция, я был избран руководителем террористической группы и в качестве такового я явился к одному из главных руководителей тифлисского комитета, С. Джибладзе, и доложил о моем избрании. Раз вечером меня вызвали к Джибладзе в редакцию газеты «Схиви» («Луч») — орган меньшевиков. Я явился сейчас же. Джибладзе мне приказал, чтобы на второй день вечером я привел к нему шесть террористов. Я вызвал из разных мест подчиненных мне террористов, в том числе и Джорджияшвили (бомба которого убила ген. Грязнова. — Г. У.). Вечером мы явились к Джибладзе в назначенное место. Здесь Джибладзе сообщил нам, что из Петербурга к нам прислали одного генерала, который уничтожает наши организации и разрушает пушками наши деревни. За это партия решила его убить, и это поручается нам. Дал нам все наставления и указал на товарища, который мог дать нам все нужные сведения. Никто из нас не видел никогда ген. Грязнова, а потому в первую очередь нам надо было увидеть его хотя бы издалека. На другой день товарищ, которого указал нам Джибладзе, указал нам место, где мы могли видеть генерала и с ним вместе мы пошли туда...» (Меграбианц. «Убийство Грязнова», «Рев. Матиане», № 4, 1923 г.).

Потом рассказано как произошло само убийство.

... «При первой встрече, — пишет он, — мы отказались в него стрелять, так как с ним в коляске сидела его жена. При другой встрече в его коляску бросил бомбу Джорджияшвили;

этой бомбой и был убит Грязнов, но осколки бомбы ранили самого Джорджияшвили. Раненого арестовали там же и расстреляли на второй день. Джорджияшвили умер как герой. Несмотря на ужасные пытки, он никого не выдал. Его героизм народный эпос воспел в стихах, а народная музыка это стихотворение сложила в песню, которую распевала вся Грузия, грузины и не грузины. Поют и сегодня. После покорения Грузии большевики сначала присвоили себе этот слишком популярный акт, потом и самого Джорджияшвили объявили большевиком и, наконец, когда это стало нужным для возвеличения Сталина, автором и руководителем исполнения этого акта объявили самого Сталина».

С усилением революционного движения все административные должности и почти весь состав стражников состояли не из грузин. Большинство из них не знало, конечно, грузинского языка, а некоторые — только несколько слов. Когда гурийский комитет в нескольких случаях прибег к террору, это так напугало реакционные элементы, что они старались избегать всякой встречи с представителями власти и с их агентами, чтобы не стать жертвой террора. По этой причине местная полиция очутилась в полной изоляции. Она не знала, что происходило вокруг нее. Ни старшие, ни младшие агенты не знали лично ни одного из главарей движения. А это давало нам возможность жить и работать совершенно свободно, не боясь ареста даже там, где находился участковый пост. В моем районе (Ланчхутский район) в городе Ланчхуты каждую пятницу устраивали «базарный день», на который приезжали очень многие из соседних деревень, так что каждую пятницу здесь собирались тысячи крестьян, среди них много членов социал-демократической организации, что давало возможность столковаться с ними по разным делам. Я сам почти каждую пятницу бывал здесь, несмотря на то, что там в то же время бывали и пристав, и стражники. Не было никакой опасности ареста, потому что, как я сказал выше, полицейские лично никого из нас не знали, указать же на нас никто не смел. То же было и в других районах, кроме города Озургеты, где была резиденция всей администрации и положение было более сложное. Почти каждый день нам приходилось бывать в той или иной деревне на собраниях, мы разъезжали верхом совершенно свободно, и это в то время, когда бойкот правительственных учреждений проводился самым строгим образом. Несмотря на такую открытую работу, пока в Ланчхутском участке приставами были русские, никто из нас не опасался ареста и революционная работа шла совершенно «нормально». Но случилось так, что Ланчхутского пристава перевели на другое место и на его место назначили некоего Мекиашвили, по происхождению грузина, но душой — настоящего полицейского. Для него не существовало ничего святого, кроме наград и продвижения вперед по службе. А этого легче всего было достичь в то время преследованием революционеров. По всему видно было, что пристав Мекиашвили слишком старался выслужиться перед начальством. Его назначение приставом и те слухи, которые сопровождали его назначение, ничего хорошего нам не предвещали. Мы вынуждены были изменить как личную жизнь, так и метод работы.

В каждую пятницу Мекиашвили со своими стражниками стал посещать «базарный день». Он осматривал предметы, привезенные для продажи очень усердно, но в то же время острым полицейским ухом ловил, о чем переговаривались между собой посетители «базара». Осматривал также некоторых внешне, а некоторых расспрашивал откуда они и что нового у них. При таких условиях мы уже не могли показываться на базаре. Мекиашвили не удовлетворился тем, что всех нас лишил возможности бывать на базаре, но почти каждый день, окруженный своими стражниками, разъезжал по деревням, оставался до вечера, то кричал на жителей, то лаской старался выудить у них сведения о движении. Все это очень осложняло нашу работу: бывать в деревнях, устраивать собрания, особенно митинги — никто не знал в какой день, в какое село он поедет и, понятно, строго следили за тем, чтобы его приезд в деревню не совпал с нашим собранием. До назначения Мекиашвили, хозяевами всех дорог были мы, не боялись и встречи с приставом, так как он нас все равно не узнал бы. Что это было так, расскажу один случай, который приключился со мной:

Раз утром из Ланчхуты я поехал в соседнее село на собрание и когда вечером возвращался и выехал на большую дорогу, ведущую в Ланчхуты, как раз в этот момент с противоположной стороны из другого села на ту же дорогу выехал пристав — русский, со своими стражниками. Я осадил лошадь, чтобы пропустить их и, когда поравнялись, я поклонился, сняв шляпу. Поклонился и он очень вежливо и, приостановив лошадь, спросил, куда я еду? Я назвал село не доезжая до Ланчхуты и сказал, что еду повидаться с родственниками, с которыми не виделся давно. Он мне сказал, что и он едет в этом же направлении и предложил поехать вместе. Мне это совсем не понравилось, но и отказаться нельзя было. Я боялся того, что меня все знают и поэтому, когда увидят меня с приставом и стражниками, можно было ожидать всякого сюрприза. Это обстоятельство меня очень беспокоило, но выхода я не видел. Первое, о чем он спросил меня — где живут мои родственники и как их фамилия. Этот район я хорошо знал и назвать фамилию мне не трудно было. Потом начал расспрашивать, что происходит в моей деревне, бывают ли там пропагандисты, слушает ли их народ, как к ним относятся, и все в таком же роде. Я не скрыл от него, что пропагандисты бывают у нас, и что народ не может не слушать их.

— Почему? — спросил он с удивлением.

— Потому, — ответил я, — что у них очень много террористов, вооруженных бомбами и народ, понятно, боится их. Они быть может и не сочувствуют, но и ослушаться не смеют, боясь стать жертвой террористов.

— Конечно, — ответил он. — Жизнь дороже всего. Но удивительно то, что не обращаются к нам за помощью.

— Как? — с удивлением спросил я. — Как могут они обратиться к вам? Если это узнают террористы, они и их и все село могут перебить.

— И это верно — согласился он. Очевидно, желая переменить тему, он вдруг спросил меня, чем я занимаюсь. Я ответил, что по профессии я фармацевт.

— Где и в какой аптеке служите? — спросил он.

Я ответил, что моя аптека очень далеко — в Елизаветпольской губернии.

— Почему пошли так далеко, разве в Кутаисской губернии мало аптек?

— Не мало, — ответил я, — но там у меня моя собственная аптека, там легче дают разрешение на открытие аптеки, а для меня все равно, где буду работать. Там даже лучше в том отношении, что там полное спокойствие, никаких выступлений, никаких террористов.

Во время разговора у меня создалось впечатление, что он, если и не всему, то все же верит тому, что я говорю. Гурийская полиция давно уже была под бойкотом и такого разговора пристав давно ни с кем не имел. И повидимому желая задобрить меня, пристав сказал, что он поможет мне в получении разрешения на открытие аптеки. Мы приблизились к той дороге, которая вела к моим «родственникам», и я стал прощаться.

— Как? Разве приехали?

— Да, приехали и кажется я надоел вам своей болтовней.

— Напротив, очень приятно было с вами путешествовать.

Пристав приостановил лошадь и протянул руку на прощанье. Ничего не оставалось, как подать руку и мне. Попрощались, он продолжал путь в Ланчхуты, а я свернул налево и прибавил шагу моей лошади, оглядываясь назад, не гонятся ли, и убедившись, что никакой погони нет, все же, во избежание всяких случайностей, вернулся обратно совсем другой дорогой и остановился в ближайшем селе. На второй день приехал в Ланчхуты, и когда рассказывал эту историю, товарищи очень смеялись. После этого они шутя часто называли меня «фармацевтом».

Но теперь, когда приставом был Мекиашвили, нечто подобное было невозможно. Мекиашвили, помимо известных полицейских мер, стал прибегать и к таким, до которых еще никто не додумался. Например, он слыхал, что ношение длинных волос означало быть революционером. Наша революционная молодежь на самом деле отпускала длинные волосы, которые покрывали голову как громадная шляпа. Это была, можно сказать, мода, шик. Это означало, во-первых, что носитель такой шапки волос не простой смертный, а революционер. А, с другой стороны, в этом видели и красоту. Особенно это было распространено в деревнях, где такими волосами деревенская социал-демократическая молодежь, можно сказать, кокетничала. Ничего преступного в этом не было. Молодости всегда свойственно то или иное увлечение модой, красотой. Мы, старшие, никакого внимания не обращали на это и не считали нужным препятствовать им, но полушутя предупреждали, чтобы они с такими волосами не показывались в городах, если не хотят испробовать сибирских морозов. И это была правда. Было несколько случаев, когда в городах арестовывали нелегальных товарищей, заподозрив их именно потому, что они носили длинные волосы. Поэтому с конспиративной точки зрения ношение таких волос было глупо. Но когда и где бывало, чтобы молодежь считалась с такими пустяками?

И вот в одну из пятниц на базар по обыкновению пожаловал со своими стражниками пристав Мекиашвили. Обошел рынок со всех сторон и среди присутствующих заметил очень многих с длинными волосами. Он приказал своим стражникам взять нескольких из них в свою канцелярию. Стражники выбрали двоих и повели. Все поняли это как арест, но так как они ни в чем не были виновны, были уверены, что их скоро выпустят. Базарный день не был еще закончен, как обоих парней, 16—17 лет, те же стражники привели обратно на базар и освободили. Обрадованная публика окружила их и совершенно инстинктивно вдруг громко захохотала. Хохотали и сами освобожденные. В чем дело, что случилось? Случилось вот что: обоих молодых привели в канцелярию пристава, где их посадили порознь и подле каждого пристав посадил по два стражника. Потом вызвал одного стражника с ножницами и когда тот появился, приказал остричь их обоих и предупредил, что в случае сопротивления он прикажет связать их и остричь связанными. Так остригли обоих, но остригли лишь наполовину: половина головы была покрыта густой шапкой волос, а другая — почти голая. Это и вызвало невольный хохот у всех, но сразу все опомнились и почувствовали большое оскорбление. Базарный день закончился, разошлись почти все, как опять показался пристав со своими стражниками, очевидно, чтобы удостовериться какое впечатление произвел его циничный акт. Известие о стрижке волос разнеслось по деревням и это вызвало всеобщее раздражение. Слухи об этом распространились и вне пределов Гурии. Этот глупый акт пристава слишком осложнил положение. В кругах революционеров это сочли насмешкой над революцией. С другой стороны, сельская молодежь приняла это за личное оскорбление и готовилась отомстить, что могло иметь печальные последствия. Поэтому представилось необходимым так или иначе на этот поступок пристава как-то реагировать нам по мере возможности, если не хотели, чтобы сама молодежь взялась за это. Когда этот вопрос был поставлен в комитете, все были за то, чтобы поступок пристава не был оставлен без ответа, но решить — как и когда — было предоставлено председателю комитета.

О поступке Мекиашвили стало известно и его начальству, но его не только не наказали, но, как передавали, начальство было очень довольно и даже одобряло его. Возможно, что это была правда, так как после этого он стал еще более грубым и безудержным. У него на службе был один самый свирепый стражник, дагестанец, который в преследовании революционеров и в оскорблениях и разгромах их семейств не знал пределов. Решено было убить его. Но надо было убить вне пределов Ланчхуты. Были приняты для этого все меры. В один день Мекиашвили послал своих стражников в одну деревню для ареста одного молодого социал-демократа, крестьянина. Последний дома не оказался. Стражники обыскали весь его дом настолько зверски, что поломали все и когда жена крестьянина заметила, что так нельзя обращаться с трудом приобретенными вещами, этот стражник ей дал такую пощечину, что женщина упала без чувств. Это моментально стало известно и члены местной организации решили отомстить, и когда после обеда стражник подвыпивши возвращался обратно, в пути его убили. Сопровождавшие его стражники бросили его труп и поскакали в город доложить приставу об убийстве. Обозленный Мекиашвили собрал через стражников всех жителей Ланчхуты, мужчин и женщин, и погнал их всех на место, где было совершено убийство. Это было приблизительно в четырех километрах от Ланчхуты. Сам пристав и его стражники верхом, а народ, среди которых было много стариков, погнали пешком. Когда они подошли к месту убийства, пристав приказал женщинам оплакивать убитого по грузинским обычаям. Одна женщина подошла к убитому и стала оплакивать такими словами: «Брат руссо, брат руссо, как плакать, если не хочу» (вольный перевод: руссо — значит русский). Кто услышал эти слова, громко рассмеялся. Слова этой старой женщины потом стали очень популярны во всей Гурии. Они попали даже в нелегальную прессу и их можно было слышать в некоторых местах России, в особенности в ссылке, под заглавием: как оплакивают грузинские женщины убитых стражников. Убитого стражника, в сопровождении такого наряда, привезли в Ланчхуты. На второй день сам пристав в сопровождении стражников поехал в то село, где был убит стражник. Он созвал сход крестьян и потребовал выдачи убийц. Крестьяне заявили, что стражника убили не здесь, потому они не могут знать, что произошло где-то по дороге, вне их села. Это вызвало насмешку со стороны пристава и он еще раз повторил свои требования, дав на размышление полчаса. И когда крестьяне и на этот раз повторили то же самое, пристав по своему усмотрению арестовал 20 человек и погнал их пешком за 22 версты в Озургетскую тюрьму. Гурийский комитет о действиях пристава Мекиашвили, и в частности о том, как он погнал население для оплакивания убитого стражника, выпустил специальную прокламацию, в которой предупреждал пристава и предлагал положить конец его «хулиганским мерам». Результатом этой прокламации было то, что прямое начальство пристава щедро наградило его за «усердную службу», а число стражников увеличило вдвое. Ободренный всем этим Мекиашвили еще более усилил борьбу против революционеров.

Лично из нас он никого не знал. Иметь доносчиков из местных жителей было очень затруднительно, так как мы систематически предупреждали всех, что не пощадим лиц, замеченных в шпионстве, и все знали, что такое ремесло им будет очень дорого стоить. Правда, Мекиашвили арестовывал многих, но это лишь по своему усмотрению. Среди арестованных не было ни одного более или менее заметного ответственного лица. Конечно, он знал, имена и фамилии всех нас, но, кто из нас где находится и как выглядит, он не знал, несмотря на то, что все мы были там же и по обыкновению продолжали нашу революционную деятельность. Когда Мекиашвили окончательно убедился, что через шпионов не сумеет захватить революционеров, он стал на тот путь, до которого не додумался ни один до него полицейский.

В то время существовал закон, который давал обществу право выселить из своего общества то или иное лицо за «дурное поведение». Но для этого требовался особый приговор. После такого приговора администрация обязана была отмеченное в приговоре лицо выселить туда, куда она находила нужным. Понятие «дурное поведение» включало в себя — убийство, разбой, воровство и другие подобные дела уголовного характера. Поэтому принять высланных таким приговором отказывались все другие общества. Тогда их всех стали ссылать в Сибирь. К этому добавлялось также то, что высланным по таким приговорам не оказывалось никакого вспомоществования, тогда как высланным по политическим делам полагалось ежемесячное вспомоществование на все время ссылки: ссыльным княжеского и дворянского происхождения — шесть рублей в месяц, а крестьянам — три рубля. Высланным по приговору местные жители отказывали даже в жилище и было много случаев, когда высланные таким образом со своими семьями оставались без крова в непривычные морозы и погибали.

Приставу Мекиашвили пришла в голову преступная мысль использовать этот закон против нас. С этой целью он созвал сход Ланчхутского общества и потребовал от него составления приговора о выселении из Ланчхутского общества 27-ми человек. Не знаю, кто ему помогал, но ясно видно было, что помогало знающее лицо, так как в список попали почти все видные главари движения нашего района. А во главе списка стоял Н. Жордания. В списке был и я. Это произошло так неожиданно, что никто из нас не предвидел ничего подобного и поэтому никто из нас не был к этому подготовлен. Не могли даже представить себе, что нечто подобное вообще станет возможным. Помимо всего прочего такой приговор был совершенно беззаконен, так как в списке было много лиц дворянского происхождения, которых крестьянское собрание не имело права выселять, были и такие, которые не были коренными жителями этого селения. Но, как это было видно, для пристава такое явное нарушение закона не составляло особых затруднений. Сход собрался в 10 часов утра, уже вечерело, а приговора еще не было. Пристав обозлился, заявил сходу, что не отпустит их пока они не подпишут приговора. Крестьяне указывали приставу, что они не имеют права составить такой приговор, но пристав не принимал никаких объяснений. Уже стемнело. Пристав приказал стражникам оцепить сход, не выпускать никого из круга и сам пошел домой спать, приказав разбудить его в случае, если сход изъявит согласие подписать ранее уже заготовленный приговор. Оцепленный стражниками сход остался во дворе канцелярии пристава, ничего с утра не евши. Поздно вечером, осведомившись о случившемся, жены и сыновья доставили из дому готовый ужин и один из семьи обязательно оставался всю ночь под открытым небом, вблизи того места, где были оцеплены главы семейств.

На второй день, утром, господин пристав, выспавшись и хорошо позавтракав, явился к сходу, но теперь он застал совсем иную картину, чем накануне. Если вчера крестьяне охотно разговаривали с ним и доказывали беззаконность такого приговора, то сегодня грозно заявили, что они никакого приговора не составят и, не желая больше говорить, прекратили отвечать на его вопросы. Пристав делал попытки заговорить с ними, но напрасно. Никто не захотел с ним разговаривать. Пристав накричал на них еще раз и, пригрозив, что они останутся здесь пока не образумятся, удалился домой, приказав доложить ему, когда они дадут согласие на подписание приговора. Мы, все ответственные работники района, были здесь по близости. Вначале мы не думали, что дело может принять такой серьезный оборот. Но когда накануне столько народа оставили ночевать здесь, под открытым небом, сегодня же — такая же угроза не оставляла сомнения, что этот сумасшедший пристав может натворить Бог знает что. Ясно также было и то, что совершить с таким упорством такое беззаконие он мог только при поддержке кого-либо выше его стоящего. Наконец, и народ мог потерять терпение. Очень возможно, что пристав добивался этого, чтобы «научить их уму-разуму», как любили тогда выражаться «самодуры» полицейские.

Не желая брать на себя всю ответственность, я вызвал председателя комитета и всех ответственных работников ближайших районов. В то же время послал надежных товарищей в Батум и Кутаис осведомить их о происходящем у нас. Первым же поездом из Батума и Кутаиса приехали товарищи на подмогу нам, приехал и наш председатель. Вызвали из ближайших сел членов партии и поручили им помочь семьям в доставке обеда и ужина сходу. Сход держал себя образцово. Никакого колебания, все стояли на своем. Самое интересное было то, что когда члены семейств доставляли им из дому обед, они ободряли их, убеждая не подписывать и оставаться здесь пока не устанут, а устанут — обещали их заменить. Это говорили жены и матери и это было настолько трогательно, что безусловно очень воодушевляло всех. Со сходом мы имели постоянную связь и через эту связь они сообщали, что они составили там комиссию из трех лиц, которой поручили общее руководство и сообщили нам имена и фамилии их. На нашем совещании, на котором присутствовали и приезжие товарищи из Батума и Кутаиса, обсуждалось создавшееся положение. Было несколько предложений, среди коих — подписать приговор. Это предложение защищал и я. Дело в том, что приговор фактически остался бы без последствий, так как мы имели возможность взять его в пути, в то время, когда его отправят в уездное управление. В то же время это освобождало и сход, которому этот сумасшедший пристав мог устроить какую-либо провокацию. По существу против этого предложения никто не протестовал, но находили его неприемлемым по чисто психологическому мотиву — такое решение могли бы объяснить как победу реакции и оно могло бы стать вредным прецедентом в будущем. После долгих прений было постановлено предложить сходу подписать приговор. Наше постановление ночью же сообщили «комиссии схода», но «комиссия» категорически отказалась принять его. Она не нашла даже нужным ознакомить с ним других и вернула обратно. В своем ответе она сообщала, что дать такой совет, — значит унизить народ и потому она отказывается сообщить это сходу. «Но если вы настаиваете, сами можете сообщить от себя». Ответ комиссии слишком озадачил нас, но мы решили не настаивать и ждать, что будет дальше. На третий день повторилось то же самое — ни сход не изъявил согласия подписать приговор, ни пристав не изменил своего требования.

В деревнях нервность переходила в волнение. Три дня и три ночи 600 человек под открытым небом, во дворе канцелярии пристава, которым из дому доставляли обеды и ужины, оцеплены стражниками — и не к кому обратиться. Такое положение на самом деле могло вызвать нежелательные эксцессы и мы нашли нужным на четвертый день повторить комиссии наше предложение о подписании приговора, категорически предложив ей исполнить его. «Комиссия» сообщила, что не разделяет его, но подчиняется.

Сообщили приставу, что сход решил подписать приговор. Пристав сейчас же явился, принес готовый приговор и его начали подписывать. Кто подписал, сейчас же уходил домой. Подписка закончилась поздно вечером. Приговор был составлен и народ разошелся по домам. Поскольку народ стыдился и был обеспокоен этим актом, постольку был доволен пристав Мекиашвили.

Через три дня от одного служащего в канцелярии пристава я узнал, что приговор со всеми разъяснениями уже готов и что в такой то час он будет сдан на почту для отправки в уездное управление, сообщил также номер пакета, в котором находился приговор. В нужное время я зашел на почту, вызвал чиновника, который заведывал отправкой почты и попросил его выдать мне пакет за таким-то номером. Чиновник выдал сейчас же, а сам заготовил все пакеты, как обычно, для передачи почтальону на поезде, который доставлял его до станции Натенеби, а там передавал почтальону из Озургеты. Таким образом формально все было в порядке, но на самом деле недоставало одного пакета.

Согласно закону, такой приговор уездный начальник со своим заключением препровождал губернатору, а тот — на окончательное заключение пересылал в канцелярию наместника. Эта процедура требовала много времени, поэтому наверное пристав не спешил навести справки и осведомиться о судьбе приговора. А за это время во всем Закавказье, а в частности в Грузии, имели место такие революционные выступления, что о приговоре никому не приходилось думать. Зато эти выступления ускорили приведение в исполнение постановления комитета об убийстве пристава Мекиашвили. И раз, когда он возвращался из одной деревни в Ланчхуты, в пути наши террористы произвели на него нападение. Произошло недоразумение. Террористы лично не знали пристава и вместо него убили стражника, которого приняли за пристава. Пристав при переездах переодевался в костюм стражника и ошибка произошла из-за того. После этого его озлоблению против революционеров не было предела. К счастью, очень скоро после этого он был предан суду его старым начальником за растрату казенных денег. И так как он формально был предан суду, то до разбора дела он уже не мог оставаться на государственной службе. Поэтому его сместили, хотя жалование ему полностью выплачивалось до суда. Он сейчас же уехал из Гурии и, боясь мести, с большой осторожностью проживал, как выяснилось потом, в Кутаисе. Состоялся суд, который приговорил его к тюремному заключению на полтора года. Его посадили в кутаисскую тюрьму, где сидело много политических из Гурии. И когда он почти окончил срок своего наказания, за два дня до освобождения он был убит одним каторжанином. Так закончил свою жизнь этот преступный представитель власти. О составленном им диком приговоре никто никогда не вспоминал и таковой на память о приставе Мекиашвили преспокойно лежит в архивах гурийского комитета.

Для характеристики той эпохи я хотел бы рассказать еще об одном эпизоде. Эпизод простой, но очень характерный для понимания «духа времени».

По соседству с моим районом было, и сейчас существует, довольно большое общество под названием «Акеты». Это общество было тем известно еще задолго до начала революционного движения, что здесь была основана «Гурийская центральная библиотека». Эта библиотека обслуживала всю Гурию. Каждое гурийское село могло получать из этой библиотеки книги для своих читателей и потом обменять их на новые. Такой библиотеки в то время не было нигде во всей Грузии. Библиотека эта была учреждена передовыми людьми того времени. Это были не раз упомянутые мною учитель Цитлидзе и его друзья: Л. Цуладзе и учитель И. Рамишвили (потом член 1-ой Государственной думы). Цитлидзе и Цуладзе были жители этого общества, а Рамишвили, тоже житель Гурии, но другой деревни, под названием Суреби. Помимо библиотеки общество Акеты было известно тем, что в этом обществе, опять-таки задолго до начала революционного движения, Цитлидзе променял должность учителя на должность сельского старшины, хотя как учитель он получал довольно большое жалование по тогдашним временам, а должность старшины была бесплатная. Теперь в этом обществе старшиной был малограмотный крестьянин по имени Павел, а по фамилии Тохадзе, но его знали под кличкой «старшина Павел». Он был хороший певец и произносил прекрасные речи за столом. До избрания старшиной его часто приглашали в качестве тамады (шеф стола) и своим пением и речами он доставлял большое удовольствие всем. Тохадзе знал, что он состоит старшиной в том обществе, где до него был старшиной Цитлидзе и, надо отдать ему справедливость, несмотря на свою малограмотность, старался быть его достойным преемником. Этим он заслужил всеобщее уважение и его переизбирали много раз. При его старшинстве движение в Гурии очень разрослось и усилилось. Уездная администрация строго требовала от всех старшин, в том числе и от старшины Павла, принятия крутых мер против революционеров. Но старшина Павел ухитрялся действовать так, что и революционеров не преследовал и администрация не сомневалась в его преданности. Требования правительства, как правило, увеличивались всегда при наступлении реакции. В эти периоды обязывали всех старшин арестовывать всех, кто так или иначе был причастен к революционному движению. Особенно тех, кто проживал в обществе нелегально. Согласно этому старшина Павел часто созывал сход и на сходе предупреждал всех быть осторожными и не давать в своих домах приют противникам государя императора и, если кто-либо из нелегальных появится в этом обществе, немедленно известить его. А по адресу революционеров каждый раз повторял: «У меня везде и всюду расставлены наблюдатели и если кто-нибудь из них осмелится хотя бы даже проездом остановиться хотя на несколько часов у нас, он будет схвачен и передан уездному начальнику. Я им покажу, как выступать против государя. Меня для того выбрало общество, чтобы охранять. Пусть знают все: пока я состою старшиной, в моем обществе никто из них не смеет появиться...» Так кричал он на сходе, тогда как именно в его обществе, в разных уголках, проживало не менее ста нелегальных, разыскиваемых полицией. И среди них и такие важные как К. Чхеидзе из Батума, Ар. Цитлидзе и многие другие. Находился здесь большей частью и я. Когда он так кричал на сходе и произносил такие речи, то вечером, среди тех, кому он угрожал арестом, бывал тамадой (шеф стола) и своими прекрасными песнями услаждал всех до поздней ночи.

Среди скрываемых в его обществе были многие из других уездов. Был среди них один сельский учитель. Раз утром в дом, где проживал этот учитель, пришел старшина Павел и стал строго расспрашивать — где тот человек, который скрывается у него. Хозяин отказывался, заявляя, что у него никого нет. Павел ушел, заявив, что он придет еще раз и чтобы учитель ждал его дома. Когда хозяин сообщил об этом визите учителю, тот побежал к Цитлидзе, рассказал обо всем и просил переправить его в какую-нибудь другую деревню. Цитлидзе стал его успокаивать, что никакой опасности для него от этого не ожидает. Но он все же настаивал на переводе его в другую деревню. Чтобы он успокоился, Цитлидзе оставил его у себя, обещая переговорить со старшиной Павлом. Павел в тот же вечер появился в доме Цитлидзе по другому делу. Когда он пришел, учитель как раз там и был. Цитлидзе познакомил их. Старшина Павел заявил, что он очень рад видеть его здесь, ибо это избавляет его от необходимости придти к нему на дом. Цитлидзе спросил старшину, в чем дело, зачем учитель ему нужен. Старшина Павел ответил: «Как зачем? Мне сказали, что он учитель, а у меня в школе вот уже два месяца не достает одного учителя. Пусть идет к нам. Это и для нас хорошо и для него — он будет получать жалование, а дети — грамоте обучаться. Разве это не хорошо?» Учителю это показалось настоящей провокацией в отношении его. Он не знал старшину Павла и подумал, что его под этим предлогом хотят выдать полиции и теперь еще больше испугался. Школа была вблизи сельской канцелярии, куда часто наезжала всевозможная полиция. С большим трудом удалось нам всем убедить его в том, что никакая опасность ему не угрожает и мы просили его принять предложение старшины. Он согласился и начал преподавать. И этот разыскиваемый полицией человек преспокойно обучал грамоте в акетской школе детей, а старшина Павел в конце каждого месяца лично доставлял ему жалование, отбирая у него расписку в получении денег, подписанную чужой фамилией. Так провел этот учитель целый год — и скрывался и жалование получал.

Чтобы обмануть бдительность полиции, выдумкам старшины Павла не было пределов. Один раз в одном уголке его общества было наше собрание. Когда такие собрания бывали, старшина Павел всегда бывал поблизости. Собрания всегда охранялись нашими наблюдателями в разных местах. Собрание не было еще открыто, прибежал один из наблюдателей и сообщил, что со стороны Ланчхуты показались стражники. Собрание разойтись не успело, а на нем было много вооружённых лиц, которые безусловно не позволили бы стражникам арестовать кого-либо. Положение спас сам старшина Павел. Он приказал, чтобы все остались на местах и не расходились без его разрешения. Он поднялся сейчас же на трибуну и начал кричать: «Кто должен исправить вам дорогу? Или вы хотите, чтобы я исправлял? Или хотите, чтобы исправляло правительство? Но у нашего правительства и без нашей дороги много дел своих. Дорога нужна вам и вы должны ее исправить. И если не исправите — всех вас отправлю к приставу и будете разговаривать с ним. Где это видано: не исправлять дорогу и утопать в грязи? Теперь идите домой, но чтобы завтра с утра все явились на работу, я сам обойду и проверю. Кто не окажется на работе, всех арестую», — закончил он сердито.

Стражники уже подъехали и, не слезая с лошадей, слушали его речь; хотя и не понимали, о чем он говорит, но по тону решили, что старшина Павел был очень сердит. Он видел стражников, но пока не кончил свою речь, не сошел с трибуны. А когда сошел, — пришел к ним, поздоровался и раздраженным голосом, с досадой сказал: «Не знаю что делать, никто не хочет работать, а тонем в грязи», — и со стражниками вместе направился к сельскому управлению. Собрание спокойно разошлось. Все кончилось благополучно благодаря находчивости старшины Павла. А вечером наш старшина Павел в доме Ар. Цитлидзе, окруженный группой нелегальных, распевал народные песни за хорошим ужином.

У уездного начальника старшина Павел считался примерным старшиной, поэтому в его обществе ни разу казаки не произвели «экзекуции», в уверенности, что в его обществе нет ни одного разыскиваемого. Такой тактикой и находчивостью старшина Павел много раз спасал свое общество от разных наказаний. Но сам чуть было не погиб. Его поведение и речи на сельских сходах против революционеров в дальних деревнях создали ему репутацию отчаянного реакционера и на этой почве несколько вооруженных лиц устроили ему засаду и, когда он шел в свою сельскую канцелярию, открыли по нему огонь. К счастью ни убит, ни ранен он не был. Наши организации сейчас же приняли меры к обнаружению виновных и к тому, чтобы подобное более не повторялось. После такого нашего вмешательства, стреляющие сами явились и рассказали, почему они стреляли. Они оказались из дальних деревень, где старшину Павла считали, оказывается, самым беспощадным преследователем революционеров. И когда они познакомились с действительностью, очень были обеспокоены, явились к старшине Павлу и просили прощения. Он их простил и дал наставление, чтобы без ведома ответственных организаций не делать подобных глупостей. Гурийский социал-демократический комитет в свою очередь объявил им, что если нечто подобное повторится, комитет примет меры против них. И они хорошо знали, что означали меры комитета. После этого ничего подобного никогда больше не повторялось. К сожалению, такие самовольные акты всегда сопровождают нелегальную работу и искоренение таковых становится невозможным. Старшина Павел совершенно случайно избежал смерти, а уездная администрация еще более убедилась в его верности, что еще более гарантировало нашу безопасность в его обществе. Старшина Павел сам назначал места нелегальным для проживания в его обществе. В этих местах у него был свой человек, которому он доверял и которому поручено было оказывать всевозможные услуги лицам, которые скрывались в разных местах. Через своих доверенных старшина Павел осведомлял нелегальных о приезде пристава или уездного начальника и в эти дни все нелегальные должны были оставить его общину до тех пор, пока не уедут власти. Благодаря таким мерам в общине старшины Павла не был арестован ни один нелегальный, хотя их было в его обществе несколько десятков.

Здесь же скрывался, как я указал выше, и Цитлидзе, который после революции 1905 года вынужден был жить нелегально по делу «Сенакской республики». Здесь же был и бежавший из Батума Карл Чхеидзе (известный впоследствии депутат Государственной думы), который жил с Цитлидзе вместе в его доме. Эти двое всех нас раздражали своей леностью. Что бы ни случилось, они ни за что не шли ночевать в лес, они могли отказаться от пищи, но ни за что не ложились спать в нетопленной комнате. Когда старшина Павел приходил в дом Цитлидзе и садились за стол ужинать — до утра и не думали вставать. Никаких мер на случай нападения полиции не принимали и не думали об этом. Особенно беспечным был Чхеидзе. Он долго скрывался у нас. Он знал, что его ищут везде и повсюду. Знал все это, но жил совершенно беспечно. Когда приходилось из одного села его переводить в другое село, утром приводили ему лошадь, указывали дорогу, давали адрес, где он должен остановиться и где заранее все было приготовлено, и просили, чтобы он встал рано утром в этот день, так как это необходимо было из-за боязни не наткнуться, путешествуя позже, на патрули, которые шныряли по всем главным дорогам. Он обещал, но вставал по обыкновению поздно, потом спокойно завтракал и, как будто собираясь в увеселительную поездку, отправлялся в путь. У него карманы всегда были полны книгами и газетами, которыми он зачитывался, а лошадь шла, куда хотела. Сколько раз бывало, что он вместо одной деревни приезжал в другую. Хорошо еще, что он ни разу не наткнулся на случайный патруль или на стражников, которые почти каждый день бывали то в той, то в другой деревне с разными предписаниями. Поблизости Акеты все знали такую его привычку и иногда встречные крестьяне останавливали его и спрашивали, куда едет и, если выяснялось, что он не на той дороге, указывали верную дорогу. Был даже такой курьезный случай: мы отправили его в деревню поблизости, где он должен был прочесть лекцию по политической экономии. Он, по обыкновению, в дороге начал читать газеты, спутал дорогу и вернулся обратно, только с другой стороны. И когда мы указывали ему, что нельзя так поступать, он, улыбаясь, говорил: «Это ваша вина. Надо дать более умную лошадь. А то, что это за лошадь! Я говорю ей ехать сюда, а она едет, куда сама хочет, не спрашивая даже меня, хочу ли я туда ехать». Потом решено было, что его непременно должен сопровождать кто-либо в его поездках. Но что касается вставания рано утром, то с этим ничего нельзя было сделать. Это продолжалось все время, пока он жил с нами. А это «пока» продолжалось почти шесть месяцев. Когда реакция ослабела, мы отвезли его в сопровождении надежных лиц в Батум.

В деревне Акеты проживала еще одна интересная личность. Это был Л. Цуладзе, большой личный друг Цитлидзе, разделявший его мировоззрение, один из инициаторов его избрания старшиной и сотоварищ по учреждению «гурийской центральной библиотеки». Отец его был священником в том же селе. Этот священник считался образованным человеком по священному писанию. Сам Л. Цуладзе был еще более образованным и считался одним из лучших знатоков грузинского языка. Он был журналистом. Его фельетоны в ежедневной газете «Иверия» появлялись почти каждое воскресенье. Хотя они были подписаны псевдонимом «Вермицанашвили» (что в переводе на русский язык значит «неузнаваемый»), но все знали, кто скрывался под этим псевдонимом. В это время писать в газете считалось большим достижением и благодаря этому Цуладзе был известен. В это же время и в той же газете «Иверия» печатался и Цитлидзе под псевдонимом «Шубнели» (название села, где он проживал), но писал он редко и главным образом по педагогическим вопросам. А Цуладзе писал все время на злободневные темы. Цуладзе служил вне своего села Акеты, в г. Поти. И когда Цитлидзе согласился стать старшиной, Цуладзе оставил Поти, приехал в свою деревню Акеты и стал священником на месте своего отца. Оба эти случая тогдашнее общество восприняло как нечто необыкновенное. Один променял учительство на должность сельского старшины, а другой — хорошо оплачиваемую службу в городе на службу в церкви, где все равно служил его отец. Я не имел возможности выяснить, но говорили, что для них имел решающее значение известный в то время лозунг русских народников — «хождение в народ». К сожалению, в грузинской исторической литературе пока еще не изучена эта эпоха и еще не достаточно хорошо известно, какое влияние имело это идейное направление русских революционеров тогдашнего времени на грузинских интеллигентов. Но согласно некоторым материалам можно утверждать, что и Цитлидзе (старшина) и Цуладзе (священник) находились под сильным влиянием русских народников. Надо отметить и то, что нигде в Грузии, ни в одном ее уголке не имело место что-либо подобное. Этот священник Цуладзе потом оказывал всякое содействие революционерам. Он был ярым антикоммунистом и вел борьбу против них везде и всюду. Зато, когда Грузия была завоевана коммунистическими войсками, коммунисты отплатили ему. Сначала отобрали у него все, что он имел, потом арестовали и посадили в Озургетскую тюрьму. Не удовлетворились и этим, и когда освободили из тюрьмы и он собирал в лесу дрова для своей семьи, напали на него и тут же изрубили топорами.

Л. Цуладзе очень любил острить и это ему удавалось очень хорошо. В один вечер, когда он сидел с нами у Цитлидзе, с присущей ему иронией он рассказал следующее: вчера к старшине Павлу в его канцелярию пришла вдова такая-то (забыл фамилию) с жалобой на своего соседа (была названа и его фамилия). «Каждый вечер, — жаловалась вдова, — сосед этот приходит к моим дверям, стучит и покоя не дает», и просила о помощи. Старшина Павел спрашивает вдову: «А что он говорит, когда стучит?» Вдова отвечает: «Говорит, что он меня любит и просит отворить дверь». Старшина говорит: «Открой дверь и пусти, а то, что мне делать? Арестовать человека за то, что он любит, я не могу, такого и закона нет». «Но я этого не могу»,— ответила вдова. «А если ты не можешь, я совсем не могу. Иди домой и следи за семьей. Из-за таких пустяков нечего меня беспокоить». И это было рассказано так юмористически, что вызвало общий хохот. В это время зашел сам старшина Павел и все мы набросились на него с вопросом — было ли на самом деле нечто подобное, или нет? Он сейчас же понял, что пошутил по его адресу священник Цуладзе и, когда ему передали рассказ священника, смеялся сам не меньше нас. Накрыли стол, выбрали его томадой и началось веселье. Рассказ о вдове стал известным и в одном селе, в Хидистави, и он вызвал большой спор и местные товарищи потребовали устроить над старшиной суд. Суд, по их мнению, должен был выяснить, имел ли старшина Павел право отказать вдове в покровительстве по мотивам объяснения в любви. И так как дело это касалось акетского старшины, где проживали и Чхеидзе, и Цитлидзе, и Цуладзе и многие другие, — приезжие из Хидистави товарищи просили устроить такой суд здесь же, в Акеты. Чхеидзе, Цитлидзе и Цуладзе были против такого суда и называли его «глупостью». Но мы, молодежь, были за создание такого суда. Тогда товарищ из Хидистави заявил, что они хотели устроить такой суд с участием старших товарищей, чтобы он был более авторитетным. «Но если вы отказываетесь — мы устроим без вашего согласия». Под влиянием ли такого заявления, или по другим мотивам, все старшие изъявили свое согласие принять участие, если только суд состоится здесь, в Акеты. Решено было, что все, кто пожелает, могут быть по своему желанию защитниками или обвинителями. Защитников было много, но обвинителей, думали мы, будет трудно найти. И все мы были очень удивлены, когда и Чхеидзе, и Цуладзе, и Цитлидзе заявили, что все трое выступят в качестве обвинителей. В воцарившейся реакции, когда поле деятельности так сузилось, составление такого суда было воспринято всеми нами как нечто очень важное и мы стали серьезно к нему готовиться. Заготовляли речи, призывая на помощь всех великих писателей и поэтов.

Основная теза для нашей речи была защита любви. Это было бы не так трудно, но что могли сказать обвинители? Могли осудить любовь. Очень интересовались этим, но никак не могли узнать. Устройство суда, выбор места и времени поручили мне с еще одним товарищем. Суд вызвал огромный интерес среди членов партии и многие изъявили желание присутствовать. Удовлетворить желание всех, по полицейским условиям, было невозможно, но больше 100 человек все же присутствовало. Я и мой товарищ выбрали местом для суда полянку в лесу, там же, вблизи деревни Акеты и составили суд присяжных из 12 человек, на половину из женщин. Было предложение составить суд исключительно из женщин, но сами женщины категорически отказались принять участие в таком суде, мотивируя свой отказ тем, что это дело они считают специфически женским делом. Попросили Чхеидзе, чтобы он поговорил с «обвиняемым» старшиной Павлом, чтобы он принял участие в суде над ним. Чхеидзе согласился поговорить с ним и потом передавал, что старшина Павел сказал ему: «Я уверен, что вы не предложите что-нибудь нехорошее и раз вы находите нужным устроить такой суд — я буду, конечно, защищаться». Теперь все уже было готово. Оставалось только назначить время и это время было выбрано в согласии со старшиной Павлом.

В назначенный день, при прекрасной солнечной погоде, в тени сосновых деревьев, в десять часов утра Цитлидзе, как старший из всех, открыл первый суд присяжных по всей Грузии. Открывая заседание, Цитлидзе отметил, что суд, который открывает он, есть прототип суда будущего и выразил пожелание, чтобы такой суд открывался не так нелегально, как сегодня, а как легальное учреждение по всей Грузии.

Первое слово было предоставлено Н. Чхеидзе, как обвинителю. Я не могу здесь привести содержание всех речей, отмечу только пункт обвинения и тезу защиты. Основное положение речи Чхеидзе (и всех обвинителей) было — долг или любовь? Чему надо предоставить приоритет? Когда старшина по мотивам любви, говорили они, отказывал бедной женщине в защите, он этим отказался исполнить свой долг. Исполнить свой долг по отношению к народу — это первая обязанность всех, кто призван для этого. Все остальное должно быть подчинено этой святой обязанности — защищать нуждающихся в защите. Долг прежде всего и раньше всего — закончил он свою блестящую речь. Речи всех обвинителей и по форме, и по содержанию были очень интересные. Защитников было много. В числе их был и я. Для нас основное было — любовь. «Любви все возрасты покорны», говорится по-русски. Мы переделали это так: «любви все должности покорны». Поэтому приоритет всегда и везде принадлежит любви. Призвали на помощь много известных авторитетов, но надо признать, что наши речи производили куда меньше впечатления, чем обвинителей. Старшина Павел присутствовал с самого начала до конца суда и, когда ему предоставили последнее слово, как «обвиняемому», он заявил:

— Я, господа судьи, человек малограмотный. Я не могу произносить такие речи как вы. Но одно знаю очень хорошо. И это одно то, что поэты всего мира воспевают любовь, а кто такой старшина Павел, который отказывается, и из-за проявления любви должен сажать в «кутузку» (сельская тюрьма. Г. У.) соседа крестьянина? До сих пор я так понимал свой долг, что я должен карать виновных, а в проявлении чувства любви я не вижу никакого преступления. И, если несмотря на это, вы признаете меня виновным, я буду считать, что вы осудили со мной вместе поэтов всего мира и я буду в хорошей компании. Больше я ничего не могу сказать в свое оправдание.

Уже вечерело, когда суд вынес свой приговор: суд единогласно признал старшину Павла виновным. Решение суда вызвало настолько большое неудовольствие, что чуть было не устроили суд над присяжными. Старшина Павел стал получать много и ободряющих писем с разных мест. Он сам вначале был очень обескуражен приговором, но потом примирился и шутя говорил: «еще хорошо, что в Сибирь не сослали».

Современному читателю все это покажется смешным, но тогда для нас это было настолько важным, настолько возвышенным, что я и сейчас вспоминаю об этом с умилением.

6

РАСКОЛ РСДРП И ГРУЗИНСКАЯ СОЦИАЛ-ДЕМОКРАТИЯ. СТОКГОЛЬМСКИЙ СЪЕЗД. ПЕРВАЯ ГОСУДАРСТВЕННАЯ ДУМА

Я уже говорил выше, что Жордания приехал в Грузию в январе 1905 года. Приехал, конечно, нелегально. Его никто не ждал и никто не был осведомлен об этом. За несколько недель до его приезда в Тифлис приехал товарищ из центра и, как передавали, сделал доклад о расколе в партии. Передавали вкратце и содержание его доклада. Нас слишком раздражало, что «союзный комитет» и сейчас не нашел нужным осведомить обо всем подробно местные организации, хотя сам даже вынес резолюцию по этому поводу. Поэтому, как только мы в Гурии узнали о приезде Жордания, сейчас же отправили в Тифлис одного члена комитета пригласить Жордания сделать нам доклад о положении дел в партии, а в частности о расколе на Лондонском съезде. Жордания обещал приехать, но только после того как он побывает в Батуме.

Еще до приезда Жордания произошел острый конфликт между тифлисским комитетом и «союзным комитетом». Отношения между тифлисским комитетом и «союзным комитетом» настолько обострились, что «союзный комитет» счел нужным распустить тифлисский комитет и предложил ему сдать все имущество комитета новому составу. Для ответа на это предписание тифлисский комитет созвал расширенное собрание, на котором присутствовали и представители всех районов. Как раз за несколько дней до этого собрания приехал Жордания и он был приглашен на собрание с просьбой сделать доклад. Жордания согласился и сделал подробный доклад как о положении дела в партии вообще, так и о расколе на съезде. Исходя из основных положений своего доклада, Жордания заявил, что «союзный комитет» не имеет никакого права смещать выборный комитет, а тем более назначать от себя, ибо это означает упразднить демократический способ устройства организации, что так ревниво защищал на съезде Ленин. Это и вызвало, главным образом, раскол. «Как видно, наш «союзный комитет» разделяет всецело точку зрения Ленина, но об этом он ни разу не заявил», — закончил он свою речь.

После доклада произошел обмен мнений и была принята резолюция, которая строго осуждала постановления «союзного комитета» о роспуске тифлисского комитета и заявляла, что тифлисский комитет избран тифлисскими рабочими и только они имеют право его распустить. Поэтому тифлисский комитет и не распустит себя и никакого имущества не сдаст назначенному комитету. Это был первый открытый конфликт в связи с решениями лондонского съезда. «Союзный комитет» издал по этому поводу специальный листок, в котором объявлял старый комитет распущенным и призывал тифлисских рабочих сплотиться вокруг нового комитета. Этот листок «союзный комитет» разослал всем организациям. Получили и мы в Гурии. Началась фракционная борьба. Партийный лексикон обогатился двумя новыми словами: меньшевик — большевик. За это время сообщили из Тифлиса, что Жордания в такой-то день едет в Батум для доклада и чтобы условиться с нами относительно поездки в Гурию. Председатель комитета просил меня съездить в Батум, повидаться с Жордания и условиться о дне приезда, что я и исполнил. Жордания, в сопровождении известного революционера Трия (В. Мгиладзе), приехал из Батума в Нигоити и оттуда заехал домой в Ланчхуты повидаться с родителями и через несколько часов мы все уехали в центр Гурии, в село Хидистави, где его ждал гурийский комитет в полном составе.

Приезд Жордания в маленькое село было большим событием и оно стало известно всем, даже в соседних деревнях. Собралось столько народа, что он вынужден был выйти к ним и ответить на целый ряд вопросов. Вечером открылось заседание комитета и он сделал подробный доклад о работах лондонского съезда и его последствиях.

«Большевизм отрицает устройство организации на демократических началах. Этим он дает возможность безответственным лицам действовать от имени организации и это мы не должны позволить никому. Партийные органы должны выбираться членами партии, хозяином должна быть сама партия, а не какой-нибудь другой орган, как бы высоко он ни стоял» и т. д.

Мы ему показали листок, изданный «союзным комитетом» о роспуске тифлисского комитета. Оказалось, что он не видел этого листка и когда прочел, — сказал: «Орган, который выпустил этот листок, уже не может стоять во главе наших организаций и руководить ими». После доклада ему задали целый ряд вопросов, главным образом по аграрному вопросу и об отношении съезда и руководящих органов к крестьянскому движению. Он дал разъяснение об «отрезках», принятым съездом и когда ему рассказали, что мы их здесь, в Гурии, нигде не нашли, так как этих «отрезков» не существует, равно как и тех помещиков, у которых их надо было отобрать, он много смеялся и стал расспрашивать: «Неужели на самом деле, нигде не нашли?». На всей территории Гурии их, на самом деле, нигде не оказалось и мы заявили: «Выходит, что наше крестьянство в силу постановления съезда не получит ничего». Его ответ на это был такой: партия только что начинает свою организационную работу, у нее пока что еще много недостатков, но постепенно все уляжется и выпрямится. На будущем съезде аграрный вопрос наверное примет другое решение и т. д. Уже было за полночь, когда закончилось заседание и все разошлись спать.

Из Хидистави Жордания поехал в Кутаис. Он и здесь сделал доклад и на второй день выехал в Тифлис.

Из Тифлиса он уехал в Баку для доклада. После докладов Жордания все организации выносили резолюции в пользу платформы меньшевиков. Особенно резкую резолюцию вынесли мы, в Гурии, в которой заявляли, что если руководящие органы пожелают отнять право у нас самим выбирать свой комитет, как это произошло с тифлисским комитетом, мы сейчас же вышли бы из «союза» и стали бы работать самостоятельно. В продолжение одного месяца все закавказские организации, кроме Баку, стали на платформу меньшевиков. Эти резолюции ничего нового не провозглашали. Они воспроизводили только то, что существовало фактически. И здесь выяснилось, что мы все, оказывается, меньшевики. Надо подчеркнуть и то, что ни в одном из комитетов не оказалось ни одного, кто бы разделял взгляды большевиков. Только после, когда спор перешел в широкие партийные массы, кое-где оказались и такие, которые более склонялись к взглядам большевиков. Но никто из них не заявлял о выходе из организации, пока «союзный комитет» не начал активную борьбу против тех, кто выносил резолюции в пользу меньшевистской платформы. Несмотря на это, «союзный комитет» все еще продолжал считать себя руководителем закавказских организаций и выступать от их имени, но после этого оставить «союзный комитет» в таком составе было уже невозможно и по инициативе тифлисского комитета была основана конференция представителей закавказских организаций. На конференцию приехали делегаты всех организаций и все — меньшевики. Только из Баку приехал не представитель бакинской организации, а только ее меньшевистской части. На конференции больше всех делегатов имели мы, гурийская организация. Работа конференции продолжалась два дня. Она рассмотрела целый ряд вопросов и постановила выбрать общий руководящий орган и выбрала таковой под названием «Областной комитет закавказских организаций» из одиннадцати членов. Как самую конференцию, так и выбранный ею «областной комитет», «союзный комитет» объявил незаконными и призвал все организации не подчиняться распоряжениям «областного комитета». Борьба, возникшая на этой почве, так обострилась, что все, кто не признавал распоряжений «областного комитета» ушли из организации и стали создавать свои собственные. Произошел формальный раскол. Но число ушедших было так ничтожно, что положение в организациях ничуть не было поколеблено их уходом. Сам «союзный комитет» вскоре убедился, что после создания «областного комитета» его роль в смысле руководства организациями уже заканчивается, и сам ликвидировался добровольно. Иначе и не могло быть, так как за ним не было уже ни одной организации.

Нигде, на всей территории громадной российской империи, большевики не представляли такую ничтожную силу, как у нас, в Грузии. Ни на одном конгрессе, ни на одной конференции они не смогли собрать столько голосов, чтобы было достаточно для выбора хотя бы одного делегата.

На Стокгольмский конгресс Сталин приехал как «делегат» борчалинских татар, но и это не признала мандатная комиссия. И это в то время, когда на этом конгрессе меньшевики имели 10 мандатов — и все бесспорные. При таких условиях большевистским главарям ничего больше не оставалось, как покинуть Грузию. Они так и поступили.

«С 1905—1917 гг. — пишет в своих воспоминаниях старый большевик Каладзе, — Коба (Сталин) перебрался в Баку, Филипп (Махарадзе) в национальном вопросе стал космополитом, Миха (Цхакая) не мог вынести узость грузинских границ и на 10-12 лет совсем уехал из Грузии и поселился в Европе». («Рев. Матиане», № 3).

Все они действительно покинули Грузию, а те, которые остались, удовлетворялись «смотреть издалека». Чтобы убедиться в том, каким влиянием пользовались большевики в Грузии, достаточно познакомиться с теми цифрами, которые они получили на выборах во Всероссийское учредительное собрание. Эти выборы происходили после октябрьского переворота, когда во всей России хозяйничала большевистская партия и грузинская республика вовсе не существовала. Так что политическая ситуация настолько благоприятствовала им, что они могли надеяться на полную победу и на самом деле были уверены в победе. Они с большой энергией и с большими средствами повели избирательную кампанию. Выборы произошли в ноябре 1917 года. Ими руководила ответственная специальная комиссия, в состав которой, вместе с другими партиями, входили и большевики. Голоса, полученные разными партиями, публиковались в газетах каждый день. Мы, конечно, не можем привести здесь все эти цифры, но некоторые из них, для общего впечатления, все же приведу. После окончательного подсчета бесспорные голоса распределились между меньшевиками и большевиками так (я беру здесь нарочно разные районы как в деревнях, так и в городах):

Тифлис:
меньшевики   20.053 голоса
большевики   19.529   ”

(большинство этих голосов получено ими в частях русских войск, которых в то время было десятки тысяч в Тифлисе).

Тквибусский угольный район:
меньшевики   13.252 голоса
большевики   17   ”

Абашский район:
меньшевики   12.625 голоса
большевики   302   ”

Зугдидский уезд:
меньшевики   46.967 голоса
большевики   112   ”

Сачхерский район:
меньшевики   45.925 голоса
большевики   690   ”

Лечхумский район:
меньшевики   15.644 голоса
большевики   57   ”

Общее число по всей Кутаисской губернии:
меньшевики   340.797 голоса
большевики   5.195   ”

Восточная Грузия:

Тифлисский уезд:
меньшевики   21.053 голоса
большевики   312   ”

Цхинвальский район:
меньшевики   17.444 голоса
большевики   11   ”

Михайловский район:
меньшевики   11.416 голоса
большевики   44   ”

Ахалкалаки:
меньшевики   12.559 голоса
большевики   22   ”

Горийский район:
меньшевики   9.580 голоса
большевики   1   ”

Бакурианский район:
меньшевики   5.050 голоса
большевики   155   ”

Еще интереснее, если взять в отдельности деревни. В огромном большинстве они не получили ни одного голоса. Вот несколько примеров:

Гурианта:		А вот рабочий район:	
		Завод Алаверди:	
меньшевики	924 голоса	меньшевики	480 голоса
большевики	0 ”	большевики	130 ”
Сужа:		Чиатуры:	
меньшевики	4.543 голоса	меньшевики	519 голоса
большевики	1 ”	большевики	54 ”
Гамочинебули:		Железнодорожные рабочие:	
меньшевики	2.052 голоса	меньшевики	812 голоса
большевики	2 ”	большевики	53 ”
Молита:		Назаладева (Тифлис):	
меньшевики	1.836 голоса	меньшевики	798 голоса
большевики	2 ”	большевики	29 ”
и везде так.		и т. д. и т. д.	

Так что ни в городах, ни в деревнях большевики не имели никакого влияния. И вот эта незначительная группа имела претензию стать главарем страны и, так как знала хорошо, что своими силами не добиться этого, искала помощь на стороне и нашла ее в Кремле, в распоряжении которого находилось многочисленное войско, вооруженное до зубов.

Создание «областного комитета» повлекло формальный раскол. Но так как большевики хорошо знали, что своими ничтожными силами не могли вести никакую революционную работу, — первое время по крайней мере вели тактику объединения и принимали участие в публичных выступлениях и революционных демонстрациях вместе с нами. Такой их тактике способствовало то, что и в самой России началась агитация в пользу объединения. Этим объяснилось и то, что, когда правительство закрыло ежедневную газету меньшевиков «Схиви» («Луч») и на место ее мы стали издавать газету «Гантиади» («Рассвет»), они согласились войти в ее редакцию. И когда правительство и эту газету закрыло и на ее место стали издавать газету «Елва» («Молния»), они вошли и в редакцию этой газеты, так что обе эти газеты выходили под общей редакцией, хотя организационно существовали отдельно. Скоро и «Елва» («Молния») была закрыта и этими двумя газетами закончилась наша общая работа в прессе. После этого у нас ни общей организации, ни общей работы не было, так что в продолжении почти всего 1905 года обе фракции существовали отдельно и каждый из нас действовал самостоятельно. Ни в одном тактическом вопросе у нас не было согласия ни разу.

В августе 1905 года состоялась конференция закавказских организаций, которая по докладу Н. Жордания приняла постановление принять участие в выборах в Государственную думу. Местные большевики не имели еще своего определенного взгляда в отношении Государственной думы, а потому не так враждебно были настроены против нее, как это имело место потом. В сентябре в Тифлисе было получено воззвание большевистского центра о бойкоте Государственной думы. С этого момента начинается агитация за бойкот. Мы, меньшевики, как я говорил, еще в августе высказались за участие в выборах. Появился новый пункт разногласия и теперь началась борьба по поводу этого пункта. Наше положение осложнялось тем, что, к сожалению, к бойкоту примкнули и наши русские товарищи — меньшевики. Этим положением очень удачно пользовались большевики против нас, доказывая этим наш «оппортунизм».

Мы в Грузии с самого начала стояли за то, чтобы в революционных целях использовать все легальные возможности. А среди этих легальных возможностей Государственная дума имела самое большое значение. Для пропаганды наших идей ее трибуна была незаменима. Правда, Государственная дума не выражала интересов и стремлений народа, но участие в ней и через ее посредство политическое воспитание масс в существующем реакционном периоде имело огромное значение. К сожалению, обе фракции российской социал-демократической партии там, в России, отказались от участия в выборах и объявили бойкот. Несмотря на это, мы, закавказские организации, все же постановили принять участие и это наше постановление единогласно одобрил в следующем году стокгольмский конгресс партии.

Выборы в Государственную думу у нас, на Кавказе, происходили в мае 1906 года. Несмотря на то, что вся Грузия была объявлена на военном положении, мы все же блестяще провели всех своих кандидатов, не входя ни с кем в предвыборные соглашения. Провели пять социал-демократов и среди них лидера партии Н. Жордания из Тифлиса. Победа была полная.

Основная ошибка большевиков заключалась в том, что они исходили из предпосылки, что народ уже достиг высшей ступени своей политической сознательности. Они еще задолго до этого, в 1905 году, в своем центральном органе «Пролетариат» писали: «Движение уже подошло к дверям вооруженного восстания. Дальше этого у народа ничего не осталось, как выйти на улицу с оружием в руках и растоптать существующий строй». Приблизительно с таким воззванием и обратился к тифлисским рабочим и наш «союзный комитет», когда он стал большевистским. «Наша прямая обязанность устроить восстание», — писали они, но их воззвание не имело никакого отзвука среди рабочих.

После таких воззрений и не удивительно, что они так легко восприняли тактику бойкота. — Народ требовал Учредительного Собрания, а правительство насмехается над ним и взамен его дает Думу — писали и пропагандировали они везде и всюду и бойкот Думы сделали своим лозунгом.

Когда разогнали 1-ю Государственную думу, большевики с большим удовлетворением писали: «Слава Богу, теперь народ убедился, что Дума ничего не даст ему и что только с оружием в руках он может получить все. Но если не выходит сейчас, то потому, что теперь время уборки урожая и осенью, как только уберут хлеб, — тогда вы увидите, какая борьба разгорится» и т. д. и т. д.

Пришла и осень, но обещанного выступления нигде не видно было. Призвали 2-ю Думу, разогнали и ее, арестовали всю ее социал-демократическую фракцию, отдали под суд и осудили на каторгу, — выступления и теперь не было. Изменили избирательный закон во вред народу, — выступления и теперь не видать было. Теперь, как будто большевики убедились, как ошибочна была их тактика бойкота и начали писать совсем по иному: «Правда, народ молчит, но это затишье перед бурей. Разочарование всегда порождает движение». Но время шло и «новое движение» не нарождалось. Тогда они стали утешать себя: «народ готов, он ждет удобного момента», — писали они. И это время для них было то осень, то весна и соответственно этому они создавали свой план действий и все их постоянные ошибки и были следствием их такого политического знахарства. Для них имело значение не соотношение общественных сил, а свои собственные желания, и не удивительно, что народ, куда реалистичней, не пошел за такими легкомысленными группами. Отсюда и вытекало их отношение к другим партиям. В самом деле, если народ уже готов строить баррикады, он не нуждается ни в наставлениях, ни в нотациях, а в ружьях и пулях. Потому то все старания грузинских большевиков, все их время, уходило на поиски оружия и бомб. И так как мы не разделяли все эти детские мысли и деяния, нас объявили «изменниками революции» и «лакеями буржуазии». Но они скоро убедились, что народ никоим образом не пойдет за их авантюрой и предпочитает быть с нами. Поэтому и создалось для них незавидное положение: и не уходили от нас окончательно и не объединялись. Не объединялись потому, что это означало для них принимать участие с нами вместе в работе — ежедневной и политической, а это им совсем не улыбалось. Они считали, что все готово, нет только оружия. Они не могли оторваться от нас, так как это означало для них остаться вне революционного движения. Поэтому они то требовали объединения, то уходили. В конце концов усиление революции, участие в Государственной думе и другие немаловажные вопросы вынудили обе фракции позаботиться об объединении серьезно.

Надо отметить, что идея объединения зародилась совершенно самостоятельно от центров. По настойчивому требованию местных организаций центры вынуждены были постановить созвать дополнительный съезд, который и был созван в апреле 1906 года в Стокгольме. В этом съезде приняли участие следующие закавказские организации: тифлисская, бакинская, батумская, гурийская, кутаисская, потийская, ериванская. На съезде присутствовало 111 делегатов с решающим голосом и 22 делегата с совещательным голосом. По числу фракционных делегатов большинство принадлежало меньшевикам — на 16 делегатов больше. Все делегаты от закавказских организаций были меньшевиками, ни одного большевика. Историки большевиков, как всегда, так и в этом случае, лгут, когда пишут, что на этом съезде в качестве делегата был и Сталин. Правда, Сталин приехал на съезд, но он не был в числе избранных делегатов. Он приехал как делегат «Борчалинской социал-демократической организации», но так как такой организации не существовало, мандатная комиссия, конечно, не признала его мандата и он должен был покинуть съезд. Но бюро большевистской фракции просило нашу делегацию не возражать против допущения его с совещательным голосом и только после нашего согласия на это Сталин был допущен на съезд с совещательным голосом. Записался он под псевдонимом **Ивановича**.

Главными вопросами съезда были: отношение к Государственной думе, объединение и аграрный вопрос. Все вопросы были решены без особых затруднений. Бойкот Государственной думы был снят, хотя для России он уже не имел практического значения, так как выборы там были уже закончены под бойкотом партии. Предстояли выборы только у нас, а здесь и без постановления съезда было решено принять участие, самое активное, выставляя везде своих собственных кандидатов и не входя в соглашения ни с какими другими партиями. Долгие прения вызвал аграрный вопрос, что нас, кавказцев, в особенности нас, работающих среди крестьян, очень интересовало. Дебаты по этому важному вопросу закончились для нас в очень приемлемой форме. Решено было часть конфискованных земель передать государству, часть — муниципалитетам, часть — распределить между малоземельными крестьянами. В решении земельного вопроса в такой форме — наша грузинская делегация приняла самое активное участие и мы были очень довольны таким его решением. Очень важное значение для нас, грузин, имела также интерпретация Плеханова девятого пункта нашей программы по национальному вопросу.

Плеханов, на запрос представителя «Бунда», с одобрения всего съезда заявил, что «право нации на самоопределение предполагает и выделение в собственную государственную единицу». Точно такую же интерпретацию этого пункта программы сделал еще в 1904 году Н. Жордания в своей вышеупомянутой брошюре «Наши национальности». Но тогда это было его личное мнение, а теперь это заявил весь съезд и этим он сделал его обязательным для всех членов партии.

Стокгольмский съезд, формально по крайней мере, положил конец расколу. Постановления были приняты единогласно, а потому были обязательны для всех. Центральный Комитет был избран по соглашению. В число членов комитета от нас был избран Н. Жордания. Словом, все говорило за то, что наконец то наступит действительное объединение. Но не тут-то было. Вслед за новым Центральным комитетом, который поздравлял партию с объединением, большевистская фракция выпустила свое «обращение к партии», где говорилось, что «со многими решениями съезда большевики идейно будут бороться». Большинство съезда было уверено, что съезд объединит партию не только формально, но и организационно. Но кто хорошо был знаком с нравами большевиков, тот в формальном объединении сомневался. Сомневались потому, что существующее расхождение в партии как организационное, так и политическое, вытекало не из каприза того или иного лица, а было вызвано с одной стороны существующим строем, а с другой — культурным состоянием рабочего класса. Обе фракции стремились занять положение ц е л о г о, из-за чего происходила постоянная борьба между фракциями. Самым характерным в этой фракционной борьбе было то, что когда большевики завоевывали ту или иную позицию и укреплялись, сдвинуть их оттуда становилось невозможным. Свое такое свойство они так ценили, что стали называть себя «твердо-каменными большевиками».

Большевистская фракция в нашей партии была самая **консервативная** часть, тогда как меньшевистская фракция никогда не удовлетворялась завоеванной позицией и была все время в поисках новой. Меньшевики были безусловно более мыслящими, более критически искавшими новые пути в создавшихся условиях. От этих различий в мышлении вырабатывались и различия в свойствах деятельности. Для большевиков движение было все, лишь бы началось движение, а там чем оно закончится — над этим они не ломали головы. На всех съездах и конференциях они настойчиво требовали, чтобы в порядке дня был поставлен вопрос о «текущем моменте». Резолюцию, принятую о «текущем моменте» они считали обязательной для партийных организаций до другого конгресса или конференции. А если завтра изменились бы условия? Изменение условий требовало изменения и тактики, а это не разрешала уже имеющаяся резолюция о «моменте». И начинался спор о нарушении резолюции и о вытекающей из этой резолюции тактике. Сколько энергии тратилось на то, чтобы убедить их не настаивать на постановке в порядке дня вопроса о «текущем моменте», но никогда не удавалось это. И когда аргументы не действовали, вопрос решало голосование.

Так как их в первую очередь интересовало движение, понятно, для руководства движением требуется аппарат. Создание этих аппаратов, их усиление и завладение ими и стало для них вопросом особой заботы. Крепкая, сильная организация — вот идеал большевиков. Правильная тактика — вот забота меньшевиков. Сколько трудов стоило меньшевикам убедить большевиков в полезности принятия участия в Государственной думе, профессиональных союзах, в рабочих клубах и в других таких культурных рабочих организациях. Самое интересное было то, что меньшевистская тактика вначале всегда вызывала отчаянное противодействие с их стороны, но потом, постепенно, они усваивали ее, но это происходило всегда задним числом. Наши большевики на каждом своем собрании выносили резолюцию об объединении, но это объединение они понимали не как объединение двух частей, а как объявление одной части — целым. А этой частью считали, конечно, свою большевистскую часть. И когда мы отказывались от такого объединения, поднимали крик о расколе, обвиняя нас в нежелании единства партии и это — «в угоду буржуазии».

В Европе среди рабочей партии часто бывали крупные разногласия, но они оставались в одной партии и вместе боролись. А у нас, начиная с Лондонского съезда, раскол стал целью. Главная причина этому, по моему, была та, что большевики не считали нужным участие в ежедневной политической работе и восприняли идею, что народ уже готов, что он уже не нуждается в том, чтобы заниматься «мелкими делами», а ждет только подходящее время для выступлений, чтобы одним ударом свалить самодержавие. Такое понимание и устраняло их логически от ежедневной политической жизни страны. При этой бездеятельности они не нуждались быть в союзе или в блоке с кем-нибудь. Им нужен был только опытный руководитель, который призвал бы их в нужный момент. И такое мышление уже готовая почва для появления диктатора. Он и появился в лице Ленина.

Выпуск большевиками после съезда своего «обращения к партии», где говорилось, что «со многими решениями съезда они будут бороться идейно», наши, кавказские, большевики поняли как призыв игнорировать постановления Стокгольмского съезда. И это неподчинение выразилось открыто в сопротивлении роспуску «боевой дружины».

Как известно, Стокгольмский съезд постановил распустить все «боевые дружины». И вот когда областной комитет, который состоял из большевиков и меньшевиков, согласно постановлению съезда, постановил распустить нашу «дружину», большевики сначала оказали отчаянное сопротивление и, когда не добились своего и постановление все же было принято огромным большинством представителей партийных организаций, они не подчинились этим постановлениям, ушли, и из своих сторонников организовали свою специальную большевистскую «дружину» под названием «техническая группа».

К вопросу объединения, по которому Стокгольмский съезд принял специальную резолюцию, наши большевики с самого начала относились недоброжелательно. И это потом, в своих воспоминаниях объясняли так: «Наша работа в одной организации становилась невозможной. Мы, большевики, в партии представляли "угнетенную" часть, так как во всех организациях преобладали меньшевики и проводилась только их линия». (К. Цинцадзе. «Воспоминания», стр. 40). И тут же автор, несколькими строками ниже, отмечает: «В это время мы работали вместе в одной организации и разрешено было вести дебаты о наших разногласиях. В одной и той же газете печатались дискуссионные статьи» (там же). Таким образом, если, несмотря на свободную дискуссию и публичное обсуждение спорных вопросов в общей газете, они все же чувствовали себя «угнетенными», это не потому, что их кто-нибудь притеснял, а потому что наши рабочие настолько были подготовлены, что легко разбирались в различии тактики большевиков и меньшевиков и если среди них проводилась тактика меньшевиков, это значит, что они находили эту тактику более правильной и более приемлемой для себя. Наши большевики, переняв без всяких изменений тактику русских большевиков, совершенно не понимали, что эта тактика не подходила к местным условиям и этим они изолировали себя от общего движения. Ни в одной организации у них не оказалось значительного большинства и они ушли из организации и очутились вне революционного движения не только в пределах Грузии, но и во всем Закавказье, кроме Баку. Но и здесь не сумели собрать большинства и вынуждены были большей частью работать с меньшевиками в одной организации.

Как я отметил выше, они не подчинились постановлению наших организаций о роспуске «боевой дружины» и, выделившись, создали свою собственную «дружину» под названием «техническая группа». Эта «группа» ничем иным не занималась, как совершением экспроприаций. Она выбрала своим начальником К. Цинцадзе, человека, который являлся скорее разбойником, нежели политическим деятелем. Этот самый Цинцадзе после покорения Грузии большевиками был назначен председателем грузинской Чека, потом, как один из главарей «уклонистов», был выслан из Грузии в Россию, где и умер.

Состоя председателем Чека, он напечатал свои воспоминания. Эти воспоминания печатались в журнале «Рев. Матиане» («Революционная Летопись»), а потом вышли отдельным изданием. Чтобы стало более убедительным, сколько экспроприаций совершили наши большевики и кто брал эти экспроприированные деньги — я приведу из воспоминаний главаря этой экспроприационной группы — Цинцадзе — те места, где он рассказывает об этих экспроприациях так подробно.

... «Решили составить чисто большевистскую группу, ибо, если что-нибудь сделаем, то лучше, чтобы оно пошло целиком в пользу большевистской фракции, нежели в ту организацию, которой большинство составляли меньшевики. Наши передовые товарищи с этим согласились. Но если мы хотели что-нибудь устроить, на это нужны были деньги, а денег у нашей фракции не было», —

так начинает Цинцадзе историю создания экспроприаторской

группы большевиков. И там же сообщает, как достали они деньги на «подготовку»:

...«Получили сведения, что в тифлисском городском ломбарде имеется несколько тысяч рублей. Пошли трое, все с револьверами. В половине одиннадцатого принесли деньги в шкатулке. Не долго думая, напали на него, отняли шкатулку, но вдруг закрыли все двери. Мы не растерялись, разбили стекла в окне и выпрыгнули. Воспользовались замешательством на улице и скрылись. В шкатулке оказалось только две с половиной тысячи рублей. Из этих денег половину передали нашей фракции, а другую половину отложили в «фонд» для более серьезного экса. Летом пытались устроить другие эксы, но ничего не вышло».

(К. Цинцадзе. «Воспоминания», стр. 41)

Так как в Тифлисе у них ничего не вышло, они, оказывается, начали подготовлять «эксы» вне города и, по его словам, решили ограбить почту на ахалциской дороге. Но в «сентябре меня арестовали и это помешало товарищам привести в исполнение это решение» — добавляет автор («Воспоминания», стр. 45).

«После трех недель моего ареста, приехал из-за границы тов. Камо и он принял на себя руководство нашей группой. Сначала они устроили экспроприацию в Кутаисе, где взяли 15.000 рублей, а потом приступили к большому эксу на Ериванской площади, где взяли 250.000 рублей. Экспроприация на Ериванской площади вызвала большой шум везде. Ведь не шутка — утром, в 11-12 часов, в самом центре города, посредством метания бомб и отстреливаясь из маузеров, взяли 250.000 рублей и взяли так, что и след простыл. Меньшевики еще горше расплакались, когда узнали, что это — дело нашей группы. Но ничего не смогли сделать другого, как начать провокационное партийное следствие» («Воспоминания», стр. 49).

...«В 1908 году мы поехали в Тифлис, проверили кассу и в ней не оказалось ни гроша. Решили устроить один легкий экс. Узнали, что почта проезжала по утрам через Коджоры. Сопровождали всегда не меньше шести стражников. Засели в семи верстах от Тифлиса и когда поровнялись, бросили бомбу, которая убила обе лошади, а стражников перебросило в овраг, оттуда начали нас обстреливать. Но начали стрелять и мы и когда убили одного, остальные побросали ружья. Взяли все деньги. Их оказалось только 21.000 рублей. Никто из нас не был ни убит, ни ранен. Из этих денег 10.000 рублей передали тов. Шаумяну для бакинской большевистской фракции» («Воспоминания», стр. 71-72).

В 1935 году коммунисты издали книгу в 336 страниц в память Камо. Книга открывается предисловием известного большевика

Лядова, затем идет, как введение, статья М. Горького и затем специальная статья Н. Кольцова. Книга эта — история всех большевистских экспроприаций. В ней рассказывается, где сколько денег взяли они и сколько передали большевистскому центру. Названы также все участники этих разбоев, именуемых экспроприациями. Привожу из этой книги те места, которые совершенно бесспорно устанавливают, что все эти экспроприации в Грузии были совершены по инициативе большевистского центра и что все деньги передавались лично Ленину. И эта разбойничья группа, кроме разбоя ничего не делавшая, сталинскими историками провозглашена «главарями и руководителями Закавказского революционного движения».

«По постановлению организации — пишет Лядов — руководителем той группы, которая задавалась целью достать для партии деньги, был назначен Камо, который имел непосредственную связь с тов. Красиным. **Каждое отдельное выступление группы первоначально рассматривалось в большевистском центре. Все экспроприированные деньги до одной копейки передавались в распоряжение большевистского центра** (подчеркнуто мною. — Г. У.). Были случаи, когда участники экспроприации голодали, но экспроприированные деньги шли исключительно центру, которому и сдавались» (Лядов. «Камо», стр. 14).

... «Смелый экспроприатор Камо устраивает известное всему миру нападение на Ериванской площади. Нападает на денежный транспорт, бросает бомбы, берет деньги и теряется без следов», — писал в «Правде» Н. Кольцов (№ 16, 1934 г.).

Еще более возвышенным тоном пишет М. Горький (стр. 26): «Экспроприированные деньги шли исключительно на нужды партии».

«Взятые в 1906 году деньги после нападения на почту в Кутаисе через месяц были посланы большевистскому центру» —сообщает один из участников нападения А. Сулаквелидзе (Лядов. «Камо», стр. 99). «Деньги, взятые на Ериванской площади без всяких инцидентов были доставлены в Финляндию — Куокала, где проживали тогда Ленин и Богданов, и были переданы большевистскому центру» (стр. 124).

В общем эта группа, по их же сообщению в этой книге, устроила следующие экспроприации:

1. «Экспроприация в Тифлисском ломбарде», взяли 2.500 рублей.
2. «Нападение на Чиатурской железно-дорожной ветви», взяли 21.000 рубей.

3. «Нападение на Каджорском шоссе», взяли 20.000 рублей.

4. «Экспроприация на Териванской площади», взяли 250.000 рублей.

5. «Вторая экспроприация на Каджорском шоссе».

6. «Экспроприация в Кутаисе», взяли 21.000 рублей.

(«Камо», стр. 317-318).

«Чтобы товарищи имели правильное понятие о наших тогдашних деяниях — философствует Цинцадзе в своих воспоминаниях — необходимо познакомиться со взглядами партии на экспроприацию. В то время в партии по этому вопросу существовало два взгляда. Меньшевики порицали эксы под тем мотивом, что эксы развращали партийных товарищей, которые привыкают к ничегонеделанию, падают морально и партийную работу легко заменяют разбоями. А мы, большевики, были диаметрально противоположного мнения. Мы считали, что эксы государственных денег и иногда террористические акты — это часть партизанской войны, которая вносит дезорганизацию в правительственный механизм. В жизни все равно организуются группы экспроприаторов из наших товарищей и не лучше ли, чтобы и организацию и их руководство взяла в свои руки партия? Этим мы сумеем и товарищей сохранить, и партии оказать материальную поддержку». (Цинцадзе. «Воспоминания», стр. 42).

«Для меньшевиков слово «эксист» было бранное слово и по этой причине они нас называли разбойниками» (там же, стр. 44).

«Мы не отрицаем, что были сторонниками экспроприаций казенных денег и совершали это в пользу партии» (там же, стр. 45).

Все эти экспроприации, особенно размер экспроприации на Ериванской площади, вызвали скандал в Европе, что причиняло много вреда престижу нашей партии. Очень многие из-за этих эксцессов стали называть нашу партию бандитами и грабителями. Все это сильно беспокоило главарей Социалистического Интернационала. Решено было положить конец этому скандалу. С этой целью было созвано в Париже собрание ЦК партии, которое постановило сжечь все ассигнации, которые были взяты на Ериванской площади. Это постановление подписали и большевики во главе с Лениным, но денег и не сожгли, и не сдали центру. Напротив, втихомолку продолжали разменивать. Но от продолжения «эксов» отказались. Парижское постановление наши большевики приписали интригам меньшевистских лидеров и Бог знает как ругались по нашему адресу, не останавливаясь даже перед угрозой.

На таком большом конгрессе, как Стокгольмский конгресс, я был впервые и потому для меня все здесь было интересно. Прежде всего его состав и дебаты, которые происходили здесь. В дебатах принимали участие все лидеры: Плеханов, Аксельрод, Мартов, Ленин и др. Всех их я знал только по писаниям, лично никогда до этого не видел. Больше всех, конечно, меня (и других) привлекала личность Плеханова. Его писания были для нас настоящим евангелием. Его знания, талант, манера полемики, красота стиля каждого из нас очаровывали. По нашим впечатлениям, среди членов съезда он казался великаном среди лилипутов. Такому нашему впечатлению способствовало красивое лицо его, высокий лоб, усы, маленькая борода клином, манера держаться, когда он говорил. Говорил так, что слова не догоняли мысли... Он был нашим гурийским делегатом и, когда съезд закончился, кому-то из делегатов Гурии пришла в голову идея зайти к нему перед отъездом и спросить, не хотел бы он что-нибудь передать гурийским товарищам. Просили принять нас, что его очень обрадовало.

В назначенный час все гурийские делегаты пошли к нему. Принял он нас не только по-товарищески, но и сердечно. Начал расспрашивать обо всем; его очень интересовала Гурия, ее население, ее экономическое и политическое положение. И когда один из делегатов спросил, приедет ли он в Гурию, когда в России установится свобода, он с воодушевлением ответил:

— Прямо к вам, если доживу до этого. Я и без того обязан приехать, ведь я должен сделать тамошним товарищам подробный доклад, как их делегат — добавил, улыбаясь.

Потом он вдруг вспомнил, что когда на съезде мандатная комиссия читала список гурийских делегатов, среди них был один под псевдонимом «Сатана» и спросил — кто из нас Сатана. Ему указали на меня. Он посмотрел на меня и начал шутить:

— Когда я услышал слово сатана, да еще среди гурийских депутатов, я порядочно испугался. И подумал: как это я и сатана товарищи по делегации. Почему сатане надо было явиться на наш съезд, но потом успокоился и сказал себе: вот молодцы гурийцы! Они и сатану заставили служить себе.

Это вызвало общий хохот, смеялся и я сам. Такой дружеский разговор с нами продолжался почти целый час. Уходя, мы пожелали ему здоровья и простились по-дружески. Он просил передать всем товарищам его товарищеский привет и обязал каждого из нас писать ему обо всем и иметь с ним постоянную связь.

Вернувшись со Стокгольмского съезда, я поехал в Гурию для доклада. Мои товарищи по делегации делали доклады в своих районах. В Гурии в это время свирепствовала реакция и никому из нас не удалось сделать доклада широким массам. Сами местные организации постановили ограничить наши доклады только руководящими кругами. Они избегали больших собраний, боясь, что это повлечет экзекуции со стороны казаков. Эти экзекуции были для крестьян самым страшным наказанием. Их должна была кормить деревня, которая и для себя ничего не имела. Но главное было то, что сельчане, боясь, чтобы казаки не учинили в их семьях безобразия, не ходили в поле работать. А это причиняло им большой ущерб. С этим положением организации слишком считались и делать доклады широким кругам партийных товарищей было отложено на более удобное время. Нигде, ни в одном уголке обширной империи реакция не была так безжалостна, как в Гурии. Войска и полиция соперничали в разгроме крестьян. Несмотря на это, гурийское крестьянство ни разу, ни одним словом не обмолвилось против наших организаций. Напротив, число членов организации с каждым днем возрастало. Так, несмотря на поражение революции в 1905 году, перед Стокгольмским съездом Гурия насчитывала больше 5.000 партийных членов, которые исполняли регулярно все членские обязанности. Число членов партии систематически проверял «областной комитет». Такого большого числа членов партии в то время не имела даже такая сильная организация как тифлисский комитет. Поэтому ни на одном конгрессе ни одна закавказская организация не имела столько делегатов, как гурийская организация. Пока у нас не произошел раскол, против такой многочисленности членов партии в Гурии никто не возражал. Напротив: ее принимали за образец для других организаций. И ни один член партии никогда не потребовал каких-либо специальных установлений приема членов партии для гурийских крестьян. Но как только произошел раскол и все организации примкнули к меньшевикам, большевики подняли крик о «мелко-буржуазной сущности» меньшевиков и доказывали это численностью крестьян в гурийских организациях. «Мы, большевики — партия рабочих, а меньшевики — партия мелко-буржуазных крестьян и интеллигенции», — твердили они в своих газетах и в устных выступлениях. «Крестьянская Гурия — вот цитадель меньшевизма»,—писали они. А для доказательства крестьянской мелкобуржуазности приводили из Маркса некоторые места. Начался спор на этой почве. Спор этот оказал влияние и на некоторых товарищей, которые работали в Гурии. Во главе их стал один из членов комитета, В. Ломтатидзе. Ломтатидзе с самого начала считался среди нас «левым», но всегда подчинялся решениям комитета. Он был избран во 2-ю Государственную думу, был арестован вместе с другими членами социал-демократической фракции, был судим и осужден на каторгу. Умер он в тюрьме. По спорному вопросу он напечатал в нашей ежедневной газете несколько статей, в которых он требовал для принятия крестьян в партию более суровых правил, чем для рабочих. Но у нас был партийный устав, по которому членом партии считался всякий, кто принимал программу, вносил членские взносы и оказывал партии личные услуги. Все члены, во всех наших организациях, были приняты согласно этому уставу. Статьи Ломтатидзе вызвали большие споры как среди гурийских руководящих кругов, так и среди гурийских членов партии. Был поставлен этот вопрос и в комитете. Во время дебатов обнаружились два воззрения: одни предлагали вообще снять этот вопрос с порядка дня комитета, другие — открыть дебаты по существу. Большинством двух голосов решено было открыть прения. Я был в числе тех, кто требовал снятия этого вопроса с порядка дня. А когда решено было открытие прений — я защищал существующий порядок приема членов партии. Прения приняли очень острый характер и закончились победой сторонников принятия более строгих мер. Постановлено было также пересмотреть список уже принятых членов. Но курьезнее всего было то, что никто не мог указать, что должны собою представлять эти «более строгие меры». Говорили только, что «должен быть более строгий контроль, чем был до сих пор».

Когда вопрос был решен, я внес предложение поручить проведение в жизнь этого постановления тем, кто его защищал. Но прошло предложение — проведение в жизнь этого постановления начать в том районе, который считался «более буржуазным». Таким районом считался мой район. Постановили, что применение нового порядка начнется с моего района и поручается мне. Отказаться я не мог; я должен был или подчиниться, или уйти от всякой работы по Гурии. Я выбрал первое, хотя прекрасно сознавал трудности проведения его в жизнь. Такое постановление я рассматривал как наказание для тех, которые ни в чем не повинны перед партией, напротив — чем могли и как могли самоотверженно исполняли все свои партийные обязанности. Таковыми были все. Я знал всех лично и знал, как они работали и что делали. Кого я мог удалить и по какому мотиву? Мотив, что Маркс считал крестьян мелкобуржуазным элементом и на этом основании, что они ненадежны для социализма, касался всех вообще крестьян, а здесь были, правда, крестьяне, но все одинаково бедные. И морально трудно это было исполнить. В дни революции все они самоотверженно участвовали в революционной работе, а теперь, когда началась реакция и когда все нуждались во взаимной помощи и сочувствии — надо было целый ряд членов удалить из организации; что бы я ни сказал в оправдание такой меры, все равно они не поняли бы. Словом, это было очень трудное дело и я сознательно тянул его, выжидая какой-либо подходящий случай, чтобы сделать его исполнение невозможным. Было впечатление, что даже те члены комитета, которые голосовали за, — теперь как будто убедились в отрицательных сторонах этого постановления и ничего не имели бы против, если бы это постановление было аннулировано. Я все же предпринял некоторые шаги для исполнения моего поручения. Выбрал в моем районе самую подготовленную ячейку в селе Шухуты и попросил ее представителя созвать собрание ячейки (ячейкой мы называли — кружки) и сообщить мне о дне собрания. Собрание было созвано и было оно, конечно, нелегально. Много-много раз приходилось мне идти на собрания, но не запомню, чтобы я когда-нибудь шел на собрание с таким тяжелым душевным чувством. О чем я должен был говорить? Какое оправдание я должен был найти этому постановлению, чтобы сделать его приемлемым для них?

Когда я пришел на собрание, все уже были в сборе. Это было многолюдное собрание кружка, более 60 человек. Представитель кружка открыл собрание и дал мне первое слово. Я начал говорить издалека и бессистемно. Привел какие-то места из социалистической литературы, не понимая хорошо, имели ли эти цитаты отношение к нашему постановлению. И закончил постановлением комитета перечислить некоторых членов из этой партийной ячейки в ту демократическую организацию, которая существовала в деревнях наряду с партийными организациями и была организована нами же для ведения сельских дел. Я просил выбрать специальную комиссию, которая занялась бы этим делом. В этом кружке я бывал много раз, знали меня все поголовно и не было случая, чтобы не аплодировали, когда я оканчивал речь. А теперь, когда я кончил доклад, ни одна рука не поднялась, чтобы аплодировать. Воцарилось могильное молчание, которое, думаю, продолжалось не менее пяти минут. Под влиянием этой тишины я совсем растерялся. И пришел в себя только тогда, когда слово попросил один старик с длинной бородой, по фамилии Орагвелидзе. Он начал свою речь так:

«У моего соседа была очень верная собака. Она сторожила и дом, и двор — и днем, и ночью. Когда патрон спал, собака до утра бегала по всему двору, лаяла и прогоняла всех, кто хотел войти во двор. А утром, когда патрон, выспавшись, вставал и садился завтракать, если приходила собака и смотрела как завтракает патрон, это раздражало его и он палкой отгонял собаку и, если в это время показывалась у ворот свинья, патрон, не стесняясь, приказывал отогнать свинью. Бедная собака, не евши ничего еще со вчерашнего дня, все же исполняла приказ хозяина и отгоняла свинью. Словом служила так усердно, что без нее сосед был бы в большом затруднении, но, несмотря на все это, он никогда не вспоминал своего верного друга, когда он садился за обед или ужин. И если собака все же приходила без зова, — отгонял ее палкой. Не кажется ли вам, товарищи, что с нами поступают так, как с этой собакой? В чем провинились мы? Кто среди нас буржуй или капиталист? Было когда-нибудь, чтобы мы защищали капиталистов? Или, что мы отказались от исполнения своих партийных обязанностей? Кто здесь, кто отказался от исполнения поручения партии? — обратился он к собранию. — „Никто", — был ответ. „Кто здесь, кто не заплатил членских взносов?" „Никто", — был ответ. „Вы сами учили (обратился он ко мне), что член партии тот, кто принимает программу, вносит членские взносы и оказывает партии личные услуги. Вы же видели, что никто из нас никогда не отказался от услуг, все платят членские взносы. А что касается программы, мы давно ее приняли и никогда не отказывались от нее и не думаем отказываться. Правда, мы ее так хорошо не знаем, но, если дело дошло до знания, разве мало таких, которые лучше вас знают и понимают программу, значит на этом основании и вас, и многих других надо исключить из партии. Я никакую комиссию не избираю, а вы как хотите», — закончил он свою речь при всеобщем одобрении.

Никто больше не просил слова. Ясно было, что все сочувствовали ему. Я еще больше чувствовал неудобство моего положения после этого, но все же счел нужным сказать несколько слов, чтобы рассеять неприятную атмосферу, заявив, что избрание комисии предложил потому, что комиссия может быть и не нашла бы никого, чтобы перечислить его в демократическую организацию, но если вы против такой комиссии, я не настаиваю на этом.

Председатель поставил вопрос: Кто согласен выбрать комиссию? Ни одна рука не поднялась. И он, констатируя, что никто не хочет комиссию, закрыл собрание.

После собрания я еще раз постарался рассеять тяжелое впечатление, но по всему было ясно, что они считали себя очень оскорбленными. «Мы ничем не заслужили этого», — говорили они. На второй же день я послал в комитет подробный доклад по этому поводу и просил созвать собрание комитета. На собрании комитета я почти стенографически воспроизвел все, что случилось на этом собрании и предупредил всех, что, если постановление комитета не будет отменено и будут настаивать на проведении его в жизнь, мы восстановим против нас всех крестьян и очутимся в полной изоляции. Мой доклад безусловно подействовал и на тех, которые при решении с таким увлечением защищали его. Теперь сами они внесли предложение о приостановлении этого решения без указания срока. Предложение было принято единогласно и этот вопрос никогда больше не поднимался. И не было в этом никакой надобности, так как наше крестьянство с честью поддерживало престиж партии, как в процессе движения и революции, так и в дни самой черной реакции. Почти на всех конференциях делегаты от крестьянских социал-демократических организаций составляли большинство, но не было ни одного случая, чтобы они разошлись с делегатами от рабочих. Программа была единая, строй организации одинаковый, лозунги одни и те же. А в самом движении всегда активно шли в первых рядах.

В 1917 году во время революции члены гурийских социал-демократических организаций сотнями шли в разные места на помощь местным товарищам. Когда в 1917 году в начале революции старая администрация исчезала, а новой еще не было, вследствие чего в Тифлисе началась анархия и на этой почве участились грабежи и убийства, «Областной комитет» обратился к гурийскому комитету с просьбой о помощи для восстановления в городе порядка. Гурийский комитет на второй день отправил в Тифлис 500 самых надежных вооруженных членов партии, которые своей самоотверженной работой совершенно очистили город от зловредных элементов, восстановили порядок и тем дали возможность революционным организациям установить и укрепить свои органы. И только после этого отряд вернулся в Гурию.

Из Гурии я вернулся в Тифлис и оставался там в распоряжении «Областного комитета», помогая в газете. Будучи делегатами на Стокгольмский съезд, мы не принимали участия в выборах в Государственную думу. А когда вернулись, выборы были уже закончены.

В Думе оказалось несколько социал-демократических депутатов, которые, как и наши депутаты, прошли вне партийного списка. Все они присоединились к нашим депутатам и таким образом была составлена первая социал-демократическая фракция Государственной думы, председателем которой был избран Н. Жордания.

Заседание 1-ой Государственной думы, как известно, состоялось 27-го апреля 1906 года. Она просуществовала всего 28 дней. Ее разогнало правительство и депутаты, в числе их и наши, выехали в Финляндию и в городе Выборге составили и подписали так называемое «Выборгское воззвание». За это все они были арестованы, осуждены на несколько месяцев тюремного заключения и лишены избирательных прав. Разгон Государственной думы не вызвал никаких выступлений. Было ясно, что реакция основательно утвердилась. В ожидании созыва 2-ой Думы, для выработки избирательной тактики, была созвана конфедерация, которая собралась в Таммерфорсе (Финляндия). На этой конференции от закавказских организаций присутствовала И. Жордания (жена Ноя Жордания). На этой конференции спор о бойкоте или участии уже не имел места. Спор этот был уже решен на Стокгольмском съезде. Здесь шел спор главным образом, войти ли с кем-либо в избирательные соглашения и, если войти, — то с кем именно. Вопрос был решен единогласно и партия стала готовиться к выборам.

7

ВТОРАЯ ГОСУДАРСТВЕННАЯ ДУМА.
ЛОНДОНСКИЙ СЪЕЗД РСДРП.
ГРУЗИНСКАЯ СОЦИАЛ-ДЕМОКРАТИЧЕСКАЯ ПЕЧАТЬ.

У нас список кандидатов в Думу составлял «Особый комитет», потом созвали конференцию, которая и утверждала список в окончательной форме. Когда открылась избирательная кампания, наш «Особый комитет» выяснил, где и какие организации нуждались в помощи, и соответственно этому распределял свои силы. Выяснилось, что больше всех, вследствие репрессий, нуждалась Кутаисская губерния и большинство своих сил «Областной комитет» направил в распоряжение кутаисской губернской избирательной комиссии. В числе этих был и я. В Кутаисе мне поручили помочь потийским и гурийским товарищам. Началась избирательная кампания. Почти каждый вечер собрания, выступления, печатные воззвания, словом, закипела работа. Мы были все нелегальные, и это очень осложняло нашу работу, но народное сочувствие было на нашей стороне и это очень облегчало нашу работу. Общество как бы проснулось, усилился интерес к программным спорам, которые происходили теперь уже на открытых многолюдных собраниях. Имена и фамилии наших кандидатов хранились в секрете до последнего момента из-за опасения их ареста или лишения избирательного ценза. Список кандидатов еще не был утвержден. В списке был один мой личный друг, соработник по гурийскому комитету, — Г. Махарадзе. Других кандидатов я знал более или менее по наслышке, но встречался со всеми. Не видел никогда только одного кандидата. Это был Ираклий Георгиевич Церетели, которого все знали под именем «Каки Церетели». Я слыхал о нем очень много. Знал, что он был редактором журнала «Квали», который закрыли при его редакторстве. Знал, что он студент Московского университета. Знал и то, что за революционную деятельность он был исключен из этого университета и выслан. Слыхал, что его считают очень подготовленным и начитанным молодым человеком, но лично с ним нигде не встречался.

Когда наступил момент заявки кандидатов, была созвана конференция в деревне Нигоити. Я получил мандат для участия на конференции от потийской организации. На конференции присутствовали почти все намеченные кандидаты. В числе их был и Церетели. Он был моложе всех. Ему, кажется, не хватало трех месяцев до 25 лет (возраст, требуемый законом, чтобы быть избранным) и некоторые высказывали опасения, как бы это не помешало ему при выборах. Он произвел на всех нас очень приятное впечатление. Внешне он выделялся: высокий рост, красивое лицо, большие глаза и некоторая, казалось, застенчивость, особая манера говорить; все это сразу располагало к нему. На конференции он говорил мало и по этим выступлениям трудно было определить его ораторский талант. Я видел его потом на трибуне Государственной думы, но об этом ниже. Конференция закончилась, список кандидатов был утвержден без всяких изменений. Все они известны и поэтому здесь их не называю. Отмечу только, что среди них не было ни одного большевика. С этим списком депутатов мы вернулись в свои избирательные районы. Выборы, несмотря на усиленную реакцию и большое противодействие других партий, закончились блестяще — прошли все наши кандидаты. Прошли социал-демократы и в других частях России, так что во Второй думе их оказалось 54 депутата, 36 меньшевиков и 18 большевиков. Были еще во фракции 11 депутатов, на первое время с совещательным голосом. Всего было 66 депутатов, которые выбрали своим председателем самого молодого среди них — Ираклия Церетели.

Избирательная кампания не прошла для многих из нас бесследно. Оказалось, что и меня, в числе других, давно приметила потийская полиция и, как только закончилась избирательная кампания и выборы, пожаловала ночью с визитом для ареста. К счастью эту ночь я не ночевал дома, а на второй день, как только узнал об этом визите, сейчас же выехал из Поти в Тифлис. В Тифлис приехал рано утром. Там я знал несколько надежных квартир у товарищей, но куда ни являлся, все они были либо арестованы, либо скрывались. Центральная власть была возмущена тем фактом, что с Закавказья прошли почти все социал-демократы и в наказание стала арестовывать всех без разбора. При таких условиях оставаться в Тифлисе не было смысла. Но куда ехать? В Кутаисской губернии было еще хуже. По совету товарищей решил временно уехать в Баку, где меня почти что не знали. Дали мне несколько адресов и я выехал в

Баку. К великому моему огорчению никого из моих адресатов не нашел. Одни оказались арестованными, другие сами скрылись. Видел несколько полулегальных товарищей и от них узнал, что в Баку после выборов имели место массовые обыски и что обыски и аресты продолжаются. «Как будто спешат арестовать всех, кого хотят, до открытия Государственной думы» — добавил один из товарищей. При таких условиях оставаться в Баку было слишком рискованно, вернуться в Тифлис было не менее рискованно и я решил ехать в Петербург, выждать там временно, кстати выяснить мое положение в институте и потом выехать обратно. К счастью, паспорт был очень благонадежный. Не долго думая, купил билет, сел в поезд, отходящий в Петербург без пересадки, и уехал. Правда, денег было немного, но рассчитывал на помощь наших депутатов, которые по моим расчетам, если не все, то некоторые, по крайней мере, должны были быть там. Когда я приехал в Петербург, все наши депутаты были уже там. Почти каждый вечер происходили собрания фракции, где готовились к открытию Думы.

Все наши депутаты знали мое положение, знали, что я живу под чужой фамилией, но это не помешало им получить для меня корреспондентский билет для присутствия на заседаниях Думы. Обязали только, чтобы я посылал отчеты о заседаниях в нашу газету в Тифлис, что я и исполнял, посылая регулярно все, что казалось мне интересным для наших читателей. Писал я под псевдонимом «Галёрка».

Места для корреспондентов в Таврическом дворце в то время были в самом зале заседаний; депутатов и корреспондентов отделяла друг от друга деревянная перегородка и входные двери. Депутаты входили через главные двери и могли куда угодно пойти, а наши двери были сбоку и вели нас только в отделение корреспондентов. К перегородке часто приходили ко мне мои товарищи депутаты и передавали разные новости, а иногда и материалы для моих корреспонденций.

Как и в других фракциях, в социал-демократической фракции готовились к первому дню открытия Государственной думы. В этот день должен был выступить с декларацией председатель правительства П. Столыпин. Столыпин был автором разгона 1-й Государственной думы. По его же приказу отдали всех депутатов под суд, который всех осудил так жестоко за «Выборгское воззвание». Это он ввел в России ужасную реакцию, когда суды выносили «пачками» смертные приговоры революционерам, за что веревку, на которой вешали осужденных, публично называли «Столыпинским галстухом». И вот, автор всех этих безобразий приходит и с думской трибуны обвиняет других и обеляет себя, и в то же время вместо основных изменений в государственном строе обещает какие-то маленькие изменения. Все это требовало должного ответа со стороны народных представителей с той же думской трибуны. Как будто такой ответ не должен был вызвать никакого спора. В действительности оказалось не так. Выяснилось, что все фракции, кроме социал-демократической фракции, решили не отвечать на декларацию. А социал-демократическая фракция ответить на декларацию Столыпина поручила своему председателю Ир. Церетели.

Постановление социал-демократической фракции не понравилось другим фракциям и были попытки убедить ее пересмотреть свое постановление, но безрезультатно. Социал-демократическая фракция твердо стояла на своем. Большой спор возгорелся и у нас, корреспондентов. Большинство корреспондентов разделяло точку зрения большинства депутатов и позицию социал-демократической фракции объявили раскольнической и такие слова произносились по адресу социал-демократической фракции, что их трудно было выслушать хладнокровно. Несмотря на это, я, помня свое положение, воздерживался от вмешательства в этот спор.

В такой враждебной атмосфере выйти на всенародную трибуну Государственной думы для ответа на декларацию Столыпина депутату, который первый раз выходит на такую трибуну, не было легко и должен сознаться, что я очень боялся за Церетели. Среди корреспондентов не раз слышал — против Столыпина надо было выпустить таких-то депутатов (называли все кадетов), а то какое впечатление может произвести такой молодой, неопытный депутат как Церетели. Вследствие всего этого, в день открытия Думы я больше всех нервничал. Но не замечал, чтобы нервничали сами члены социал-демократической фракции. Пришел Церетели и весело беседовал с товарищами депутатами. В чем дело? Почему я так беспокоюсь, а те, которых это касается, незаметно, чтобы они беспокоились. К нашей перегородке подошел депутат Махарадзе и, улыбаясь, сказал: «Сегодня у нас большой день». И на самом деле вышел «большой день».

6-го марта 1907 года, в половине одиннадцатого, председатель Государственной думы Головин занял свое место. Все депутаты на местах. В правительственной ложе все члены правительства во главе со Столыпиным. Все места корреспондентов заняты Ярусы для публики полны. Правду сказал Махарадзе: большой, торжественный день.

После соответствующей процедуры председатель собрания Головин громким голосом заявляет: «объявляю заседание Государственной думы открытым и слово предоставляю председателю правительства П. А. Столыпину». Из ложи правительства, с бумагами в руках, к трибуне направляется быстрыми шагами довольно высокого роста, с длинной бородой, еще не старый человек — Столыпин. При его появлении на трибуне раздались жидкие аплодисменты самой крайней фракции, остальные все молчали. Столыпин большей частью читал, но когда говорил, говорил твердо, с ораторской экспансией, но заметно было, что создавшаяся обстановка сильно влияла на него. Когда он кончил свою речь, захлопали только на тех же нескольких скамьях крайне правых, после чего во всем зале воцарилось полное молчание. Возможно, чтобы подчеркнуть величавость такого молчания, председатель нарочно задержался, чтобы сказать: «Кто желает слово по поводу декларации правительства»? Встал только один Церетели. «Слово принадлежит представителю социал-демократической фракции депутату Церетели» — объявил тем же тоном, как во время слова Столыпину, председатель Головин.

Церетели направился к трибуне. Молчание продолжалось. Вот он поднялся на трибуну. Молчание такое же как вначале. И в этой могильной тишине депутат Церетели довольно громко провозгласил: «Господа депутаты» и остановился, как будто чего-то ждал, и продолжает: «мы выслушали здесь декларацию председателя правительства и его разъяснение», и он произносил эти слова, совершенно не волнуясь. Я, наверное, волновался больше, нежели он. Церетели продолжал и его слова пока что еще тонули в общем молчании. Но вот он заговорил о разгроме 1-ой Государственной думы и о печальной судьбе ее депутатов. Случилось неожиданное: на всех скамьях, кроме, конечно, правых, раздались аплодисменты. «Историческое» молчание разрушила трагедия настоящего. С этого момента Церетели был не только представителем социал-демократической фракции, а всей оппозиционной Думы, т. е. большинства Государственной думы. Видно было, что и сам Церетели в своей речи избегал специфически социал-демократических положений и старался подыскать такие положения, которые не могли встретить молчанием и другие группы. И когда он окончил свою прекрасную речь и сошел с трибуны, — общая овация была наградой ему. Моему восхищению не было пределов. Я не мог ему аплодировать, но мои чувства я излил вдоволь в нашу газету в Тифлис. Выступление Церетели отметили все газеты как «большое выступление», отметив, что бойкот Столыпина был большой ошибкой, что очень красноречиво доказало выступление Церетели — добавляли почти все. Некоторые шли еще дальше: «Такое политически выигрышное выступление уступили социал-демократам и они использовали его блестяще. Те отзвуки, которые вызвала речь Церетели в народе, должны убедить нашу фракцию, какую большую ошибку допустила она, когда примкнула к тактике молчания» — писала газета социал-революционеров. А какое впечатление эта речь Церетели произвела в социал-демократических кругах, об этом поведал партийному конгрессу в Лондоне в 1907 году такой авторитет, как Плеханов. По поводу отчета социал-демократической думской фракции на конгрессе Плеханов сказал: «Мне трудно описать то радостное волнение, с которым я читал речь товарища Церетели. И кто знает, может быть, подобное волнение испытывали многие из вас, товарищи, сидящие здесь на правой стороне». (Протоколы съезда, стр. 288). И если вначале именно это «радостное волнение» охватило всех нас, постепенно самое мрачное предчувствие стало беспокоить всех друзей свободы за судьбу Церетели и его боевой социал-демократической думской фракции.

Мое личное положение стало сомнительным. Были признаки, что полиция взяла меня под негласный надзор. По совету друзей, спустя неделю после речи Церетели, я покинул Петербург и поехал в Тифлис, куда доехал благополучно. Отношения между Думой и правительством очень обострились. По всему было видно, что дни и второй Думы сочтены. Но то, что произошло, превзошло самые мрачные ожидания. В июне месяце правительство потребовало от Думы устранения всей социал-демократической фракции, как обвиняемых в «государственной измене». Дума не согласилась на такое требование, за что высочайшим указом, 3-го июня, она была распущена. В этот же день, в 3 часа утра, всех депутатов социал-демократической фракции, в том числе и грузинских депутатов, арестовали и препроводили в тюрьму. За несколько дней до этого Церетели и другим грузинским депутатам друзья советовали выехать за границу или в Грузию, но все категорически отвергли такое предложение, заявив, что в такой критический момент они не оставят фракцию. Арестованных депутатов до разбора дела держали в тюрьме. В день разбора их всех привели в зал суда, но только они появились, тотчас же заявили, что они участвовать в суде не будут и удалились. За ними ушли и их защитники. Суд все же состоялся без них. 26 депутатов были осуждены на каторгу, 11 депутатов — на пять лет (среди них — все грузины-депутаты), а остальные — на четыре года. Некоторые были осуждены на вечное поселение и тюрьму на несколько лет. Вместе с этим был изменен избирательный закон и для Грузии уменьшили число депутатов; оставили лишь трёх.

За три месяца до разгона Второй думы, в мае месяце 1907 года, в Лондоне состоялся V съезд Российской социал-демократической рабочей партии. А в марте месяце в Тифлисе состоялась конференция представителей закавказских организаций для обсуждения тех вопросов, которые стояли в порядке дня предстоящего съезда и для выбора делегатов на съезд. Выборы делегатов происходили по тем правилам, которые были выработаны комиссией центрального комитета. Согласно этим правилам на каждые 300 членов выбирали одного делегата. Выборы делегатов ни в одной организации не вызвали никаких недоразумений, кроме тифлисской. Ни в одной организации у большевиков не оказалось не только 300, но и нескольких десятков сторонников и поэтому они нигде никакой претензии на мандат не заявляли. Не оказалось трёх сот их приверженцев ни в Тифлисе, ни в Баку. Несмотря на это, и Тифлис и Баку решили им предоставить по одному месту (мандату). Но пока начались выборы на съезд, они опубликовали такую резолюцию, что после нее выбирать их становилось невозможным. После стокгольмского объединенного съезда наши большевики в Тифлисе создали так называемое «литературное бюро», которое якобы хотело заняться доставкой большевистской литературы. На самом деле это был их фракционный центр. Это мы все хорошо знали, но на этой почве не хотели затевать никакого спора, тем более, что до этого это бюро никаких ответственных фракционных шагов не предпринимало. А теперь, когда началась подготовка к съезду, но делегаты еще не были выбраны в Тифлисе, они сочли нужным вынести такую резолюцию: «Мы, как боевая часть пролетариата, не сочувствуем и не разделяем тактику меньшевиков, которые поддерживают кадетов, этих союзников Столыпина и отъявленных врагов народа. Мы сочувствуем и согласны с петербугскими и московскими рабочими и поддерживаем тактику большевиков, которые самоотверженно борются с фарисейством изменников кадетов и отстаивают главенство пролетариата в сегодняшней революции».

Эту резолюцию вынесли не только для руководства своих членов, но опубликовали в газете «Дро» («Время», № 5). После этой резолюции, опубликованной в газете, уступить им место в делегации было уже невозможно и тифлисский комитет выбрал всех десять делегатов-меньшевиков. Раздраженные этим они опубликовали в своей газете воззвание под таким заглавием: «К товарищам большевикам». Возвание начиналось так:

> «Товарищи! Конференция тифлисской организации закончилась. Она выбрала десять делегатов, все меньшевики. Таким образом из Тифлиса не будет ни одного делегата большевика с решающим голосом. И это несмотря на то, что большевики в Тифлисе представляют внушительную силу. Но мы должны воспользоваться нашими правами и защищать наши позиции вместе с петербургскими и московскими рабочими на конгрессе. Мы непременно должны послать нашего товарища, хотя бы с совещательным голосом, чтобы он достойно защищал нашу позицию на конгрессе и, когда вернется, сделал нам подробный доклад». («Дро» («Время»), № 15).

Несмотря на такое воззвание, из Тифлиса все таки не осмелились послать кого-либо, даже с совещательным голосом, зная, что число их членов настолько ничтожно, что оно и для этого недостаточно. Зато послали трех делегатов — двух от борчалинских татар, а одного из Баку. От борчалинских татар — Сурен (Спандариан) и Борчалинский (Сталин) и из Баку — Барсов (Цхакая). Но мандаты этих «делегатов» настолько были ложны, что на их проверку и утверждение конгрессу понадобилось всего два заседания. Борчало был район тифлисского комитета, поэтому мандаты от Борчало должны были быть утверждены тифлисским комитетом. Но борчалинские мандаты не только не были утверждены тифлисским комитетом, но все делегаты тифлисского комитета заявили энергичный протест против этих мандатов. «Переходя к формальным соображениям — заявил на конгрессе председатель Закавказского Областного Комитета, Борцов (Н. Рамишвили), — я должен констатировать, что никаких протоколов о выборах нет. Правда, есть бумаги, но в этих бумагах есть помарки и даже более того — есть поправки. В одном месте вместо избранного Борчалинского другой рукой отмечается выбранным товарищ Сурен, вместо цифры 15 присутствующих на собрании поставлено опять таки другой рукой 150 и т. д. и т. д. Мандатная комиссия не обратила внимания на все это ... Вы видите, что в Борчалинском уезде нет партийной организации. Это вам говорят официальные бумаги официальных учреждений партии. И если, несмотря на все это, вы по каким бы то ни было соображениям признаете правильным этот заведомо фиктивный мандат от несуществующей организации, этим вы лишите необходимого авторитета постановления съезда в глазах целой половины партии и, особенно, кавказских организаций» (Борцов, Лондонский съезд Российской соц.-демократической рабочей партии. Полный текст протоколов. Париж, 1909, стр. 177-179).

Несмотря на все это, съезд, хотя незначительным большинством, но все же утвердил эти два мандата, а третий бакинский (Цхакая) оставил с совещательным голосом. О работах этого съезда имеются подробные протоколы и поэтому не считаю нужным здесь говорить о его работах. Хочу только отметить кое-какие штрихи для характеристики некоторых, так сказать, закулисных сторон съезда. Н. Жордания (Костров) в одном месте своих воспоминаний сообщает следующее:

> «Раз утром шел по улице и слышу сзади голос: — "Костров, погоди минутку". Обернулся и вижу — звал Ленин. который обратился ко мне со следующими словами: "Вы, грузины, не вмешивайтесь в наши русские дела. Вы не знаете наш народ, ни его психологию, ни его бытовую жизнь. Почему вы мешаете нам урегулировать наши дела по-нашему, по-русски. Получите автономию, делайте в Грузии что хотите и как хотите. Мы не вмешиваемся в ваши дела и вы не вмешивайтесь в наши дела". Я был удивлен, но заметил, что говорил он серьезно. Я ответил, что сейчас ничего не могу сказать, поговорю с товарищами, как раз у нас сегодня собрание грузинских делегатов и дам ответ. "Очень хорошо, — ответил он. — Поставьте этот вопрос и, если найдете нужным, пригласите и меня. Запомните мое предложение: вы, грузины, не должны вмешиваться в наши партийные дела, и мы не будем вмешиваться в ваши. Вы видите, что большинство делегаций русских рабочих — большевики. Русский народ настроен революционно, а меньшевики все оппортунисты и как они могут поддерживать революционность народа. Удивляет меня, как вы, грузинские социал-демократы, сами революционеры и поддерживаете Мартова-Дана. Что общего у вас с ними?" Продолжая этот разговор, мы подошли к зданию конгресса и разошлись. Я не знал как поступить: доложить все это нашему собранию или повременить до другого дня? Если Ленин не напомнит об этом, ясно, что он не даст ходу нашим мыслям. Решил ждать. Прошла целая неделя и Ленин молчал. Молчал и я, хотя после этого мы много раз встречались. После этого об этом нашим разговоре я никому ни слова не говорил» (Н. Жордания. «Мое прошлое». Стр. 78-80).

На Лондонском съезде был избран новый центральный комитет, в который вошли два члена нашего Областного комитета: Костров (Н. Жордания) и Семенов (Н. Рамишвили). На этом съезде имело место совершенно непредвиденное столкновение между грузинской делегацией и армянской, которое не лишено общего интереса.

Армянская социал-демократическая группа, пожелавшая организоваться отдельно от существующих общих социал-демократических организаций, возбудила ходатайство перед съездом принять ее в российскую социал-демократическую партию для объединения с ней и представила свой проект объединения. На 23-ем заседании конгресса от имени этой группы выступил Лерр, который после приветствия съезду закончил свою речь так: «Мы пришли, товарищи, к необходимости соединения сил Армянской социал-демократической организации с силами партии. Как известно, многие товарищи из партии, работающие на Кавказе, искренно желают объединения с армянской социал-демократической организацией. Мы знаем также, что армянская с.-д. организация была и остается самым искренним приверженцем этой идеи. Я думаю, что после всего сказанного я поступлю лучше, если обращусь прямо к вам, к съезду, с просьбой сделать необходимый твердый шаг для разрешения этого вопроса объединения армянской с.-д. рабочей организации с братской российской с.-д. рабочей партией». (Лондонский съезд РСДРП. Стр. 332-334).

Председатель съезда, выразив благодарность за приветствие, предложил съезду устав объединения, выработанный армянской социал-демократической партией, сдать в комиссию по организационным вопросам. Предложение председателя было принято без прений.

Организационная комиссия, рассмотрела представленный устав, и председатель этой комиссии Зиновьев на одном из следующих заседаний доложил съезду, что «комиссия, рассмотрев представленный устав объединения, утвердила его, в общем большинством голосов, сделав некоторые поправки». Прочитав устав, принятый комиссией в окончательном виде, добавил, что «товарищи армяне пошли нам навстречу: например, они отказались от непризнания пункта нашей программы о национальном самоопределении». И под конец от имени комиссии предложил съезду следующую резолюцию: «Съезд, принимая во внимание, что комиссия по организационным вопросам признала представленный армянской с.-д. организацией проект с внесенными в него поправками, признает его в общем и целом приемлемым в качестве основы для объединения и поручает Центральному Комитету осуществить это объединение в возможно скором времени» (Лондонский съезд, стр. 431).

По поводу этой резолюции Костров (Жордания) сделал следующее заявление: «Мы были раньше в общем согласны с уставом, ибо считали, что он не будет обязательным для Центрального комитета. Но сейчас, когда выясняется, что тут проведен полный принцип национальных организаций, мы находим, что это противоречит решению прошлого съезда, сделавшего исключение только для «Бунда». Костров предложил съезду «передать данный проект в Центральный комитет, как материал для обсуждения этого вопроса совместно с кавказскими организациями». (Лондонский съезд, стр. 431).

При голосовании съезд предложения Кострова-Жордания отклонил и принял резолюцию комиссии. Это вызвало за подписью того же Кострова-Жордания и двенадцати других кавказских депутатов следующее письменное заявление: «Если вопрос об объединении с армянской организацией будет решен без согласия кавказских организаций, мы, в качестве делегатов кавказских организаций, заявляем, что они откажутся провести это объединение в жизнь». (Лондонский съезд, стр. 484).

Проект объединения, после поправок комиссии, и принятый съездом в окончательном виде состоял из следующих 8-ми пунктов:

1. Армянская с.-д. рабочая организация входит в Р.С.Д.Р.П., как социал-демократическая организация, работающая среди армянского пролетариата, автономная в своих внутренних делах. В пределах решений партийных съездов и директив Центрального Комитета Армянская социал-демократическая организация самостоятельна в вопросах пропаганды, агитации и организации.

2. Армянская Социал-Демократическая Рабочая организация принимает программу Российской Социал-Демократической Партии.

3. Армянская С.-Д. имеет свои местные организации, центральное управление, конференции и орган.

4. Армянская С.-Д. посылает своих представителей на общепартийные и кавказские съезды на таких же началах, как остальные органы Российской Социал-Демократической Партии.

5. Во всех городах, где наряду с организациями Российской С.Д.Р.П. имеются органы Армянской С.-Д., создаются общегородские коллективы или комитеты; все директивы общегородских коллективов обязательны для Армянской С.-Д.

Примечание: выборы в общегородские коллективы Армянская С.-Д. имеет право производить отдельно на началах пропорционального представительства.

6. Директивы общепартийных съездов и ЦК партии обязательны для Арм. С.-Д. Также обязательны решения Кав-

казского съезда и Областного Комитета, касающиеся всего пролетариата Закавказья.

7. Армянская С.-Д. имеет свое представительство на международных социалистических конгрессах, поскольку этим пользуется армянская национальность.

8. На всех международных конференциях, где участвует какая-нибудь армянская партия, наряду с представителями Р.С.Д.Р.П. участвует и Армянская Социал-Демократическая Рабочая Организация.

Для обсуждения целого ряда вопросов, связанных с решениями съезда, была созвана в Тифлисе конференция закавказских организаций, на которой постановление съезда об объединении с армянской социал-демократической партией вызвало очень острые прения. Конференция единогласно одобрила и подтвердила заявление, сделанное на съезде 12-ю делегатами по этому поводу, и со своей стороны постановила довести до сведения Центр. Комитета партии, что «никакое объединение без участия закавказских организаций не будет обязательным для закавказских организаций». Вопрос этот имел для нас огромное принципиальное значение не только теоретическое, но еще больше практическое.

Дело в том, что мы на Кавказе с самого начала при построении наших партийных организаций исходили из того, что эти организации должны строиться не по принципу национальному, а по принципу интернациональному. Наши организации должны были объединить социал-демократов помимо их национального происхождения. Поэтому во всех наших организациях с первого же дня были и грузины, и армяне, и русские, и татары, и греки, и немцы, словом все, кто разделял программу партии. У нас нигде, кроме деревень, не было организаций, состоящих только из грузин. А если таковые были в деревнях, то это только потому, что там не было никого из других национальностей. У нас не было даже названия — грузинская социал-демократическая партия. Мы назывались, Тифлисский Комитет Российской Соц. Дем. Рабочей Партии, Гурийский Комитет РСДРП и т. д. и т. д. За это на нас постоянно нападали наши националисты, обвиняя нас «в отказе от наших национальных прав именоваться грузинами». При той пестроте населения, какая существовала у нас, только интернациональный характер организации и мог играть ту умиротворяющую роль, которая обусловливалась помимо всего прочего требованием местных международных взаимоотношений. Поэтому строительство местных организаций по линии национальной, как этого требовала армянская социал-демократическая организация со своим уставом, было для нас абсолютно неприемлемо. Но большинство съезда из-за фракционных соображений не захотело признать наших утверждений. Дело осложнялось еще и тем, что многие армянские социал-демократы уже состояли членами существующих организаций и они категорически отказались их покинуть и войти в отдельную армянскую организацию. В конце концов сошлись на том, что мы перестали настаивать на пересмотре постановления съезда об объединении, а товарищи армяне воздерживались от сепаратных публичных выступлений от своего имени и работали с местными организациями.

В истории революционного движения в Грузии очень большое место занимает пресса. Со дня основания грузинской социал-демократической организации до революции 1917 года она почти все время имела свою прессу, нелегальную и прессу легальную. История этой прессы тесно связана с историей самого движения, так что разобщить их нет никакой возможности. Передать эту историю в рамках воспоминаний очень трудно. Она настолько важна и значительна, что требует особой разработки. Поэтому я здесь касаюсь этой истории постольку, поскольку я имел с ней связь и поскольку она была нашим руководящим органом. Давно признано, что пресса — самое острое оружие. Особенно значительна роль прессы в странах, где не существует никакой свободы. Бесспорно, что в ту пору, когда пресса имела свирепых цензоров над собой, она не могла свободно расправить свои крылья, но то, что делала, и то имело большое значение. Имело значение не только своим содержанием, но и тем, что очень часто, в процессе борьбы, она становилась руководителем и главарем движения. Первая легальная социал-демократическая газета была еженедельная газета «Квали», о которой я много говорил. Когда правительство ее закрыло, стала выходить «Могзаури», также еженедельная. Но скоро и она была закрыта. После этого, до 1905 года у нас легальной газеты уже не было. За этот период наши организации приступили к изданию газеты нелегально. Первая нелегальная газета была «Брдзола» («Борьба»). Сначала она вышла на грузинском языке, потом на русском, а немного позднее — и на армянском языке. На армянском — позднее, потому что не было наборщиков на этом языке. Когда потом возникла группа армянской соц.-дем., которая смогла выпускать газеты, невозможно стало ее набирать. Ни один наборщик армянин не соглашался тогда работать в нелегальной газете, которой они не только не сочувствовали, но, напротив, считали вредной для армянского народа, как создание другой партии, кроме существующей тогда партии «дашнактацюн». Дело дошло до того, что батумский социал-демократический комитет поручил грузину наборщику Л. Думбадзе изучить армянские буквы и технику их набора. Только после этого стало возможным издание на армянском языке нелегальной газеты под названием «Пролетариат». Первый номер грузинской «Брдзола» («Борьба») вышел в первых числах сентября месяца 1901 года. Напечатана она была в Баку в нелегальной типографии, которой руководил Л. Кецховели. В Баку вышло всего три номера по причине провала типографии, после чего ее издание приостановилось на целый год, пока тифлисский комитет не устроил типографию в Тифлисе, после чего издание возобновилось, так что с 4-го номера она печаталась в Тифлисе и вышло всего два номера. «Пролетариат» на армянском языке вышел всего два раза — два номера — и его редакция была всецело в руках армянских товарищей.

Согласно постановлению первой конференции закавказских организаций «Союзный Комитет» объединил оба заглавия в одно и вместо «Борьба» и «Пролетариат» стал издавать «Борьбу пролетариата» — на грузинском и на армянском языках. Первый номер под этим заглавием вышел в мае 1904 года. С 1-го июля того же года «Борьба пролетариата» выходила почти в продолжение двух лет и вышло всего 12 номеров маленькими тетрадками. Прекратилось издание в октябре 1905 года. Последний год (1905) «Борьба пролетариата» по причине раскола в партии стала большевистской, хотя продолжала выходить как орган «Союзного Комитета». В противовес этому мы, меньшевики, стали издавать свою нелегальную газету «Социал-демократ», которая выходила периодически. Всего вышло три номера. Этим исчерпалось издание закавказскими организациями своей нелегальной прессы и мы всю энергию направили на издание ежедневной легальной газеты. Большевики не удовлетворились теми лживыми статьями, которые они печатали до сих пор о рабочей прессе, и в 1955 году издали большую книгу на грузинском языке под заглавием «Грузинская большевистская пресса в период первой российской революции». Автор ее некто Жвания совершенно бесстыдно пишет: «Большевистская пресса сыграла огромную роль в деле вооружения грузинских и закавказских организаций ленинской программой и стратегией. Основываясь на руководящих положениях Маркса, Энгельса и Ленина в деле прессы, Сталин развивает его в соответствии с новыми условиями и дает целый ряд важнейших указаний о значении прессы и ее задач, о формах и методах работы». (Стр. 17). «Сталин вместе со своими товарищами М. Цхакая, А. Цулукидзе и Л. Кецховели решительно ставил перед руководящими кругами тифлисской социал-демократической организации вопрос об издании на грузинском языке политической нелегальной газеты. Но главным противником в тот период был Жордания и его оппортунистическая группа». (Стр. 17). «Бакинская типография была устроена по инициативе Сталина. По его же инициативе типография была обеспечена шрифтом, красками, деньгами». (Стр. 175). «В 1901 году в первых числах сентября в Баку начинает выходить первая ленинско-искровская нелегальная газета «Брдзола», первый номер которой открывается статьей Сталина, в которой подробно была разработана программа, основание и принципы для направления «Брдзола» («Борьба»). (Стр. 20). «То, что писал в «Искре» Ленин, то же самое писал у нас Сталин в «Брдзола» («Борьба»). (Стр. 27). «В начале 1904 года после бегства из ссылки во главе нелегальной газеты «Пролетариатис Брзола» («Борьба пролетариата») становится Сталин». (Стр. 30). «Инициатором создания Авлабарской типографии, ее идейным и практическим руководителем был гениальный ученик и продолжатель дела Ленина, великий Сталин. Это Сталин превратил авлабарскую типографию в кузницу не только для закавказских организаций, но и для всей нашей партии». (Стр. 197). «Сталин еще в 1901 году защищал на страницах «Брдзола» («Борьба») основные политические положения Ленина о гегемонии пролетариата». (Стр. 165). «Бакинская типография всегда была обеспечена по инициативе Сталина деньгами, шрифтом, красками и другими материалами» (стр. 175).

Что большевики без всякого стеснения фальсифицируют историю — это всемирно известно. Но что они учинили в этом отношении в Грузии — этому трудно поверить. Поэтому я совершенно сознательно широко цитирую из их же писаний те места, которые имеют связь с темой. Но относятся они к тому времени, когда они еще не так распоясались. Это относится к тому времени, когда они только что завоевали Грузию и поспешили печатать свои воспоминания. В этих воспоминаниях все они, конечно, всё, что произошло в Закавказье приписывали себе, как партии. Кроме них вообще оказывается никого не было. Но продолжалось все это, пока Сталин не стал диктатором в Кремле. В этих воспоминаниях Сталин упомянут только вскользь, кое-где. Ни в одном крупном событии он не является ни инициатором, ни руководителем. А, между тем, Сталин очень был заинтересован в том, чтобы его биография началась именно с Грузии. Но здесь, в воспоминаниях его же товарищей, он почти не упоминался. Он ждал момента, чтобы «исправить эту ошибку» и рассчитаться с теми, кто посмел обойти его. Нет сомнения, что это чувство мщения сыграло главную роль в его борьбе против грузинских «уклонистов». Ибо авторами воспоминаний были именно эти старые большевики. Сталин тогда, повторяю, не был диктатором, и этим авторам-большевикам нечего было его бояться. Но когда он воцарился в Кремле, начался пересмотр всех напечатаных воспоминаний. Но большинство авторов не пожелало внести исправления в свои воспоминания в пользу Сталина, в смысле признания его вождем революционного движения в Закавказье, как этого желали агенты Сталина. Тогда на сцену выступил чекист Берия, который создал специальную комиссию «для собирания материалов для истории революционного движения в Закавказье», как объявлялось в их газете «Коммунист». В результате работы этой комиссии и появилась «история» а-ля Берия под заглавием «К вопросу об истории большевистских организаций в Закавказье», которая переведена почти на все языки и, благодаря этой неимоверно лживой «истории», — весь мир и «знает», что инициатором и главарем закавказского революционного движения во всех его проявлениях был Сталин, и только Сталин.

Берия не удовлетворился тем, что состряпал фальшивую историю движения, но вторично предложил авторам прежних воспоминаний в порядке самокритики исправить свои воспоминания согласно версиям его «истории». Многие отклонили такое предложение и стали дописывать свои воспоминания в тюрьмах и в концлагерях. Был закрыт журнал «Рев. Матиане» и все его номера изъяли, как из партийных организаций, так и у частных лиц. Настоящей историей была объявлена «история» а-ля Берия. Те, которые согласились исправить свои воспоминания, были щедро вознаграждены, а сами воспоминания вышли вторым изданием с маленькими исправлениями: где полагалось, — были вставлены имя и псевдоним Сталина. Первый вариант после такой операции фактически исчезал. Во всяком случае, иметь его считалось очень опасным. Таким образом, коммунисты сначала ограбили меньшевиков и награбленное присвоили себе, а потом ограбили свою собственную партию и награбленное всецело преподнесли его величеству — товарищу Сталину-Джугашвили.

Это маленькое разъяснение я потому включил в свои воспоминания, чтобы читателю не показалось неправдоподобным то большое расхождение, которое существует в моей передаче событий и в описании их в официальной «истории» коммунистической партии.

Я уже отметил, что нелегальная «Брдзола» («Борьба») вышла в первых числах сентября месяца 1901 года. В это время ни о большевиках, ни о меньшевиках не было и речи. Эти клички появились только на лондонском съезде 1903 года, а у нас они стали известны, как я говорил выше подробно, только после возвращения Жордания из-за границы, а это было в 1905 году. Поэтому объявление «Брдзола» с первого же номера, т. е. в 1901 году, большевистской газетой или газетой тогдашних «ленинско-сталинских» организаций является ничем иным как цинизмом большевиков. «Брдзола» («Борьба») и «Борьба пролетариата» были официальными органами всех наших организаций. Вокруг этих органов произошла большая борьба на лондонском съезде (1903 г.). Требовали, чтобы съезд признал их органом партии и защищали это предложение именно те делегаты, которые там же на съезде примкнули к меньшевикам. А те делегаты, которые примкнули к большевикам, не только не поддержали в этом вопросе делегатов-меньшевиков, но воспротивились очень энергично. Для подтверждения этого привожу из протоколов съезда то место, которое иллюстрирует это положение.

Заседание двадцать девятое.

Костров (Жордания): предлагает внести в список газету на армянском и грузинском языках «Борьба пролетариата».

Горин: Предлагаю не включать редакции «Борьбы пролетариата», ибо такой организации нет. Эта газета издается кавказским союзом и ее издатели отдельной организации не составляют.

Карский (Топуридзе): Товарищ Горин был на Кавказе несколько дней и всегда, когда хочет выступать в качестве компетентного лица, говорит не соответствующее положению дела. Настаиваю на необходимости включить редакцию «Борьбы пролетариата».

Горин: Я не отрицал существования издания, о котором говорили Костров и Карский. Я указывал только, что они издавали от имени союза.

Мартов предлагает особую резолюцию о Кавказе.

Горин: Я предлагаю вычеркнуть вообще из списка кавказскую организацию.

Карский: Нельзя вычеркнуть то, чего нет.

Костров (Жордания): Здесь нет речи о кавказских комитететах, речь идет о редакции «Борьбы» пролетариата» и ее необходимо включить в список.

Ленский вносит резолюцию о прекращении прений о Кавказском союзе и редакции и т. д.

(Протоколы Лондонского съезда, стр. 307-308).

Заседание тридцатое.

Карский (Топуридзе): Предлагаю внести «Борьбу пролетариата» на Кавказе.

Павлович: Предлагаю внести «Рабочую Волю» в Одессе.

Глебов: Предлагаю внести «Воронежскую кассу борьбы».

Русов (Кнуньянц из Баку): Предлагаю вычеркнуть из списка организаций редакцию кавказского органа.

Карский (Топуридзе): Протестую против предложения Русова и настаиваю, чтобы редакция «Борьбы» была включена в список.

(Там же, стр. 319).

Таким образом, на съезде в Лондоне только меньшевики Костров и Карский защищали продолжение газеты «Брдзола», которая выходила как орган «Кавказского союза», а этот «Союз», как я говорил, был учрежден на конференции бакинской, тифлисской и батумской организаций под председательством Н. Жордания. А теперь появляется какой-то Жвания и в своей книге, изданной ЦК грузинской коммунистической партии, бесстыдно заявляет, что газета «Брдзола» («Борьба») была создана Сталиным вместе с созданием «Кавказского Союза»...

Историю издания газеты «Брдзола» («Борьба») и в связи с этим и историю создания бакинской нелегальной типографии подробно рассказал в своем докладе известный старый большевик Авел Енукидзе в Москве в «Клубе старых большевиков», 14-го января 1923 года, на котором присутствовал и Сталин, но никакой поправки к его докладу не сделал. Этот доклад Енукидзе был напечатан после на грузинском языке в Тифлисе, в «Рев. Матиане», № 4, но тогда ни Сталин и никто другой не сделал никаких примечаний. Примечания и поправки появились потом, когда это понадобилось для биографии Сталина, и то после расстрела Енукидзе. Енукидзе жил в то время в Баку и принимал близкое участие как в оборудовании бакинской типографии, так и в издании «Брдзола» («Борьба»). Тогда он не был, конечно, большевиком, состоял членом общей организации и работал с нами так, что никаких разногласий с нами у него не было. Енукидзе очень подробно рассказывает об этой работе в своем докладе, но здесь привожу только то место, которое имеет отношение к изданию «Брдзола» и устройства бакинской нелегальной типографии.

«В конце 1899 года Л. Кецховели вынужден был оставить Тифлис и переселиться в Баку, — рассказывает Енукидзе. — В Баку он жил под другой фамилией. Здесь, в Баку, у нас зародилась идея устроить нелегальную типографию, в которой можно бы было печатать как газету, так и другие литературные произведения. У нас была связь с тифлисской организацией, которой сообщили нашу идею. Но выяснилось, что кроме маленькой суммы и незначительного количества шрифта они не были в состоянии помочь нам. Послали меня в Тифлис переговорить с местными товарищами о деньгах. Я хорошо помню как я встретился с лидером тогдашней организации, с известным по всей Грузии С. Джибладзе (Сильва. — *Г. У.*). Во время переговоров сначала они отказали мне в денежной помощи под предлогом, что тифлисская организация хотела, чтобы все печатное дело было поставлено под ее контроль и под ее руководство. В противном случае не считали возможным выдать 100-150 рублей из своей бедной кассы. Так как никаких директив от Кецховели на этот счет у меня не было, я не мог дать им никакого ответа. Когда вернулся в Баку и познакомил Кецховели с условиями тифлисских товарищей, Кецховели категорически отказался принять эти условия. Если они доверяют нам, пусть дадут деньги, а если не доверяют, тогда мы без их помощи сумеем привести в исполнение нашу идею. Так как денег в Баку не достали, я вынужден был вновь поехать в Тифлис. И тогда тифлисские товарищи дали сто рублей и рукопись прокламации для напечатания. С этими деньгами и с одним надежным наборщиком я вернулся в Баку» (Енукидзе. «Рев. Матиане» («Рев. Летопись»), № 4, стр. 97).

Потом Енукидзе рассказывает, как они расширили типографию и как происходила в ней работа.

«Тифлисская организация, — продолжает он, — очень безнадежно смотрела на наше начинание. Но когда мы напечатали кое-какие брошюры и переслали в Тифлис — тогда решено было оказать нам всестороннее содействие как наборщиками, так и материалами. Тифлисский комитет прислал нам двух наборщиков, дал достаточно шрифта и деньги на бумагу, краски и т. д. Все это касается бакинского комитета. В то время бакинский комитет уже существовал». (Там же, стр. 39).

Типография эта называлась конспиративно «Нина» и по этому адресу в газете «Искра» были напечатаны разные сведения и сообщения. Потом эта типография установила связь с другими российскими организациями как в самой России, так и за границей, и предложила свои услуги. Этим воспользовалась екатеринославская группа и напечатала здесь свою нелегальную газету «Южный Рабочий» №№ 5, 7 и 8). В этой типографии печаталась также «Искра» с 7-го номера до 11-го.

«Решили мы издать на грузинском языке нелегальную газету, для чего начали переговоры с тифлисской организацией, в которой и тогда, и потом господствовали такие известные деятели, какими были Жордания, Джибладзе и другие. Тифлисская организация очень отрицательно встретила издание нелегальной газеты. По их мнению мы должны были удовлетвориться печатанием брошюр и прокламаций. Но мы, бакинцы, во главе с Кецховели настойчиво требовали издания нелегальной газеты. Я и Сталин вполне уверены в том, что, если бы тов. Кецховели остался в живых до той поры, когда произошел в социал-демократической партии раскол, он стоял бы в рядах большевиков и был бы самым влиятельным и активным из членов». (Он **был бы** в рядах большевиков, говорит Енукидзе в присутствии самого Сталина в 1923 году, а теперь на всех перекрестках кричат, что он уже был большевиком. *Г. У.*)

Еще больше. Как я привел выше, оказывается, он:

«...занимал вместе с Сталиным левое крыло среди "Месамедаси". Когда тифлисская организация согласилась выпустить нелегальную газету в Баку, между нами возник другой спорный вопрос. Тифлисская организация потребовала, чтобы редакция газеты была в Тифлисе, а бакинской группе предлагалось техническое исполнение. Это предложение наша группа отвергла. После долгих переговоров вопрос о редакции был улегулирован и газета «Брдзола» («Борьба») была напечатана в Баку»... (Там же, стр. 93, 97, 99).

«Когда в бакинской типографии между наборщиками имело место какое-либо недоразумение, для урегулирования спора тифлисская организация всегда присылала С. Джибладзе», — пишет в том же номере 4-ом один из наборщиков этой типографии, С. Тодря (там же, стр. 151).

«В 1900 году и в Тифлисе была устроена маленькая типография, — пишет старый большевик Р. Каладзе. В этом году в железнодорожных мастерских была объявлена забастовка. Необходимо было выпустить прокламацию. Среди наборщиков был один очень смелый революционер — Влас Мгеладзе (известный меньшевик, Триа. — *Г. У.*), который готов был на все, лишь бы сделать "дело". Литературную часть и составление листка взял на себя С. Джибладзе (Сильва — *Г. У.*). Он скоро нашел и комнату, где товарищ Мгеладзе и набрал и напечатал. Это была первая прокламация, напечатанная в Тифлисе...» (Там же, стр. 33-35).

Мы могли бы продолжать цитаты из писаний большевиков, но думаем, что и этого достаточно. Как видим, никто из них не говорит, что бакинская типография была создана «по инициативе Сталина». Никто из них не говорит, что «первый номер „Брдзола" («Борьба») открывается сталинской программной статьей, которая устанавливает основные принципы...» Все эти эпитеты созданы потом и они развивались вместе с возвеличением самого Сталина. Став диктатором в Москве, он стал в то же время той осью, вокруг которой, оказывается, вертелось все закавказское революционное движение со «дня его возникновения» и «до последнего дня», как уверяет своих нетребовательных читателей некто Жвания.

Появление газеты «Брзола» («Борьба») вызвало большой шум. Жандармерия не была уверена, что такая газета как «Брдзола» могла быть напечатана в нелегальной типографии, поэтому взяли под подозрение все существующие типографии, приставили к ним своих агентов, начали обыскивать как типографии, так и наборщиков, закрыли некоторые. Но не могли узнать ничего. Из Петербурга систематически приказывалось: найти во что бы то ни стало типографию «Брдзола». В поиски этой типографии была включена вся закавказская администрация. Искали ее не только в Грузии, но и в центре России — в Самаре, Киеве и других значительных центрах. В конце 1901 года тифлисская жандармерия как будто бы убедилась, что типография находится в Баку и с 1-го января 1902 года командировала туда многочисленный штат опытных агентов во главе с известным жандармом Лавровым. Но, несмотря на все поиски, типографию все же не нашли. Поиски настолько усилились, что в марте месяце положение стало опасным. Кецховели выехал в Россию в надежде перенести куда-нибудь типографию, но не мог найти подходящего места. Вернувшись, он задался целью перенести ее в другое место в самом Баку. Но не успел приступить к работе, как его 2-го сентября 1902 года арестовали и через неделю препроводили в тифлисскую тюрьму. Жандармерия была уверена, что с арестом Кецховели найдет и типографию. Но ошиблась. Несмотря на разные строгие меры, от него ничего не могли добиться. Типография преспокойно продолжала работать, а потом была перенесена в Тифлис. Вслед за тифлисской и бакинской типографиями была создана еще одна типография в Батуме. Она была создана в январе 1902 года и провалилась в начале 1904-го года. Создание и этой типографии большевистские «историки» приписывали «вездесущему и всемогущему» Сталину.

С упразднением бакинской типографии было приостановлено и издание «Брдзола». Усиление движения настойчиво требовало ее возобновления. Для этого необходимо было создать такую типографию, где возможно было бы ее печатать. Идея создания такой типографии зародилась в Тифлисе в марте месяце 1903 года. Инициативу устройства взяла на себя тифлисская организация, которой помогал «Союзный Комитет». Оборудование такой типографии требовало больших расходов, и в покрытии этих расходов приняли участие все организации. Техническое устройство типографии поручено было тифлисскому комитету и он и устроил ее образцово в 1903 году. Это и есть та знаменитая авлабарская типография, где печатались газеты, брошюры и прокламации не только на грузинском языке, но и на русском, и на армянском языках. Особенно интенсивно работала она, начиная со второй половины 1904 года, а в 1905 году достигла высшего развития в смысле количества изданной литературы. Вначале в этой типографии работало 3 наборщика, но очень скоро число их дошло до шести. Ни одна организация, кроме тифлисской, не знала, где она находилась. Об этом и не спрашивал никто. Но за то очень заинтересовалась этим жандармерия. Вся полиция была поставлена на ноги, но не могла ее открыть. Искали повсюду, а типография там же, как говорится, под их носом, продолжала преспокойно работать. Типография была устроена в земле, саженей десять в глубину, под домом. А во дворе был вырыт колодец, на дне колодца сбоку был туннель, через который можно было войти в типографию. Типография, несмотря на усиленные поиски, все же просуществовала два года и четыре месяца. Ее открыли 15-го апреля 1906 года. Провал этой типографии вызвал в то время очень много разговоров. То одного заподазривали, то другого. Выяснить правду по тогдашним временам было очень трудно. Поэтому как устройство, так и ее провал стали доступны широкой публике только после революции. Об этом писали многие, но все по-наслышке. Правдивую историю как устройства, так и провала дал сам хозяин дома, под которым находилась типография, человек очень авторитетный и заслуживающий полного доверия.

«15 апреля утром, в 1906 году, в Авлабаре жандармерия, полиция, рота саперов и сотня казаков-кавалеристов оцепила дом Ростомашвили. Здесь были также два прокурора и тифлисский полицмейстер. Жандармерия как только пришла, сейчас же прямо пошла в один уголок двора, где выкопали две бомбы.

Нет сомнения, что доносчик был человек сведущий, так как жандармы прямо направились к месту, где нашли в земле бомбы. После этих бомб они перекопали весь двор, но ничего не нашли. Поговорили между собой, начальник отряда отдал приказ снять осаду и уйти. Когда стали уходить, проходя мимо большой «ямы», один из офицеров саперов зажег газету и бросил в «яму». Зажженная бумага быстро стала оседать. На это обратил внимание один из прокуроров и потребовал спустить в «яму» для проверки кого-нибудь. Спустили на веревке казака. Через некоторое время казак со дна сообщил, что сбоку имеется дверь. Спустили и других и через эту дверь, пройдя туннель, вошли в типографию...» (Д. Ниноцминдели. «Кто выдал авлабарскую большую типографию». «Рев. Матиане» («Рев. Летопись»,) № 4, стр. 125-126).

Не меньшее значение, чем нелегальная типография в развитии движения имела легальная пресса. Манифест 17-го октября давал возможность издавать газету легально. Наши организации решили воспользоваться этой возможностью.

Я уже отметил выше, что в продолжение всего 1905 года мы, обе фракции, действовали отдельно друг от друга. Отметил и то, что в начале 1906 года начались переговоры об объединении, которые закончились благополучно. Произошло объединение. Этот объединенный комитет постановил издавать ежедневную газету — легальную. Газета стала выходить под общей редакцией. В редакцию со стороны большевиков вошли Ф. Махарадзе и Коба (Сталин). Газета называлась «Гантиади» («Рассвет»). Первый номер появился 5 марта 1906 года и газета была закрыта на пятом номере. На второй день закрытия «Гантиади» на ее место появилась газета «Елва» («Молния»). «Елвы» вышло всего 28 номеров, она была закрыта за «вредное влияние». После этого у нас за все время не было общей газеты. Стали издавать отдельно. Первая их газета на грузинском языке была «Ахали Цховреба» («Новая Жизнь»). Она вышла 20 июня 1906 года и была закрыта губернатором на 20-м номере. На место ее, 14 ноября 1906 года, появилась газета «Ахали Дросба» («Новые влияния»). И когда ее закрыла администрация, они выпустили «Мнатоби» («Светило»). Скоро и ее закрыли, и на место ее выпустили «Чвени Цховреба» («Наша Жизнь»), которая была закрыта на 13-м номере. После этого появилась газета «Дро» («Время»), которой вышло всего 31 номер. После этого, т. е. с 1907 до 1917 гг. у них в Грузии не было никакой другой легальной газеты. Итак, они издали всего-навсего 5 газет:

1. «Ахали Цховреба» («Новая Жизнь») — вышло 20 номеров
2. «Ахали Дросба» («Новые веяния») — " 9 "
3. «Мнатоби» («Светило») — " 5 "
4. «Чвени Цховреба» («Наша Жизнь») — " 13 "
5. «Дро» («Время») — " 31 "

Всего ... 78 номеров

Вот эти 78 номеров газет и есть та большевистская пресса, которая якобы выходила «под непосредственным руководством Сталина», которая, оказывается, «стояла во главе закавказского революционного движения», и влияние которой якобы «далеко перешагнуло границы Грузии и всего Закавказья и имело всероссийское значение» (Жвания, стр. 153).

Изданием наших меньшевистских газет руководил «Областной комитет». Он же составлял редакцию и он же нес ответственность перед организациями как за издание, так и за направление. Поэтому, когда это становилось возможным, газеты выходили с указанием: «Орган Областного комитета социал-демократической партии». До конца 1907 года я принимал участие в наших газетах как случайный сотрудник, так как мне приходилось последнее время главным образом заниматься выборами в Государственную думу. Но с 1907 года, если не был арестован, я работал во всех наших газетах как постоянный сотрудник, а потом и как руководитель. Когда по постановлению областного комитета я стал постоянным сотрудником, редакцией руководил Н. Рамишвили. Рамишвили я знал с 1902 года. Он тогда приехал в Батум и работал в так называемом «сельском комитете», который существовал при батумском комитете. Он был молодым студентом, исключенным из Юрьевского университета за участие в студенческом движении. В 1902 году он был делегатом от батумской организации на тифлисской конференции, когда учреждался «Кавказский союзный комитет». В 1904 году он вынужден был оставить Батум и переехать в Тифлис, где работал нелегально. В этом же году, в первых числах октября, его арестовали по делу батумской организации и через две недели препроводили под конвоем в Батум. В Батуме на товарной станции он ухитрился незаметно от жандармов скрыться. Из Батума он уехал в Новороссийск и оттуда переехал в Ростов-на-Дону, где состоял членом донской социал-демократической организации. В 1905 году вернулся в Тифлис. В этом году в Тифлисе состоялась конференция меньшевистской организации, на которой он был избран членом «Областного комитета». После этого он был постоянным членом руководящих органов. В 1907 году он был делегатом на лондонском съезде под кличкой Борцова. По возвращении в Грузию его стали слишком усердно искать жандармы. Он уехал в Германию (Лейпциг). Здесь он оставался два года. Вернулся оттуда в 1910 году, но скоро был арестован и выслан в административном порядке в Ростов. Вернулся он оттуда в 1913 году и работал нелегально. В 1917 году во время революции он был комиссаром Тифлисской губернии. Был членом Кавказского сейма, а потом во время кавказского комиссариата — министром внутренних дел. Когда была объявлена независимость Грузии, он стал председателем первого коалиционного правительства. Он подписал мирное соглашение с Турцией. Был в то же время, товарищем председателя центрального комитета грузинской социал-демократической партии. После покорения Грузинской республики он вместе с другими членами грузинского правительства, по постановлению Учредительного собрания, выехал за границу для работы по восстановлению независимости Грузии. За границей он вел самую энергичную антикоммунистическую работу, за что убит чекистами в Париже на Авеню Гоблен, когда он шел на партийное собрание.

Издание газет в то время, несмотря на то, что разрешение давалось на издание официально, фактически приходилось вести нелегально. Нормально редакция каждый день была открыта, хотя в самой редакции редко кто из нас сидел. Заведующий конторой газеты заменял очень часто руководителей газеты, если кто-либо имел дело с редактором. Но в большинстве случаев в редакции сидел официальный редактор. А фактический редактор сидел где-нибудь поблизости редакции, куда специальный надежный курьер доставлял ему почту и газетный материал для номера. И оттуда уже просмотренный и проверенный материал доставлялся обратно в типографию. Самой сложной и рискованной была эта процедура, так как недалеко от редакции в разных уголках, притаившись, сидели агенты охранного отделения, которые выслеживали всех, кто входил и выходил из редакции. Большинство фактических редакторов были нелегальные. Жили под чужой фамилией и всех нас разыскивала полиция. Нас разыскивали по другим политическим делам и могли арестовать и на улице, помимо всяких мандатов. За содержанием газеты следила, помимо охранки, прокуратура и цензурный комитет, якобы отмененный по манифесту. В самой редакции часто производили обыски, брали набранный материал еще до выпуска номера и, если находили «что-либо», задерживали издание. Мы очень старались продолжить дни газеты, в особенности тогда, когда не было в запасе больше одного разрашения на другое название. Нет сомнения, что все это отражалось на содержании газеты. Должны были взять тон, совершенно нам не подобающий, обходить целый ряд явлений, для передовиц выбирать невинные темы, написать так, чтобы не было громких фраз, резких слов, особенно чего-либо похожего на призыв. Надо отметить, что серьезные теоретические статьи проходили очень легко и на них менее обращали внимания, чем, например, на маленькую заметку о городовом или на нелепое распоряжение полицмейстера.

Для редакции старались найти такое помещение, в котором имелись бы вход и выход как с одной, так и с другой улицы. В таких случаях со стороны более близкой улицы двери закрывались на ключ и открывались только по звонку и то с некоторым запозданием, давая возможность нелегальным сотрудникам выйти из редакционной комнаты. В самом затруднительном положении были официальные редактора, которые обязаны были сидеть в редакции. Когда конфисковали номер, редактор должен был находиться в редакции, а если его не было, посылали за ним для подписания протокола, что конфискованный номер не будет продаваться. Чаще газеты закрывали просто в административном порядке за «вредное направление», как было сказано в постановлении о закрытии и дело заканчивалось этим. Но часто и газету закрывали, и редактора отдавали под суд. Суд в большинстве случаев осуждал их на год-полтора в тюрьму. Были случаи и оправдания, когда суд в напечатанной статье не находил состава преступления. Строже всего наказывалось за «призыв к ниспровержению существующего строя». И полиция, и охранка прекрасно знали в каких условиях издавались газеты; знали, что наши официальные редактора были «редактора для тюрьмы», как они называли их; знали, что настоящие редактора были другие. Поэтому писали в Петербург своему начальству: «часто редакторами газет оказываются лица из крестьян, часто повара, часто лакеи, стрелочники и подобных профессий лица». И это была правда. Эти простые люди совершенно добровольно, не колебаясь, соглашались взять разрешение на газету, хотя заранее знали, что если не больше, то год во всяком случае придется отсидеть в тюрьме за это. Не было исключено получение и каторги, так как призыв к ниспровержению существующего строя карался каторгой. Находить этих официальных редакторов поручено было С. Джибладзе, у которого всегда было в запасе несколько разрешений. Поэтому, когда закрывали газету, на второй же день появлялась другая, того же направления, но под другим названием. Больше всего это раздражало жандармов, но ничего не могли поделать. Пункт манифеста 17-го октября о «свободе прессы» еще не был упразднен. Поэтому отказать в разрешении не могли. Они могли, конечно, тому или иному лицу отказать в разрешении, находя его «неблагонадежным», но мы как раз таких выбирали, чтобы они не смогли придраться. Не менее трудно было подыскать для газеты название. Пользоваться названиями закрытых газет было воспрещено.

Эта борьба за свободу слова одна из красивейших страниц в истории развития грузинской общественной жизни. Это был настоящий поединок между нелегальной организацией и правительством. С одной стороны, вооруженное до зубов правительство огромной империи, а с другой стороны, нелегальная организация, члены которой боялись появиться на улице. Схватка исторического Давида с Голиафом в сравнении с этим почти что ничто. Эта борьба, начиная с 1906 года, продолжалась до революции 1917 года. За этот период времени редко бывало, чтобы у нас не имелось газеты. Когда становилось невозможным издавать ее в Тифлисе, мы перебирались в Кутаис и там продолжали издание. Когда в Кутаисе начинали слишком придираться, возвращались в Тифлис. За этот период многих фактических редакторов переменили наши газеты. Дело осложнялось тем, что нас обязывали в то же время по мере возможности работать в партийных организациях. В конце концов было постановлено, что работающие в редакциях освобождаются от всякой другой партийной работы. Я долго работал в наших газетах то случайным сотрудником, то постоянным, то редактором. Я еще сейчас, после стольких лет, не забыл тех трудностей, которые нам приходилось осиливать, издавая наши газеты. Если откинуть все прочее, достаточно восстановить те психические переживания, которыми мы были тогда полны. Несмотря на все это, я с удовольствием вспоминаю теперь то счастливое время.

Из всех газет, которые выходили под моим фактическим редакторством, только одной посчастливилось долго жить. Она дожила до 111 номера. Это была газета «Момавали» («Будущее»). Наши наборщики собирались на 120-ом номере устроить юбилейный ужин, а потому каждый день обращались с просьбой не пропускать ничего такого, что могло бы вызвать закрытие газеты. Я сам старался в этом направлении и весь материал пересматривал с большим вниманием. Но никак не мог себе представить, что в маленькой корреспонденции из далекой деревни могло оказаться что-либо такое, что могло повлечь закрытие газеты. И вот до «юбилейного номера» не хватало всего девяти номеров, т. е. на 111 номере «проскочила», как мы говорили тогда, корреспонденция относительно экзекуции в каком-то селе, которая повлекла за собой сначала конфискацию газеты, а потом закрытие и предание редактора суду. На третий день мы выпустили газету под другим заглавием, но юбилейный ужин потеряли.

Даже один внешний вид наших тогдашних газет убедительно указывает на то, какая жестокая борьба происходила между редакцией и правительством. Сколько мучений нам доставлял красный карандаш цензоров. Зачеркнутые красным карандашом место надо было заменить новым текстом. И этот новый текст требовал согласия цензора. Большей частью они соглашались с новым текстом и в таких случаях газета выходила как обыкновенно. Но бывали случаи, когда не соглашались и приходилось по несколько раз менять, и в таких случаях выпуск номера, конечно, задерживался. Один раз цензор зачеркнул передовицу и вернул. Надо было написать другую. Один из сотрудников предложил выпустить номер без передовицы. Пересмотрев внимательно перечеркнутую страницу, обнаружил, что цензор зачеркнул весь текст статьи, но не было зачеркнуто заглавие статьи и подпись автора. И вот на месте передовой статьи мы дали заглавие, а в конце подпись автора. Полторы колонки оставили пустыми, как требовал в таких случаях закон. На второй день газета вышла в таком виде и вызвала сенсацию. Заглавие указывало по какому вопросу писалась статья, а подпись — кто был автором. Но что хотел сказать автор и чего не разрешили, никто, конечно, в точности не знал. По этому вопросу редакция получила много писем под заглавием: «автор хотел сказать то-то»... Выпуск номера в таком виде и вызванный им шум так разозлил жандармерию, что на второй день закрыли газету административно. Мы выпустили новую газету, но решили обжаловать распоряжение о закрытии, так как с нашей стороны в этом случае не было никакого нарушения. На суде наш адвокат легко доказал незаконность закрытия газеты, так как ни заглавие, ни подпись не были зачеркнуты и не было никакого распоряжения не выпускать номер с пропуском. Суд, проверив оригинал зачеркнутой передовицы, признал закрытие газеты незаконным. После этого они внимательно зачеркивали не только строки, но и буквы, но и мы не утруждали себя заполнением зачеркнутых мест новым текстом. Благодаря этому, многие номера наших газет появились с «пестрой страницей», с пустыми местами. Все это в смысле агитации против правительства больше производило впечатления, чем те места, которые зачеркивали. Эти «пестрые страницы» были свидетельством того, какая борьба велась со стороны правительства против свободного слова.

К моему громадному удовольствию здесь, в Париже, в библиотеке я нашел номер газеты «Звезда», которую издавала в Петербурге в 1914 году социал-демократическая фракция 3-й Государственной думы. В номере 6-м этой газеты напечатана моя статья под заглавием: «Мартиролог грузинской рабочей прессы», где я привожу сведения, сколько газет было закрыто и сколько номеров их вышло. Эти сведения я и беру теперь для моих воспоминаний, но они касаются только газет, вышедших до 1911 года. А названия газет, вышедших после этого года, восстановлены мною из других источников, хотя не удалось установить, сколько номеров каждой из них вышло, названия же газеты установлены точно. Вот названия тех газет, которые выходили с 1905 года до революции 1917 года. Все эти газеты ежедневные и все меньшевистские, за исключением двух, которые издавали вместе и о которых я говорил выше.

1. «Схиви» («Луч») . . . . вышло 15 номеров
2. «Гантиади» («Рассвет») . . . . ” 5 ”
3. «Елва» («Молния») . . . . . ” 27 ”
4. «Лампари» («Факел») . . . . ” 54 ”
5. «Талга» («Волна») . . . . . ” 38 ”
6. «Григали» («Ураган») . . . . ” 16 ”
7. «Цин» («Вперед») . . . . . ” 26 ”
8. «Гза» («Путь») . . . . . . ” 7 ”
9. «Лахвари» («Меч») . . . . . ” 43 ”
10. «Синатле» («Свет») . . . . . ” 3 ”
11. «Симартле» («Правда») . . . . ” 26 ”
12. «Дила» («Утро») . . . . . . ” 20 ”
13. «Чвени Ситква» («Наше Слово») . ” 26 ”
14. «Чвени Гза» («Наш Путь») . . . ” 35 ”
15. «Цкаро» («Родник») . . . . . ” 37 ”
16. «Циссарткела» («Радуга») . . . ” 23 ”
17. «Зари» («Колокол») . . . . . ” 8 ”
18. «Цискари» («Заря») . . . . . ” 15 ”
19. «Азри» («Мысль») . . . . . ” 27 ”
20. «Дасаткиси» («Начало») . . . . ” 20 ”
21. «Марцхали» («Ласточка») . . . ” 11 ”
22. «Цхвобребис-Сарке» («Зеркало Жизни») ” 23 ”
23. «Наперцкали» («Искра») . . . . ” 34 ”
24. «Ахали Схиви» («Новый Луч») . . ” 2 ”
25. «Хохлы» («Медведица») . . . . ” 28 ”

26. «Екали» («Шип»)	”	32	”
27. «Шурдули» («Стрела»)	”	4	”
28. «Имеди» («Надежда»)	”	15	”
29. «Али» («Пламя»)	”	46	”
30. «Чвени Хма» («Наш Голос») . .	”	25	”
31. «Чвени Азри» («Наша Мысль») .	”	52	”
32. «Чвени Сакме» («Наше Дело») .	”	38	”
33. «Чанги» (« »)	”	43	”
34. «Момавали» («Будущее») . . .	”	111	”
35. «Чвени Газети» («Наша Газета») . .	”	52	”
36. «Ахали Гза» («Новый Путь») . .	”	27	”
37. «Ахали Азри» («Новая Мысль») .	”	7	”
38. «Сакмо» («Дело»)	”	48	”
39. «Ахали Дро» («Новое Время») . .	”	5	”
40. «Ахали Квекана» («Новый Мир») .	”	12	”

41. «Танамедрове Квекана» («Совр. Мир»)
42. «Фикры» («Дума»)
43. «Ахали Фикри» («Новые Думы»)
44. «Симартлис Хма» («Голос Правды»)
45. «Ахали Квали» («Новый След»)
46. «Танамедрове Азри» («Современная Мысль»)

Газеты, отмеченные под номерами 41, 42, 43, 44, 45 и 46, издавались после 1911 года и я не мог, как отметил выше, установить, какой сколько номеров вышло. Во всех этих газетах печатались речи, произнесенные в Государственной думе, сведения о революционном движении, телеграммы из разных стран, корреспонденции со всех углов Грузии, новости дня и другие информационные материалы. Ни в одной из этих газет большевики не принимали никакого участия. И когда теперь большевики и их историки беззастенчиво пишут, что «все это происходило под руководством тов. Сталина» (Жвания, стр. 174), — надо удивляться, как терпит бумага столько пошлостей.

В большевистской прессе был напечатан ряд статей для выяснения причины, почему большевики оказались изолированными из грузинской жизни, а меньшевики стали господами положения.

Из всех большевистских писаний по этому вопросу более интересны два автора, оба старые, и оба самые авторитетные большевики — Махарадзе и Каладзе, мнения которых я хочу здесь привести.

«До конца 1904 года, — пишет Махарадзе, — наши организации стояли на платформе старой "Искры", т. е. на Ленинской платформе. Только с начала 1905 года начинается переход этих организаций на позиции меньшевиков сверху, т. е. сначала стали на эту позицию руководящие органы — комитеты, или, вернее, отдельные влиятельные лица и потом за ними потянулась партийная масса. Большевики после этого остались в меньшинстве и фактически в продолжении 1905 года социал-демократов у нас представляли две разные организации, которые работали отдельно и в то же время боролись между собою. В общем влияние меньшевиков быстро возросло и усилилось и, можно сказать, что они остались полными вершителями судьбы революционного движения. Но это не значит, что большевики совершенно потеряли влияние в массах. Этим объясняется, что меньшевистские массы против желания своих лидеров часто прибегали к революционным мерам, когда борьба против реакции слишком обострялась. В общем, как бы ошибочна ни была тактика меньшевиков в революции 1905 года, во всяком случае меньшевики представляли революционные организации. Но с 1905 года, после революции, уже не это было»...

(Ф. Махарадзе. «1905 год в Закавказье». Изд. Ц. К. Груз. комм. партии в Тифлисе, 1926, стр. 262-263.)

И за это спасибо Махарадзе, что разрешает меньшевикам считать себя революционерами до конца 1905 года! Хотя это свидетельство не стоит и гроша, так как его дает человек, который за всю свою жизнь ни один день не вел никакой революционной работы и понятия не имел о ней.

Другой старый коммунист, Каладзе, посвятил этому вопросу целый ряд статей. Статьи эти во многих отношениях интересны, но здесь я привожу то, что имеет отношение только к большевистско-меньшевистским отношениям, и то вкратце.

«В столкновении наших сил победа меньшевиков для грузинского рабочего класса имела роковое значение. После этой победы наш рабочий класс и сегодня (1902-1923 гг.) под их влиянием находится. К нашему огорчению грузинский рабочий класс и сегодня подчиняется традициям меньшевиков. (Статья написана в 1923 году. — Г. У.). Каким образом меньшевики сумели создать у нас эту роковую традицию? В создании этой традиции, думаем мы, огромную роль сыграла грузинская меньшевистская пресса, которую они называли рабочей прессой, а на самом деле она была национал-демократической... 15 с лишним лет господствовала меньшевистская пресса у нас. Это достаточное время, чтобы пресса могла создать так называемое «общественное мнение». Правда, в продолжение этого периода были моменты, когда существовала и большевистская пресса, то отдельно, то совместно с меньшевиками (общий орган), то легально, то нелегально, но это была только капля в меньшевистском литературном море. Таким образом в борьбе за «рабочую прессу» они как будто заслужили первенство и этим создали иллюзию и традицию. Почему это произошло так, а не иначе? Почему не смогла пустить корни наша большевистская пресса? Почему она у нас не смогла создать историю и традицию прессы? Это не только потому, что в России был многомиллионный промышленный пролетариат, а у нас его не было, как думают некоторые; не только потому, что там тысячи подготовленных и сознательных рабочих, а у нас — только сотни; не только потому, что там социал-демократическая большевистская фракция была сравнительно сильная, а у нас — она состояла из десятка лиц, — но и потому, что там, в России, всей большевистской работой, особенно прессой, руководили такое перо и такая рука, которые принадлежали такому человеку, каковым был Владимир Ленин, а у нас во главе всего меньшевистского движения, особенно прессы, стоял и руководил ненавистник Ленина, наш «Плеханов» — Н. Жордания, который своим пером, эрудицией и «дипломатическими уловками» на нашей бедной земле представлял «большого человека». Большая оппортунистическая сила появилась в Грузии в лице Н. Жордания и то, как «марксист», как «революционер», «просвещенный» за границей. Не даром обратил внимание Ленин на известного «Ан»-а, под которым скрывался Жордания и против которого он так жестоко обрушился в своем журнале «Мысль» (1908-1910 гг.). Он во время понял, что Жордания готовил Грузии черные дни, но что мог он сделать. Он был далеко от Грузии. «Местного зайца может поймать только местная борзая». Необходимо было, чтобы борзая, которая бы поймала местного «зайца», то есть Жордания, оказалась бы здесь на месте, среди нас. В 1905-07 гг. Коба (Сталин) переселился в Баку. Филипп (Махарадзе. — Г. У.) в национальном вопросе стал на точку зрения космополитизма, а Миха (Цхакая. Г. У.) не смог приспособиться к узким берегам Грузии и совсем уехал из Грузии за границу на целых 10-12 лет. Таким образом, поле грузинской прессы, за незначительным временем (1905-06 гг.), большевики по своей воле оставили меньшевикам. Только этим и можно объяснить то положение, что, начиная с 1908 года до мая 1917 года, большевиков нигде не видать и что наши большевики удовлетворились русской прессой. Таким образом исторический факт говорит нам: пока большевизм у нас опирался на интересы местных рабочих, он и у нас представлял силу. Но как только он стал на путь нигилизма и космополитизма, тогда и они, и защищающая их пресса ослабели и улетучились. Этому учит нас история нашей прессы за рассматриваемый период».

(«Рев. Матиане», № 4 за 1923 г., стр. 49-52).

Мы сознательно привели эту длинную выписку. Ее автор старый большевик, который принадлежал к этой фракции со дня ее возникновения. Эти его статьи напечатаны в журнале, который издавал центральный комитет коммунистической партии, поэтому нет сомнения, что до напечатания они были рассмотрены в соответствующих органах, поэтому они имеют в некотором смысле характер документа. И в этом «документе» точно передано, что у нас представляла собой большевистская фракция и какого качества была ее пресса. Правда, Каладзе нас, меньшевиков, считает оппортунистами, наш марксизм ставит в кавычки, нашу революционность берет под сомнение, но это не важно. Важно то, что он факты восстанавливает почти точно. В этом не может с ним сравниться упомянутый мною некто Жвания, который в своей книге бесстыдно уверяет, что всё закавказское революционное движение было создано большевиками под руководством товарища Сталина и их жалкой прессой, которая, по его же словам, с 1907 до 1917 гг. вышла всего на всего в количестве... 72-х номеров и то — время от времени.

Каладзе прав и в том, что у большевиков на самом деле не было никого, кто бы своей эрудицией, или другими какими-либо качествами мог бы влиять на направление общественной мысли и тем заслужил бы доверие грузинского народа. Это верно, но это еще не все объясняет. Нет сомнения, что большое значение имеет, кто стоит во главе общественного движения, но главное все же то, куда ведет личность или партия само движение, какие задачи и цели она ставит движению. И в этом отношении большевики делали все, чтобы поставить себя вне общественного движения и стать просто грабителями, называя этот грабеж более приличным словом — экспроприация.

Об этом я много говорил, а теперь хочу сказать несколько слов о жалобе Каладзе, что у них не было человека или, как он выражается, «борзой», которая могла бы поймать «местного зайца». Такой «борзой» у них на самом деле не было. Я знал всех большевистских главарей лично, имел с ними очень близкие взаимоотношения до раскола, встречался и потом как на общих общественных собраниях, так и в кругах рабочего класса. Знал среди них и таких, которые очень хотели освободиться от тех ложных воззрений, жертвой которых они стали, и многим удавалось это. Но среди всех этих не было ни одного, который мог бы стать лидером. Когда я говорю о лидерах, я имею в виду только Грузию, и из этих грузинских большевиков на пост лидера в первую очередь я назвал бы Ф. Махарадзе. Но он был такой большевик, про которого у нас говорили: «Если Н. Жордания объявит себя большевиком, Махарадзе обязательно станет меньшевиком». Он имел то преимущество, что был среди них лучшим журналистом. Но он никогда не написал ни одной статьи, которая серьезно доказывала бы преимущество большевистской позиции. Правда, он вел часто полемику, но это была мелкая полемика по мелким вопросам, но не по основным, главным тезам расхождения. Писал он также про националистов, но, повторяю, ни разу не создавал ничего серьезного. Писал легко и литературно довольно хорошо. Были времена, когда не «брезгал» писать и в наших газетах. Только во время революции принял постоянное участие в большевистской прессе. Как администратор и руководитель органов управления он ниже всякой критики. Когда его назначили председателем Ревкома, многие большевики говорили вслух: «Какой он председатель? Ему нельзя доверить и двух гусей. Его надо было поместить в архиве, писать в газетах» и т. д. Но если, несмотря на все это, его все же выбирали на такие должности, то это было согласно поговорке — «на безрыбьи и рак рыба». Такой человек не мог стать, конечно, лидером.

После него можно говорить о двух лицах. Один из них — Джугашвили (Сталин), а другой — Б. Мдивани. Из них больше шансов имел безусловно Мдивани, хотя в нем не было совсем того, что так преобладало в Сталине, зато у Сталина не было того, что так характеризовало Мдивани. Формальным образованием Мдивани стоял выше Сталина, но в смысле партийном — Сталин стоял гораздо выше.

Мдивани был высокого роста, красивый, с княжескими замашками. Он не терпел партийных обручей — дисциплины, часто нарушал ее. Любил хороший стол, бывал часто тамадой (шеф стола), пел недурно. Имел большую семью, но не отказывался и от ухаживания. Бывал везде, не отказываясь даже от самых «буржуазных приглашений», за столом которых произносил длинные речи совсем не большевистского содержания. Одно время был артистом в грузинском театре в Тифлисе и не «гнушался» играть в крайних националистических пьесах. Когда он играл, например, в пьесе «Родина» роль главного героя и когда он своим громовым голосом по ходу пьесы произносил «да здравствует родина», весь зал дрожал от аплодисментов. В труппе его считали самым лучшим исполнителем националистических ролей. После тифлисского театра он служил у «архибуржуя» Хоштария в Персии и в его доме был несменяемым «тамадой». Он был самым лучшим оратором среди большевиков. Но оратором митинговым. Он своим красноречием действительно мог увлечь толпу. Но на заседаниях комитета или во время дебатов по вопросам раскола не производил впечатления. В личных отношениях был самый приятный человек. Его, можно сказать, все любили, кто хоть раз имел с ним дело. Я думаю, что у него именно на этой почве среди меньшевиков больше было друзей, чем среди большевиков. Любил очень острить, и это ему удавалось. Звали его Буду и почти по всей Грузии говорили, смеясь, что он как будто сказал: «Я не буду Буду, если комиссаром не буду». Мне передавали, что он это отрицал, но, зная его хорошо, я больше чем уверен, что он на самом деле мог сказать это. Знал очень много анекдотов и их «артистическим» рассказом увлекал своих слушателей. Как видно, он продолжал свои шутки и анекдоты и потом, когда он стал председателем грузинского Ревкома. Один из новых эмигрантов передал мне следующее: чтобы задобрить Сталина, ЦК перевел во дворец его старуху-мать на жительство. Когда началась ежовщина, по прямому распоряжению из Москвы местная Чека неимоверно увеличила охрану матери Сталина и для этого расставила двойную цепь часовых вокруг дворца. В этом же дворце находился и Совнарком Грузии. Когда члены Совнаркома пришли во дворец и увидели такую охрану, спросили своего председателя Мдивани — чем вызвана она? И он, якобы ответил: «Это не я, а из Москвы по прямому проводу было спешное распоряжение усилить охрану Кеке» (Кеке — имя матери Сталина). — «А для чего это?» — «Это для того, чтобы она не родила другого Сталина», — как будто ответил Мдивани. Анекдот этот или шутка быстро распространились не только в Грузии, но и в России и передавали, что Сталин, узнав об этом, был страшно раздражен против Мдивани. Правда ли все это, или нет — не знаю, но, зная веселый характер Мдивани, я охотно допускаю, что он мог это сказать.

Сталин был лишен всего этого. Это — человек мрачного характера, безжалостный, мстительный. На больших собраниях он не мог сравниться с Мдивани, но на партийных собраниях затемнял Мдивани. Мдивани надо было гнать для занятий в кружках и, кажется, бывал он на этих собраниях всего лишь несколько раз, а Сталин туда только и шел. Не думаю, чтобы Мдивани создал хотя бы одну партийную группу, а Сталин этим только и интересовался. Его (Мдивани) стихия была митинги и только митинги. Мдивани произнесет речь и уйдет, а Сталин не выказывал большого стремления к произнесению таких речей и все внимание направлял на овладение организациями, не останавливаясь для этого ни перед чем. На этой почве у него всегда были не товарищеские отношения и в своей фракции. Когда мы работали вместе, он и тогда выказывал эти свои качества, но, как ни старался, никак не мог добиться своего, так как у нас организация формально была нелегальная, но внутри, в сфере управления, широко-демократическая и при таких условиях не так-то легко было проводить закулисные интриги. Но у большевиков было совершенно иначе, и там интригам друг против друга не было пределов. Вследствие всего этого ни Мдивани, ни Сталин, каждый в своем роде, не годились в лидеры. Оба вместе было бы более подходящим, но кто мог согласиться работать с Джугашвили. Он ни с кем не мог сотрудничать. Он должен был быть один. Из среды всех многочисленных знакомых — он был единственный, у которого не было ни одного товарища, ни одного друга. Он объехал все наши организации и нигде не мог задержаться долго. Не было ни одной организации, где его пребывание не заканчивалось бы партийным судом. Сначала в Тифлисе, затем в Батуме, а под конец — в Баку. Говорю «под конец» потому, что после Баку он исчез с кавказского партийного горизонта и перебрался в Россию. Такой человек не мог, конечно, собрать вокруг себя никого. Поэтому он не имел шансов на лидерство в своей фракции.

Мог быть лидером Цхакая, о котором я много говорил выше, если бы не его слабохарактерность. Лучше всех был бы Шаумян, но он не был из кадра «профессиональных революционеров», а таковым почти что невозможно было стать лидером. Он был почти «легальный человек», служил в легальных учреждениях и не слишком старался «потерять место». Правда, он принимал активное участие в движении, но не как «профессионал». Под конец и он стал «профессионалом», но было уже поздно. Осталось слишком мало времени, чтобы заслужить лавры на лидерство. Вот это все, которые могли иметь претензию на лидерство. Все это прекрасно знал Каладзе и поэтому-то он и не нашел в своей фракции ту «местную борзую», которая могла бы поймать «местного зайца»...

Кроме социал-федералистов у нас существовала еще маленькая группа социал-революционеров. Это была местная группа русской социал-революционной партии. Группа эта состояла главным образом из интеллигенции. Она почти никакой связи не имела ни с крестьянами, ни с рабочими. А грузинская интеллигенция в своей массе, как я уже указывал, примкнула к социал-федералистической партии. Грузинский народ не принимал ее программу, но с большим уважением относился к ней за ту борьбу, которую она повела в России, особенно, за ее беспримерные террористические акты. Несмотря на свою малочисленность, она принимала активное участие во всех революционных выступлениях. В 1905 году она решила убить начальника закавказской полиции ген. Ширинкина, но не могла привести в исполнение это решение. При встречах с представителями этой группы на общих собраниях приходилось с ними вести ту же борьбу, что и с социал-федералистами. Бывали они у нас довольно часто в Гурии. Гурийское крестьянство к ним относилось более сдержанно, чем к социал-федералистам, хотя обе эти партии вместе защищали одно и то же — социализацию и автономию...

8

**ПЕРИОД РЕАКЦИИ.
ЛЕНИНСКАЯ ШКОЛА В ЛОНЖЮМО.
МЕНЬШЕВИСТСКАЯ КОЛОНИЯ В ШВЕЙЦАРИИ.**

После разгона второй Государственной думы и ареста всех членов социал-демократической фракции, правительство изменило избирательный закон в Государственную думу. Был издан т. н. «закон Крыжановского». По этому закону число депутатов для Грузии было уменьшено до трех. По этому новому закону выборы происходили по этапам. Сначала выбирали уполномоченных на отдельных куриях. Уполномоченные в свою очередь выбирали выборщиков, а выборщики — депутата. Но число выборщиков заранее было определено для каждой курии и распределено так, что большинство принадлежало курии землевладельцев, как более «благонадежным элементам». Для всей Кутаисской губернии было определено всего 38 выборщиков, из которых — 22 выбирали землевладельцы, а 16 — все города и крестьянство вместе. В Тифлисской губернии из 57 выборщиков, землевладельцы имели 29 выборщиков, т. е. абсолютное большинство было обеспечено самим законом. Тот факт, что от Грузии и в первую и во вторую Государственную думу прошли депутатами все социал-демократы, игравшие в ее думской фракции видную роль, заставил администрацию всеми мерами помешать избранию социал-демократов от Грузии и в третью Госуд. думу. Главным образом это имело в виду правительство, когда для Грузии сокращало число депутатов. Число депутатов оно сократило, но устранить социал-демократию все же не смогло. И в Кутаисской, и в Тифлисской губерниях прошли социал-демократы: в Кутаисской губернии — Е. Гегечкори, а в Тифлисской — Н. Чхеидзе. И если при таких неблагоприятных условиях социал-демократы все же провели своих кандидатов, так это объясняется не только хорошо налаженными организациями, но, главным образом, полным доверием к ним населения.

Годы существования третьей Государственной думы были самые тяжелые политические годы во всей России вообще, а для Грузии — в частности. В эти годы жестокость реакции дошла до высшей точки. Тюрьмы были переполнены политическими. Этапы ссыльных следовали одни за другими. Благодаря массовым арестам, число членов партии заметно сократилось. В некоторых местах в руки полиции попал весь состав организации и восстановить его становилось очень трудно. Суды как гражданские, так и военные работали во всю. Согласно официальным данным до первой половины 1909 года во всем Закавказье в судах было разобрано дело 8.334 чел. А административно было выслано — 13.000 человек. Большинство из Грузии. Например, из Тифлисской губ. — 2.931 чел., а из Кутаисской — 2.164 чел. В это число не входят арестованные в Батумской и Сухумской областях. Не входят также убитые при столкновениях с полицией и войсковыми частями, число которых не установлено, а их не так мало было. Самое большое количество жертв приходится на 1907—1910 гг. В эти тяжелые годы оживление движения казалось безнадежным, серьезно сузились и рамки легальных возможностей, но руководители нелегальных организаций все же не падали духом, хотя в своих рядах не насчитывали очень многих. Организации ослабели, но по мере возможности все же не давали движению заглохнуть и так или иначе участвовали во всех общественных проявлениях. Самая главная работа в этот мрачный период перешла в легальную прессу. Партия имела свою ежедневную газету, о которой я говорил подробно выше. Правда, из-за реакции эти газеты по своему содержанию были очень бедны, но все же они играли большую роль как связь с отдельными местами, так и в смысле освещения своего мнения по тем или иным вопросам общественной жизни.

Несмотря на то, что революционное движение за эти годы как бы замерло, все же в порядке дня стояли такие вопросы, которые имели первостепенное значение для рабочих интересов. Например: страхование, больничные кассы и другие вопросы в том же роде. Эти вопросы стояли в порядке дня и требовали ответа. Все они затрагивали самые насущные интересы рабочего класса и рабочие, понятно, не могли их игнорировать или отказаться от участия в их разрешении. Участвуя в практической работе в связи с этими вопросами, они тем самым вовлекались в борьбу за завоевание тех или иных отдельных прав и позиций. Иных форм движения в то время не существовало. К сожалению, участие в этой работе большевики совершенно незаслуженно окрестили «ликвидаторством» и повели против него бешеную атаку, утверждая, что оно направлено на упразднение нелегальных организаций. Конечно, работа эта вовсе не ставила своей целью ликвидацию нелегальных организаций и нелегальной работы, если только это было возможно в тех условиях. Напротив, всей этой работой при ее возникновении руководила нелегальная организация, так что вопрос о ликвидации нелегальных организаций никогда у нас не ставился и не подымался. У нас этот вопрос не возникал даже в той форме, в какой он встал в центральных губерниях России. Там этот вопрос встал как вопрос об урегулировании взаимоотношений между легальной и нелегальной работой. Но у нас и такого вопроса не было, ибо вопрос о взаимоотношении легальных и нелегальных организаций был разрешен с первых же дней возникновения наших социал-демократических организаций в положительном смысле — работа легальных и нелегальных организаций дополняла друг друга и не было случая, чтобы эти формы организации противостояли одна другой. Правда, были моменты, когда на первый план выдвигалась легальная работа, но это происходило под руководством той же нелегальной организации.

Все это прекрасно знали наши большевики. До раскола сами они принимали во всем этом участие, ни разу не подозревая в этом ликвидацию нелегальных организаций. Но теперь, когда отделились, так увлеклись борьбой, начатой в России против «ликвидаторов», что стали обвинять нас в «ликвидаторстве» чуть ли не с первого дня возникновения наших организаций, забыв, что тогда они были вместе с нами в одной организации.

Самое интересное было то, что они нас объявляли ликвидаторами на том основании, что мы, по их мнению, преувеличивали значение легальных возможностей в ущерб нелегальной работе, а, между тем, сами они открыли беспощадную борьбу против нас именно на почве этой легальной работы, не стесняясь никакими средствами, чтобы обосноваться в этих самых легальных организациях. Ярче всего эта борьба проявилась вокруг того самого легального органа, за участие в котором главным образом и объявили нас ликвидаторами. К этой организации никогда до этого они не проявляли никакого интереса. Это был кружок сценических любителей.

В Тифлисе в те годы существовал Народный университет, в учреждении которого наши товарищи принимали самое активное участие, даже можно сказать, что был учрежден по их инициативе. Народный университет имел устав, утвержденный правительством. По этому уставу университет имел право устраивать «народные лекции», имел право иметь при себе секции, которым предоставлялось право устраивать на своем родном языке народные спектакли и с этой целью могли организовать свои национальные кружки любителей. И грузинская секция, как и другие национальности, имела свой кружок сценических любителей, состоящих исключительно из рабочих, кроме режиссера, которого приглашали каждый раз из состава профессиональных артистов. Этот кружок устраивал спектакли для рабочих в Народном доме. Грузинская секция насчитывала в своем составе около 500 постоянных и сочувствующих членов. Все они были рабочие. По уставу секция имела право кроме годичного общего собрания, на котором происходили выборы членов правления, устраивать также общие собрания, например, для рассмотрения репертуара или отдельных пьес. Имели также право пригласить лектора по своему усмотрению для чтения лекций или рефератов на литературные темы. В то свирепое реакционное время, когда всякое другое собрание было воспрещено, эти разрешенные собрания давали рабочим возможность не отставать от общественных вопросов, приобщаться к ним в той или иной степени и таким путем удовлетворять свои духовные запросы, хотя бы в таких узких рамках. Тифлисские рабочие очень ценили все это и не высказывали желания уступить кому-либо это свое «детище», как они называли свой кружок.

Народный дом, где устраивались эти «народные спектакли» принадлежал городскому самоуправлению, но дни для спектаклей между национальностями распределяло правление Народного университета с участием представителей этих национальностей. Так что на почве работы этих секций происходили также частые встречи представителей национальностей, устанавливались между ними необходимые взаимоотношения, происходил обмен мнений по разным вопросам общественного характера и это имело, в свою очередь, не меньше значения, чем спектакли. Правление секции часто устраивало общие собрания, на которых порой присутствовало 300-400 человек и при обсуждении специфически сценических вопросов, удавалось иногда обсуждение и других злободневных вопросов.

До 1909 года наши большевики никакого участия в деятельности Народного университета и его грузинской секции не принимали. Напротив, сторонились его сознательно, считая неподобающим их революционному сану участие в таких «мелких делах». Но в 1909 году, когда борьба против «ликвидаторов» слишком обострилась в самой России, наши большевики вспомнили о грузинской секции и пожелали овладеть ею; мобилизовали все свои силы и стали наступать со всех сторон. Но общее собрание секции почти единогласно отвергло их претензии и ни одного из них не провело в правление секции. Побежденные здесь, они перенесли борьбу в Авчальскую аудиторию, которая находилась под управлением секции Народного дома, но и здесь потерпели полное поражение. Этим закончилась их последняя попытка забрать в свои руки легальные рабочие организации, и после этого ни разу не показывались на арене открытых рабочих организаций.

В начале 1908 года происходила конференция закавказских организаций, на которой оказался один единственный делегат-большевик. Все остальные были — меньшевики. Эта конференция была последней нашей общей конференцией. Таким образом, в 1908 году мы разошлись с ними окончательно на почве работы в нелегальных организациях, а в 1909 году — на почве работы в легальных организациях. Правда, мы и они остались в одной и той же Российской Социал-демократической Рабочей Партии, но каждый в своей фракционной организации. Каждый из нас имел свой собственный руководящий центр, свою собственную кассу, собственный печатный орган и издательство. И эти отдельные организации продолжали существовать отдельно и тогда, когда временами, по тем или иным вопросам, удавалось все же объединиться для общих выступлений. Различия в вопросах политики, тактики и организации были настолько большие, что не только мы на Кавказе, но даже сама общая партия не смогла установить с ними объединения, так что в самой партии мы имели общую с ними последнюю встречу в 1907 году на лондонском съезде. Лондонский съезд и был нашим последним общепартийным съездом.

Спор о «ликвидаторстве» и о «ликвидаторах» занимал почти все эти годы все партийное внимание. Правда, споры эти не имели местного характера, но поскольку вопрос стоял в партии и вокруг него шла такая ожесточенная борьба, мы не могли, конечно, не вмешиваться в этот спор и не занять ту или иную позицию. По той причине, что спор не имел местного характера, вся полемика происходила на русском языке, а на страницах местной партийной газеты спор этот находил место только в порядке информации. Не лишено интереса и то, что нападая на «ликвидаторов», сами большевики, по крайней мере вначале, не смогли в спорных вопросах занять более или менее ясной позиции. Некоторое разочарование замечалось и в позиции самого Ленина. Поэтому то он не раз возвращался в «Дискуссионном листке» к вопросу о «превращении русского самодержавия в буржуазную монархию», о «новом царизме», о «прусском типе развития» и советовал «перестать говорить по-французски», а «говорить по-немецки» и т. д. Дело дошло до того, что из большевистских рядов выделилась официально группа и создала свою собственную организацию под названием «Вперед», которая открыто обвиняла Ленина и его группу в «оппортунизме», в «отступлении от позиции большевизма» и его позицию именовала — «полуоборот направо». «Ленинство в 1908—1910 гг., отражает в себе временный упадок, временную апатию некоторых слоев пролетариата, утомленных борьбой 1905—1907 гг.,» — писали впередовцы в специальной брошюре. («На темы дня», стр. 8. Издание «Вперед»).

Надо отметить и то, что вокруг «ликвидаторства» разгорелась более жестокая борьба, чем вокруг большевизма и меньшевизма. Партийный лексикон обогатился новыми словами: ликвидатор, антиликвидатор, партиец, ленинцы-партийцы, большевики-партийцы, меньшевики-партийцы, ликвидаторы-подпольщики, троцкисты-партийцы, троцкисты-ликвидаторы, плехановцы-партийцы и т. д. И все это в одной партии!

В 1910 году, в январе, в Париже состоялось заседание пленума Ц. К. Российской Социал-демократической Рабочей Партии, на котором в числе других вопросов, стоял вопрос о создании партийной школы. Вопрос этот был решен в положительном смысле. Для организации школы на том же заседании была избрана специальная комиссия, в которую вошли от большевиков — Зиновьев и Семашко, от меньшевиков — Павлович (Волонтер), от поляков — Ледер, от Бунда — Давидзон и от латышей — Березик. Открытие школы задерживалось в виду задержки нужных денег из партийных сумм, которые задержал Ленин. По урегулировании денежного вопроса, школа в конце концов, в 1911 году, все же была открыта.

Нашим закавказским организациям было предоставлено в школе только одно место. Сначала наш Областной комитет не находил нужным воспользоваться этим правом, но потом решено было послать кого-либо и предложил мне ехать. Я принял предложение, но по личным причинам мой приезд в школу задержался и я прибыл с некоторым опозданием. Я должен был ехать нелегально и это тоже имело влияние на мое опоздание.

Маршрут был из Грузии через город Поти, на пароходе до Одессы, а там через нелегальную границу. С капитанами всех пароходов в хороших отношениях были руководители портовых рабочих, которые работали по погрузке и выгрузке этих пароходов. И через них я очень хорошо устроился на одном из пароходов, капитан которого принял на себя заботу обо мне не только в пути, но и в самом городе Одессе, доставить меня по нужному адресу. Ночью, совершенно незаметно, я поднялся на палубу и капитан сейчас же повел меня в свою каюту. Пароход принадлежал «Русскому Обществу» и курсировал между Одессой и Поти с заходом в разные порты для приема грузов. На все это уходило много времени, а я спешил, но, конечно, из-за этого пароход не мог изменить свое расписание. Помимо опоздания, путешествие вышло великолепное. Прекрасная каюта капитана, обильная еда, полное спокойствие и величавость моря.

Когда в Поти я поднялся на пароход, капитан предупредил, что я совершенно гарантирован от полиции, если не буду днем гулять на палубе, а всю ночь можно оставаться на палубе, хотя бы до утра. Я в точности исполнял этот наказ и за все время путешествия ни разу не поднимался днем на палубу. На пароходе были и другие пассажиры и капитан опасался, что кто-нибудь из них в любом порту мог сообщить обо мне в полицию. Путешествие продолжалось 16 дней и море все время «вело себя прилично», как говорил капитан. Когда мы прибыли в Одессу, капитан дал мне одного матроса, которому поручил доставить меня по адресу, который я имел для «явки». Здесь меня приняли по-товарищески, оставили у себя ночевать, но сообщили, что «одесская граница» провалилась и что мне придется ехать через Киев. «Туда мы всех теперь направляем» — добавил он. На другой день, после обеда, получив от хозяина адрес, я выехал в Киев. А оттуда благополучно переехал границу и направился в Париж.

Для Парижа у меня имелись все адреса, где я мог найти нужных мне людей. В первый же день в Париже я встретился с Л. Каменевым, которого я знал раньше по Стокгольмскому съезду. Узнав, что я приехал в школу от закавказских организаций он очень обрадовался и сообщил, что занятия в школе уже начались и завтра мы поедем с ним вместе в школу, а до того пригласил меня к себе.

Я не знал, что Каменев был женат. Когда мы пришли к нему домой, он познакомил меня, сказав: «Это моя жена, Ольга Давыдовна». Я знал, конечно, что Каменев большевик, поэтому на его вопросы и расспросы я отвечал, не забывая этого. Мы засиделись довольно долго и во время нашей беседы, в которой очень активно участвовала Ольга Давыдовна — у меня создалось впечатление, что она не большевичка. Особенно проявилось это, когда Л. Каменев довольно грубо отозвался о некоторых лидерах меньшевиков, обвиняя их в «ликвидаторстве». Ольга Давыдовна очень резко реагировала на это и не менее резко отозвалась о лидерах большевиков, не исключая и своего мужа.

Среди большевиков Каменев без сомнения был самым культурным человеком и в данном случае поступил по-джентльменски. Когда Ольга Давыдовна произнесла резкие слова о большевиках, он реагировал на это тем, что встал и смеясь, обращаясь ко мне, заявил: «Позвольте представить вам самую страшную меньшевичку!» Все мы рассмеялись и этим было сглажено впечатление, созданное резкими словами супругов Каменевых. И чтобы совсем замять это, вернулись к разговорам о кавказских делах. Но о чем бы мы ни говорили, непременно возвращались все к тому же фракционному спору. Давно уже было за полночь, когда хозяева заявили, что пора спать. На другой день Каменев собирался в школу и я должен был ехать с ним. Перед уходом Ольга Давыдовна, смеясь, сказала: «Смотрите, чтобы они не вздумали там командовать вами». Мы все рассмеялись и, поблагодарив хозяйку, я вместе с Л. Каменевым поехал в школу. В школе я узнал, что Ольга Давыдовна сестра Троцкого и что она самая активная меньшевичка. Активная меньшевичка и активный большевик — муж и жена — жили вместе, и, несмотря на разгар фракционной борьбы, это нисколько не имело влияния на их взаимоотношения. Этот случай меня очень удивил, я впервые встречался с этим. У нас, на Кавказе, особенно в Грузии, если в семье бывали представители разных партий и разных фракций, они расходились не только на почве программы и тактики, но и в личной жизни, даже переставали разговаривать между собой. Я знал много случаев, когда отец расходился с сыном, брат с сестрой, брат с братом. Редки были случаи, когда муж и жена принадлежали к разным партиям или течениям, но если бывали такие — всегда уступала жена.

По дороге Каменев рассказал мне, что школа открылась в Париже, но через несколько дней была переведена в то село, куда мы сейчас едем — Лонжюмо. Это было довольно большое село в 14 километрах от Парижа. Здесь был нанят большой дом, который раньше занимал местный фермер. К дому был пристроен огромный ангар. Дом находился на рю Гранд, № 17. Дом сняла на свое имя Инесса Арманд. Она была по происхождению француженка; была женой русского большевика, сосланного в Сибирь. После ссылки мужа в Сибирь, Инесса, воспользовавшись тем, что она была француженкой, вернулась во Францию. Она была очень энергичная особа и большая поклонница Ленина. Все, что касалось школы с формальной стороны, было поручено ей. Она же через социалиста-депутата Раппопорта урегулировала перед правительством все формальные вопросы, относящиеся к школе. Она жила со своим маленьким сыном при школе и заведывала общей хозяйственной частью школы. Главным хозяином школы был Ленин, а его секретаршей — его жена Крупская. В школе была устроена общая столовая. Постоянных слушателей было всего 13 человек и 4 вольнослушателя — все из разных уголков России. В смысле школьного образования большинство — не выше среднего. Слушатели жили там же, в деревне. Некоторые — в гостинице, некоторые — на частных квартирах. Столовались и слушали лектора все вместе в столовой школы, за одним общим столом. Из лекторов здесь жили только Ленин с женой и Зиновьев. Все остальные лектора жили в Париже, приезжали утром и после лекций, пообедав с нами, уезжали. Ленин с женой жили на частной квартире, в двух маленьких комнатах с кухней, на той же улице, в доме № 91 (к этому дому французские коммунисты, после окончания мировой войны, прикрепили мраморную дощечку с надписью: «Здесь жил Ленин»).

Первое название школы было: «Ecole supérieure du marxisme révolutionnaire». Но потом почему-то изменили это название и назвали: «La première université marxiste». Финансами школы ведал Семашко, тот самый, который после октябрьского переворота был комиссаром здравоохранения. Закупками провизии для школы ведала Инесса Арманд. Лекции читались в ангаре, который имел одну большую дверь и ни одного окна. Свет проникал через маленькие отверстия в стенах. Пол был земляной. Посредине стоял длинный, широкий стол, вокруг которого сидели слушатели во время лекции. Лекции начинались в 8 часов утра и заканчивались в половине двенадцатого. В 12 часов был обед, а после обеда — никаких занятий.

Лекции читались по следующим предметам:
Политическая экономия, философские течения, аграрный вопрос, теория и практика социализма — лектор Ленин.
Государственное право — лектор Нахамкес (Стеклов).

Профессиональное движение — лектор Гольдендах (Рязанов).

Рабочее законодательство и деятельность социал-демократической фракции Государственной думы — лектор Семашко (Александров).

Кооперативное движение — лектор Давидзон.

История Российской Социал-демократической Рабочей Партии — лектор Родомыльский (Зиновьев).

История искусства — лектор Луначарский.

История буржуазных партий в России — лектор Розенфельд (Каменев).

История социал-демократической партии Польши и Литвы — лектор Ледер.

История социал-демократической партии Латышского Края — лектор Браун.

Вне расписания, иногда, раз или два в неделю, после обеда, читал о рабочем движении в разных странах — Раппопорт. После лекции слушатели задавали лекторам вопросы, на которые давались подробные ответы.

По вечерам все слушатели собирались в маленьком кафе и свои стулья ставили на узком тротуаре перед кафе, что очень затрудняло проход, но никто не протестовал. Очень часто слушатели довольно дружно затягивали русские и украинские песни, что привлекало многих слушателей. Песни эти так нравились всем, что часто сами упрашивали спеть что-нибудь. А иногда за это даже угощали пивом. Благодаря этим песням, нас почти все село знало и относилось к нам очень хорошо. Правда, по-французски никто из нас не говорил, но все же как-то объяснялись довольно «хорошо», а в сложных случаях выручала мадам Инесс. Почти каждый день, после обеда, ходили поблизости к реке и кто хотел купался. Часто по вечерам бывал с нами и Ленин, но более часто Зиновьев.

Во время пребывания в школе я имел возможность близко познакомиться со всеми руководителями школы как в частной, так и в общественной жизни. Думаю, что впечатление, которое сложилось у меня тогда, не лишено интереса и сегодня. Среди всех, с кем пришлось иметь дело, на первом месте стоит, конечно, сам Ленин.

Ленина я знал по его писаниям, по партийной деятельности, видел его на партийных съездах, слушал его как оратора, но близко, в ежедневной жизни, первый раз приходилось встретиться с ним здесь, в школе. И, если бы я его не видел раньше, не поверил бы, что он и есть тот самый Ленин, о котором столько разговоров было в партийной среде. По наружности он не был так «некрасив», но и не так «красив», как воспроизводили его фотографические снимки после октябрьского переворота. Низкого роста, худой, скуластые щеки, глубоко сидящие маленькие глаза, почти совершенно лысая голова и маленькая бородка клином. Одевался он довольно неаккуратно. Короткие брюки до колен, длинные чулки, расстегнутый пиджак без жилета и без галстуха — вот его ежедневное облачение в будние дни и в праздники. За все время моего пребывания в школе, я только один раз его видел с галстухом и то по настоянию жены. Это было, когда вся школа поехала в Версаль.

Так же просто была обставлена и его квартира: две маленькие комнатки, не особенно светлые, три-четыре простых стула, довольно примитивный стол средних размеров, на котором в беспорядке валялись книги и журналы. Подняться к нему на квартиру надо было по узкой и почти висящей лестнице на первый этаж. Я был у него два раза по его приглашению и все собирался спросить, почему он не найдет более удобной квартиры, но как-то не мог улучить момента заговорить об этом.

В своем обычном облачении ходил он и в школу читать лекции. Читал он очень просто, предполагая, наверное, что его слушатели недостаточно подготовлены для глубокого понимания читаемых лекций. Начинал всегда сидя, но потом вставал со стула, закладывал большие пальцы в разрез жилета под мышкой и продолжал читать стоя, постепенно удаляясь маленькими шагами с того места, где сидел, и вдруг, как будто заметив, что слишком удалился от места сидения, быстро направлялся к столу, не прерывая чтения, садился и продолжал. Через некоторое время — та же процедура и так несколько раз до окончания лекции. Для своих лекций он никогда не пользовался ни книгами, ни какими-либо записями. Все остальные лекторы приносили с собой набитые всевозможными материалами портфели, очень часто и книги, откуда приводили очень много цитат для подтверждения того или иного положения. Все лекторы один раз в неделю, по субботам, устраивали так называемые «проверочные сеансы», — вопросы и ответы на прочитанные темы. А Ленин имел такие «сеансы» каждый день. Для этого он оставлял всегда после лекции 15-20 минут, и эти вопросы и ответы пользовались большой популярностью среди слушателей. Ни разу за все время существования школы, он не произнес ни одного слова во время лекции о фракционных распрях, но после лекции, именно эти фракционные дела были для него самыми интересными, самыми важными и самой приятной темой для разговора. И когда кто-нибудь из слушателей спрашивал его о положении дел в партии, он с большой охотой начинал говорить и говорил не уставая, запальчиво, не щадя никого. Такого рода разговоры происходили всегда либо после обеда, либо вечером перед кофе, когда он с нами бывал. Он сам начинал об этом говорить, и бывало это обычно тогда, когда Зиновьев ездил в Париж и оттуда приезжал нагруженный всевозможными «партийными новостями», как выражались там.

Когда он начинал говорить о русских меньшевиках, всегда поворачивался в мою сторону и улыбаясь вставлял: «Это к грузинским меньшевикам не относится». Он не раз говорил в моем присутствии:

— Удивительно почему грузинские меньшевики поддерживают Аксельрода и Мартова, а не нас! Что общего между грузинскими меньшевиками и нашими (он упорно называл русских меньшевиков — «наши меньшевики», — очевидно нас считал чужими!) меньшевиками? Грузинские меньшевики, как и мы, твердо защищают нелегальные организации, а наши меньшевики везде их упраздняют. Несмотря на это, на съездах они всегда поддерживают „ликвидаторов", — и все в таком же роде.

Я только один раз вмешался в такой разговор и сказал:

— Вы здесь так отзываетесь о грузинских меньшевиках, а там, в Грузии, местные большевики про нас говорят — "Русских меньшевиков еще можно терпеть, но грузинские меньшевики — это неисправимые оппортунисты, ликвидаторы и националисты".

— Правда, так говорят? — спросил Ленин и громко расхохотался.

Среди окружающих Ленина в тот период своей преданностью выделялись только двое — Каменев и Зиновьев. Они никогда не спорили с ним ни о чем, никогда не возражали, во всем подчинялись ему и беспрекословно исполняли все его поручения. В особенности Зиновьев, который, как говорили в школе, был у Ленина «на побегушках». Заметно было, что Ленин больше считался с Каменевым, чем с Зиновьевым.

Моему приезду в школу Ленин очень обрадовался. Он меня лично не знал, конечно, хотя, когда встретились, как бы про себя произнес: «Это лицо я где-то видел». Но я убежден, что это он сказал так, между прочим. «Я очень доволен, что кавказские организации приняли участие в нашей школе», — добавил Ленин, и начал расспрашивать о кавказских делах, спрашивал о Жордания, о депутатах Государственной думы, о взаимоотношениях с местными большевиками, о «ликвидаторстве» и о многом другом. И все это как бы вскользь, быстро переходя с одного вопроса на другой. Расспрашивал также, как сошло путешествие, не было ли каких-либо препятствий и когда я сообщил о провале «одесской границы«, — он с некоторым удивлением спросил Зиновьева: «Почему нам не сообщили об этом?» Зиновьев, который был тут же, ответил: «Теперь наверное восстановлено». После этих расспросов, он обратился к Зиновьеву с вопросом относительно комнаты для меня и сказал: «Нужно найти для него хорошую комнату, а то убежит. Грузины народ капризный», — смеясь добавил он. Ленин ушел, а я с Каменевым и Зиновьевым вместе вошли во двор школы. Здесь к нам подошел господин, которого Каменев представил мне как «министра финансов школы» — доктора Семашко, и передал ему распоряжение Ленина найти для меня отдельную комнату. Семашко в свою очередь это распоряжение передал еще кому-то другому и через несколько часов комната для меня была снята в доме у одного крестьянина, поблизости школы, где я и устроился. Столовались мы, как я уже говорил, все вместе в столовой школы. Финансовая часть школы была целиком в руках доктора Семашко, а хозяйственная — в руках Инессы Арманд. Семашко жил в Париже, приезжал каждое утро на велосипеде и оставался в школе иногда до вечера, а вечером уезжал в Париж. И так каждый день — и в будни и в праздники. Он был очень добрый, до крайности услужливый человек и необыкновенно простой. Никогда ни один слушатель не обратился бы с какой-либо просьбой, например, к Ленину, к Зиновьеву, но к Семашко обращались всегда и не было случая, чтобы он кому-нибудь в чем-либо отказал. Раз вечером он сказал нам, что в Версале бывает очень интересный праздник и если мы хотим, то он с удовольствием устроит поездку туда, но надо знать об этом своевременно, так как надо заранее приготовить еду; там купить что-нибудь будет трудно. Мы все сразу заявили о нашем желании поехать в Версаль. И так как праздники наступали скоро, он энергично взялся за подготовку поездки. Инесса, по его указанию, заготовила хороший обед и в день праздника мы рано утром двинулись в путь. С нами поехали Ленин с женой и Зиновьев, а остальные лекторы приехали из Парижа прямо в Версаль. Мы довольно долго осматривали знаменитый дворец в Версале, затем не менее знаменитый сад, а потом в уголке сада расположились, как многие другие, обедать и вместе с тем наслаждались знаменитым «боем фонтанов». Должен признаться, что на меня самое большое впечатление произвел именно этот «бой фонтанов» и я не скрыл этого, что удивило многих. «Здесь столько исторических памятников, а ему понравился бой фонтанов» — заявил один из слушателей иронически. Зиновьев нашел этому «философское» обяснение: «Вообще, — сказал он, — народов Азии легче привлекает внешний эффект, чем содержание исторических событий!» Я спорить не стал. Поездкой мы были очень довольны и вернулись поздно ночью.

Через несколько дней после моего приезда в школу, Каменев сказал мне, что его жена просила, чтобы я каждую субботу вместе с Каменевым приезжал к ним в Париж, оставался на воскресенье, а в понедельник вместе приезжали в школу. Я поблагодарил его за такое внимание, но от приглашения отказался. «В таком случае, — сказал Каменев, — я должен остаться здесь. Меня убьет жена, если я не исполню ее приказания», — добавил он, улыбаясь. В субботу он снова просил меня поехать и я согласился. Жена его, Ольга Давыдовна, оказалась прекрасным человеком. Приняла она меня очень радушно, а по воскресеньям целый день водила по разным уголкам Парижа осматривать исторические места. Попутно подробно знакомила с положением дел в партии, о фракционных распрях и т. п. Я узнавал от нее все партийные новости и всегда был осведомлен обо всем довольно подробно. Надо отметить, что она оказалась на самом деле «очень боевой меньшевичкой», как величал ее муж. Она так запальчиво говорила со мной о большевиках, как будто она на фракционном собрании и перед ней «твердо-каменный» большевик. Раз, когда она так раздраженно говорила о Ленине и его фракции, — я, смеясь, спросил, «Как же вы уживаетесь с вашим мужем, он ведь самый приближенный человек Ленина и один из руководителей его фракции?». Она, тоже смеясь, ответила, что она с мужем никогда о политике не говорит. Ольга Давыдовна очень интересовалась вопросом — каким образом я попал в школу. «Ведь это школа большевиков» — говорила она. Я рассказал ей, что приглашение в школу мы получили от той комиссии, которая была избрана от общего центра и что мы в Тифлисе не знали, что школой завладели большевики. Если бы мы знали об этом, наши организации возможно отказались бы от участия и не прислали бы никого. Но теперь, раз я приехал, не стоит бросать и возвращаться. Она согласилась с этим, но предупредила: «Здесь настоящая охота на новоприбывших и, смотрите, чтобы они не перетащили вас на их сторону» — добавила она улыбаясь. Она так боялась этой «охоты на вновь прибывших», что каждую субботу, когда я приезжал к ним с Каменевым, спрашивала: «Ну, как дела? Еще не поколебали они вас?» Я с благодарностью вспоминаю все, что она сделала для меня тогда. Благодаря ей я очень и очень много усвоил, об очень многом был осведомлен, и очень много труда положила она на то, чтобы использовать мое время для осмотра исторического города.

Л. Каменев хорошо знал, что я был меньшевик. И в школе все узнали, что я меньшевик, но несмотря на острую борьбу в партии на фракционной почве, здесь, в школе на этой почве никаких недоразумений не возникало по отношению ко мне, хотя все слушатели были не только просто большевики, но «большевики-ленинцы». Относились они ко мне, может быть даже лучше, чем друг к другу. Поэтому меня часто приглашали арбитром, когда возникало какое-либо недоразумение между слушателями и не запомню, чтобы они отвергали мой арбитраж. Удивительное дело! Вне фракционной склоки все эти слушатели были очень милые люди, предупредительные, услужливые, хорошие товарищи и некоторые стали даже друзьями. Должен признаться, что я не вел здесь никакой фракционной дискуссии, даже тогда, когда тот или иной лектор во время лекций, или в частной беседе, задевал мою фракцию, отзываясь о ней не совсем литературно. Во время занятий, когда задавались вопросы лекторам, я и тогда обходил все такие вопросы, которые могли вызвать фракционные прения. Только один раз позволил себе нечто такое и то в форме простой реплики. Раз Ленин в своей лекции сделал обзор событий, происшедших после 1905 года и в этом обзоре он, между прочим, сказал: «Участие в Государственной думе выяснило, что широкие народные массы на самом деле возлагали большие надежды на эту Думу. Но, слава богу, что эту иллюзию разрушила окончательно сама Дума!» И вот здесь я подал реплику: « Ведь, меньшевики как раз это и доказывали и на этом основании отвергли бойкот и настаивали на участии в выборах». Эта маленькая реплика меня уже зачислила формально в меньшевика, как для лекторов, так и для слушателей. Но должен удостоверить, что это абсолютно не повлияло на мое положение.

На другой день Ленин почти всю свою лекцию посвятил этой моей маленькой реплике. Он принес в школу газеты того времени, где были напечатаны его статьи по этому вопросу. Принес и газеты меньшевиков, где были напечатаны статьи меньшевистских лидеров, и целый час старался доказать, что он был прав тогда, и приводил свой постоянный аргумент в пользу своей позиции. Этот аргумент был таков: вся масса никогда не бывает настроена революционно. И дело революционного передового отряда вести эти массы за собой. А такой передовой отряд во время Думы безусловно был, и был свободен от всяких иллюзий насчет Думы, потому и стоял за бойкот и искал более острого оружия вне участия в Государственной думе. Это оружие было восстание. «Вот почему и защищали мы тактику бойкота и, если бы не меньшевики со своим участием в выборах — ход революции был бы совсем иной!» Он долго говорил на эту тему и когда кончил, задал обычный вопрос — есть ли вопросы. Я заметил, что все хотели, чтобы я сказал что-нибудь, но я воздержался и лекция была закончена.

Состав слушателей был довольно хорошо осведомлен о фракционных спорах, но совершенно односторонне. Знали они все постановления почти наизусть, но меня поражала узость их мышления. Сравнивая их с нашими большевиками в смысле общего развития, я убеждался, что наши большевики в общей массе куда выше стояли в интеллектуальном отношении, чем эти. Я говорил об этом с Каменевым и он дал мне такое объяснение: «Это не только у нас большевиков, но у всех партий такое же положение и причина этому общая — недостаточное развитие общественной жизни страны». В основном, возможно, это объяснение и верно, но, по моему, немалое значение имела и сама система большевистского руководства. Среди большевиков господствовало два понятия: приказ и исполнение. На этой почве выросло и утвердилось то неслыханное подчинение своим лидерам, какое существовало в большевистских организациях. Я сам свидетель того, как усердно наши большевики изучали все письма своих лидеров и все постановления своих фракций. Но изучали вне всякой критики. Раз написано так, значит надо изучать так, а не иначе — оправдывались они, когда им указывали на это школьное «зазубривание». У них даже конференции и заседания своих комитетов заканчивались быстро, тогда как у меньшевиков прениям не было конца. У меньшевиков каждый делегат считал своей обязанностью непременно высказаться, каждый вносил свою поправку в резолюцию, над которой работала целая комиссия, и часто в защиту самой ничтожной поправки, беспокоили целый ряд авторитетов. А у них это было очень просто — написали лидеры, наше дело не спорить, а исполнить. Поэтому и было, что все слушатели в школе старались как можно подробней записать в своих тетрадях все, что говорилось в школе. И потом по этим записям изучали. Очень часто сверяли записи друг у друга. Одного слушателя, с которым я был в хороших отношениях, я спросил — что за интерес записывать так подробно и изучать наизусть все эти лекции? Он мне ответил: «На местах это будет для нас очень большим подспорьем. Оно будет иметь значение не только для меня, но и для других товарищей на местах. Там у нас не бывает свободного времени для изучения чего-либо, а здесь у меня много свободного времени и надо воспользоваться тем, что говорят руководители».

Занятия закончились. Настало время разъехаться. Была уже осень. Общие занятия прекратились, но начались фракционные «занятия». Эти занятия происходили в Париже. Для этого по два, по три слушателя отправлялись в Париж вместе с Зиновьевым дня на два, на три и оттуда возвращались нагруженные фракционными постановлениями и директивами. Мне, конечно, не было предложено ничего такого. Характерно, что те, которые ездили в Париж, по возвращении рассказывали нам обо всем, но о фракционных поручениях — ни слова. Обо всем этом я узнал подробно только тогда, когда вернулся из Парижа тот слушатель, с которым я был в очень хороших отношениях. — «Нас возят по два, по три человека, — говорил он мне, — для того, чтобы одни не знали, что поручается другим. Так что, конспирация, оказывается, нужна нам не только по отношению к меньшевикам, но и по отношению к своим», — добавил он, смеясь.

С этими конспиративными директивами наши слушатели стали готовиться в путь. В последний день, в зале нашей школы, был устроен прощальный ужин. Вокруг длинного лекционного стола собрались все, кто имел какое-либо отношение к школе, в первую очередь, конечно, лектора и слушатели. Во главе стола сидел сам хозяин школы — Ленин. Когда приступили к еде, встал Каменев и заявил, что так как у нас сегодня прощальный ужин, нам придется выпить несколько стаканов за здоровье тех, кто так много поработал для успеха нашей школы. Он сказал: «Я бывал в Грузии и знаю, что там не может быть такого большого ужина без шефа, который называется тамадой. Сегодня наш стол тоже должен иметь своего шефа. И так как в этом более опытны грузины, и среди нас есть товарищ грузин, я предлагаю выбрать его тамадой». Все сразу подняли бокалы и выпили за мое здоровье, провозгласив тамадой. Выпил рюмку коньяку и Ленин (он пил только коньяк). Я встал, поднял стакан, и поблагодарив всех за такое внимание, отказался быть тамадой.

— Почему, почему? — раздалось с разных мест.

— Отказываюсь, — заявил я, — потому, что по грузинским обычаям тамада должен сидеть всегда во главе стола. А здесь во главе стола сидит товарищ Ленин и, следовательно, тамадой должен быть он.

Не успел я докончить фразу, как Ленин вскочил со стула и забрав свою тарелку — пересел и громко сказал:

— Вот я уже освободил для вас место!

Это вызвало общий смех. Благодаря веселому настроению, я еще больше осмелел и продолжал:

— Что место уступили это хорошо, но этого не достаточно.

— А что еще? — подали реплику с разных сторон.

— У нас, — говорю я, — тамада настоящий, всеми признанный диктатор стола и, как вы знаете, здесь за нашим столом один диктатор уже сидит, а два диктатора ни в государстве, ни в обществе не могут ужиться, не могут сосуществовать мирно рядом. Поэтому я могу согласиться быть тамадой, если только я один буду диктатором. Для этого необходимо, чтобы другой диктатор публично заявил, что он добровольно отказывается от роли диктатора.

С разных сторон послышалось:

— Кто этот другой диктатор?

Я, конечно, назвал бы этого диктатора, но, вдруг, Ленин встал и сказал:

— Товарищ грузин не назвал меня, но он все время смотрел в мою сторону, говоря о диктаторе. Поэтому не ошибусь, если скажу, что он имел в виду именно меня. А если не назвал меня прямо — это, товарищи, по обычной «меньшевистской трусливости» (это выражение очень любил Ленин по адресу меньшевиков). Вообще уступать меньшевикам я не намерен, но сегодня я могу сделать исключение. Я согласен отказаться от диктаторства, но наперед должен знать — это временная мера, или — навсегда?

Слова Ленина еще больше рассмешили всех. Ответ был за мной, и я не замедлил ответить, что — «конечно навсегда!». Ленин тотчас же пересел на свое место и громко заявил:

— На это уж я никак не согласен! — Все это создало очень веселое настроение. Встал один из слушателей, взял стакан и произнес:

— Наш товарищ грузин желает стать нашим диктатором и не только с нашего согласия, но и по нашей просьбе. Но времена приглашения варягов давно прошли у нас (намекая на то, что я грузин). Желая стать нашим диктатором, он требует от нас отказаться от уже здравствующего нашего диктатора. Я не знаю, как вы, но я никак не могу согласиться на это. Для меня более приемлем диктатор, к которому я уже привык, чем диктатор новый, про которого я ничего не знаю. Поэтому я поднимаю бокал за здоровье товарища Ленина.

Все встали. Встал я тоже и заявил, что чувствую себя побежденным и что с удовольствием присоединяюсь к тосту за товарища Ленина. В ответ на тост за его здоровье, Ленин произнес довольно длинную речь о школе, о ее значении и о занятиях в ней, об обязанностях слушателей школы на местах в России и о той борьбе, которую ведет «наша социал-демократическая партия». Меня удивило, что многие из присутствующих слушали его стоя. Когда он кончил — раздались аплодисменты. Аплодировал и я. Когда стихли аплодисменты — встал я и заявил:

— Хорошо, что я не был тамадой, а то всех, кто стоял во время речи Ленина, вывел бы в другую комнату и там посадил бы за отдельный стол, как не умеющих держать себя по отношению к тамаде. По нашим обычаям, тамада сам должен стоять, когда произносит речь, а все остальные сидят. А если может случиться, что во время речи тамады кто-нибудь встанет, тамада сейчас же предложит ему сесть, а если не послушается, то по распоряжению тамады его выведут.

На это кто-то крикнул:

— Слава богу, что мы не выбрали его тамадой, — указывая на меня.

Поднялся общий хохот. Было произнесено много прекрасных слов, пели очень дружно и в общем веселии ужин затянулся почти до рассвета. На другой день начался разъезд. Прощались очень по дружески с пожеланиями всяких успехов. Я тоже собирался уехать, но Ленин просил подождать пока он не вернется из Парижа, куда он уезжал, по его словам «на два-три дня по спешному делу». После обеда он уехал, я остался в школе, где еще было несколько слушателей в ожидании своей очереди.

Ленин вернулся из Парижа на третий день и сообщил нам, что у них в Париже было совещание об объединении, но ничего не выходит. Не выходит потому, что меньшевики не хотят отказаться от ликвидаторства, а объединяться с ликвидаторами было бы преступлением с нашей стороны против партии и против революции, и все в таком же духе. Я заметил, что он ошибается, думая, что в России кто-то хочет ликвидировать партию; там нет таких, которые допускали бы, что на основании закона

3-го июня возможно будет создание легальной социал-демократической партии. Это я слышал здесь, но там, в России, таких нет. Там идет спор о том, каким путем возможно будет легче включить всю рабочую массу в широкое движение и какая форма организации будет более соответствовать этому. Я там никогда не слыхал, чтобы кто-нибудь из социал-демократов проповедывал упразднение нелегальных организаций и замену их какими-то легальными партийными организациями. Здесь он прервал меня и сказал:

— Это может быть так у вас, на Кавказе, но в Москве и Петербурге именно так, как я говорил.

На это я заметил:

— Вот вы говорите, что это не относится к нам, а местные большевики обвиняют нас как раз в этом, хотя хорошо знают, что нелегальные организации существуют по-прежнему и никогда не поднимался вопрос об их упразднении. Поэтому к сообщениям оттуда надо относиться очень осторожно, в особенности, когда они касаются фракционных вопросов.

— Но Ан (Жордания) ведь оправдывает и защищает в своих статьях ликвидаторов? — сказал Ленин.

— Ан защищает потому — ответил я — что большевики подменили тему спора. Ведь вопрос стоит так: Что надо сделать для того, чтобы рабочее движение стало массовым и какая форма организации более соответствует этому? Большевики же отсюда сделали такое заключение: следовательно, вы хотите упразднить существующие нелегальные организации и заменить их другими! Никто, никогда, так не ставил вопроса и никто таких требований никогда не выставлял! Это только здесь, повторяю, за границей, можно услышать, но не там, на местах.

— В таком случае пусть Ан заявит публично, что он не защищает ликвидаторов и не добивается упразднения нелегальных организаций, — заявил Ленин.

— Раз не существует ликвидаторов в вашем понимании — нечего и делать таких заявлений — сказал я.

— Тогда, значит, и Плеханов заблуждается, когда так борется против ликвидаторов, в том числе и против Ана? — спросил Ленин.

— Конечно, — ответил я, — Плеханов безусловно введен в заблуждение и мне как раз и поручено повидаться с ним и передать ему, что он ошибается в этом вопросе вообще, а в частности по отношению к Ану.

Сообщение о том, что мне предстоит свидание с Плехановым, заметно было, заинтриговало Ленина. — Переменив тему, улыбаясь, он сказал:

— Вы вероятно расскажете Плеханову о нашей школе?

— Конечно, если он спросит об этом, — ответил я.

— Надеюсь не скажете ничего такого, что усилит его отрицательное отношение к нашей школе? — сказал Ленин.

— Почему я должен сказать что-либо такое? Я совсем не заинтересован, чтобы о нашей школе были плохого мнения, — ответил я.

— Плеханов много недопустимых зигзагов сделал в своей жизни, но за последнее время все искупил своей борьбой против ликвидаторов. В этом вопросе я всецело вместе с ним и его позицию поддерживаю без всяких резервов — сказал Ленин, и эту последнюю фразу произнес так, что у меня получилось впечатление, что он очень хотел бы, чтобы я передал это Плеханову. Он опять вернулся к Ану и его статьям о ликвидаторах и спросил:

— Каким образом вы можете убедить Плеханова, чтобы он изменил свое мнение об Ане в этом вопросе?

Я ответил, что вовсе не ставлю себе целью такую задачу.

— Я намерен лишь дать ему правдивую информацию. Я даже не осмелюсь с ним спорить. Я хочу только, чтобы и он и вы знали правду. Повторяю, там хотят под руководством нелегальных организаций способствовать развитию открытого широкого массового движения и создать для этого соответствующие организации. И если бы наши лидеры, проживающие заграницей, поддержали бы это начинание своим авторитетом — они оказали бы большую услугу пробуждению рабочего движения. Здешние споры не проясняют, а затемняют вопрос и коверкают его здоровое содержание. Вот вам пример: в Париже мне один товарищ задает такой вопрос: «Ну, как у вас там, на Кавказе, — за легальные организации стоят, или — за нелегальные?» Я ответил, что ничего такого я там не слыхал. — «А вы давно уехали с Кавказа?» — спрашивает. — «Несколько месяцев тому назад» — отвечаю. — «Тогда вы должны были знать, что происходит у вас» — говорит он удивленно. Видимо было, что он заподозрил меня в незнании кавказских дел и переменил тему разговора. Вот до чего не осведомлены здесь заграницей наши товарищи, — заключил я.

В разговор вмешалась жена Ленина — Крупская и спросила:

— Ваши большевики какую позицию занимают в этом вопросе?

— Почему они наши? — спросил я, шутя.— Они ваши большевики и занимают ту позицию, которую продиктовали им отсюда (я хотел прямо назвать Ленина, но воздержался). Но разница в том, что они нас, кавказских меньшевиков, считают ликвидаторами, а русских меньшевиков упрекают только в том, что они нас поддерживают и защищают, т. е. как раз диаметрально противоположное тому, что вы говорите здесь. Вы считаете русских меньшевиков ликвидаторами, а нас, в лице Ана, обвиняете в их поддержке и защите, а они как раз наоборот.

Уже вечерело. Собеседование было закончено и, расходясь, Ленин просил зайти к нему завтра до обеда.

На другой день я зашел к нему и застал его одного с женой. После незначительных разговоров, он спросил, не смогу ли я исполнить для него маленькое поручение. Я ответил, что с удовольствием, если только смогу.

— Это не трудное дело, — сказал Ленин. — Я хочу, чтобы вы передали от меня Кобе (Сталину), чтобы он приехал в Париж. Но не думайте, что я хочу натравить его против вас, — добавил он улыбаясь.

— Нет, конечно, не подумаю, — ответил я. — У нас не так плохо обстоят дела, чтобы бояться подобных «натравителей», и при том он и без того достаточно натравлен против нас, и не думаю, что вы можете добавить в этом отношении что-либо, если даже пожелаете. Я непременно передам ему ваше желание, но вы, вероятно, не знаете, что он исключен из бакинской группы большевиков, — говорю я.

Тогда я был о Ленине такого высокого мнения, что его поручение Кобе, я объяснил незнанием того бакинского факта, о котором я ему сообщил и был уверен, что как только он узнает об этом — откажется от своего поручения. Но, каково было мое удивление, когда он мне сказал:

— Это ничего. Мне как раз такие нужны!

Он заметил мое удивление и продолжал:

— Эти исключения из групп в процессе нелегальной работы, почти всегда происходят по ошибке, по непроверенным заявлениям и фактам, часто основанным на недоразумении, поэтому не следует придавать этому слишком большого значения. Тем более, что исключение из одной группы, или организации, еще не значит, что он исключен из партии, так как из партии может исключить только партия, а не группа, как бы авторитетна она ни была. Постановление бакинской группы, если оно имело место, требует расследования и утверждения. Поэтому, несмотря на ваше сообщение, я все же просил бы вас передать ему мое поручение.

Я повторил, что как только приеду на Кавказ, его поручение будет исполнено.

За этим последовали другие разговоры о разных лицах, но об этом здесь не упоминаю. На другой день приехал Семашко, который должен был дать проездные деньги и обратный маршрут как мне, так и другим, которые ждали своей очереди. Когда Семашко высчитывал одному, сколько ему дать — зашел Ленин и, указывая на меня, сказал: — «Расчет его надо сделать отдельно. Он едет в Женеву к Плеханову». Сказал это и ушел. Когда Семашко рассчитался с другими, он спросил меня, на какой срок я думаю остаться в Женеве. Я ответил, что приблизительно 2-3 недели, не предполагая, что это имеет отношение к «проездным деньгам». Я не думал, что они могут оплатить мне этот расход, об этом с Лениным не было никакого разговора. И когда так неожиданно для меня, Ленин сказал Семашко, что я «проездом должен быть в Женеве у Плеханова», я вспомнил вчерашний наш разговор о встрече с Плехановым и о нескрываемом желании Ленина знать, о чем я буду с ним говорить, каков будет мой рассказ о школе, передам ли я Плеханову, что Ленин разделяет его позицию о ликвидаторстве «без всяких резервов» и т. д. Не припомню сейчас, как высчитал Семашко мои суточные для Женевы, но хорошо помню, что он посчитал мне за три недели и за дорогу, добавив к этому проездные и суточные до Тифлиса, и все это составило такую сумму, какой я никогда не имел. В этот день Семашко пригласил меня на обед в ресторан. Я пришел в назначенное время и был удивлен, что к обеду пришел и Ленин с женой. Ленин был в очень веселом настроении, что редко бывало с ним. В разговоре за столом не раз возвращался к моей встрече с Плехановым. Возможно я ошибаюсь, но я постепенно убеждался, что Ленин очень хотел, чтобы я рассказал Плеханову обо всем и хотел убедиться, передам ли я ему его мнение. За обедом он несколько раз повторял, что «наконец-то он вполне солидарен в этом очень важном партийном вопросе с Плехановым», а Семашко добавил: — «Да как же иначе, в конце концов и он должен убедиться, что именно мы, и только мы, являемся истинными носителями идеалов рабочего класса. Было неестественно, что Плеханов, основатель партии, этого до сих пор не понял, но лучше поздно, чем никогда», — закончил он.

За все время это был единственный случай, когда Семашко в моем присутствии вмешался в партийный спор. Не произнесла ни одного слова Крупская. Она была вообще молчалива. Я не слыхал, чтобы она боролась за большевиков так, как боролась за меньшевиков Ольга Давыдовна Каменева. Говорили, что Крупская очень помогает мужу в его работах, что она самый доверенный человек Ленина в секретных перепесках, но лично мне об этом ничего неизвестно. Злые языки ее молчаливость, ее некоторую отчужденность, объясняли ревностью к Инессе Арманд, но можно утверждать, что за период моего пребывания она не имела к этому никакого основания. Правда, Инесса играла доминирующую роль в жизни школы, но это исключительно в хозяйственной части. И это было совершенно естественно, ибо без нее никак не могли обойтись. Она как француженка и как очень энергичный человек властно ведала делами школьной организации, чем и производила впечатление, что она хозяйка школы, и никто другой. И таковой она могла стать, конечно, благодаря покровительству Ленина. Думаю, что на этой почве и возникли те «романические» слухи, которые шли как в школе, так и вне школы. Во всяком случае, никто не мог сказать, что между Крупской и Инессой существовали такие отношения, которые давали повод думать нечто подобное. Но факт, что такие слухи шли и вызывали шутливо-острые замечания, приводить которые нет надобности.

Обед закончился очень семейно-дружески, и признаюсь я был тронут таким их отношением ко мне. Было довольно поздно, когда я попрощался с четой Лениных с большой благодарностью. Прощались и они очень сердечно с пожеланием доброго пути. Ленин еще раз напомнил о его поручении. Провожали до пункта отхода поезда на Париж и мы с Семашко вместе выехали в Париж. Оставляя Лонжюмо, искренно попрощавшись с Лениным, разве мог я тогда представить себе, что через каких-нибудь десять лет этот человек зальет кровью и свою, и мою страну и меня самого сделает эмигрантом в той самой стране, где я с таким энтузиазмом готовился тогда на борьбу за светлое будущее всего человечества. Капризной судьбе угодно было, чтобы в этом изгнании предопределить мне местожительство поблизости того самого Лонжюмо, где я коротал долгие дни с будущим палачом моей родины! И проезжая каждый раз по той улице мимо того дома, где была школа, я думаю об этом.

Приехав в Париж, дружески попрощался с Семашко и направился к Каменевым. У Каменевых я остался три дня. Все, что касалось парижской эмиграции и фракционных новостей, я уже знал довольно подробно. Поэтому все свое время употребил на осмотр города и его достопримечательностей, и в этом незабываемую услугу оказала мне Ольга Давыдовна Каменева. На четвертый день я попрощался с этими добрыми хозяевами и направился в Женеву.

В Женеве было много моих товарищей, грузин-эмигрантов, бежавших от суда и преследований. Я имел адреса некоторых из них, но на всякий случай Ольга Давыдовна дала мне адрес клуба меньшевиков в Женеве и письмо к управляющему клуба с просьбой оказать мне всяческое содействие. Приехав в Женеву, я совершенно случайно встретил моего старого товарища-эмигранта, А. Жоржолиани, который бежал от суда в Женеву, и здесь стал студентом-медиком. Он спешил куда-то, увидел меня, но не остановился, не поверив своим глазам, что это я, как он потом мне сказал. Я окликнул его, и он убедившись, что это на самом деле я, немедленно подбежал ко мне. Он очень обрадовался моему приезду, повел к себе, дал знать всем грузинам, и через часа два вся женевская грузинская колония знала о моем приезде. Все они были эмигранты, большинство мои партийные товарищи, но было несколько человек и из других партий. Здесь оказался также и тов. Шавдя, бывший председатель Одесского социал-демократического комитета, которого я не знал лично, но о котором много слышал. Несмотря на партийные разногласия, все были рады моему приезду, интересуясь общим положением на местах, и в тот же вечер, не спрося меня, назначили мой доклад. После доклада стали задавать всевозможные вопросы как общего, так и частного характера. Собрание затянулось до поздней ночи. На другой день с их помощью я легко нашел клуб меньшевиков и его заведующего. От него я узнал адрес Мартова и Дана, написал им письмо, что мне очень хотелось бы их видеть. Я очень скоро получил их ответ с просьбой обязательно приехать к ним.

Женева, как город, мне очень понравилась. Спокойный, кругом озера, красивая река — Авра, прекрасные здания, в центре очень большое поле. Передавали, что это поле пожертвовала городу одна богатая женщина с условием, что не возведут на нем здания, а останется полем для детей. И город в точности исполнил желание жертводателя. Здесь, на этом поле, почти всегда можно было видеть кого-либо из эмигрантов. В каждом углу сидели группами и спорили до хрипоты. Мои знакомые передавали, что на этом поле («Плен-Пале») каждая группа имеет свой уголок, имели и мы свой уголок и указали мне, где этот уголок. И на самом деле, когда бы я ни пришел, всегда заставал здесь кого-либо из грузин, а очень часто всю группу. Когда я ехал из Парижа, я боялся, что из-за незнания языка, мне будет трудно найти нужные адреса. Оказывается для этого достаточно было выйти на «Плен-Пале» и там можно было найти кого хочешь.

Женева в то время была интересней Парижа. Это был центр политической эмиграции. Здесь было очень много эмигрантов всех политических убеждений и национальностей. Здесь же жил и Георгий Валентинович Плеханов, основоположник Российской Социал-демократической Рабочей Партии. И это придавало особое значение тамошней эмигрантской жизни. Почти каждый день кто-нибудь читал какой-либо реферат и слушатели всегда бывали. Сам Плеханов, как передавали, очень редко выступал с докладом, но когда он выступал, за час до доклада все места уже были разобраны. Передавали, что на его рефераты съезжались эмигранты со всех городов Швейцарии и не только партийные, но и другие. Это и не удивительно. Ведь он был самый образованный социал-демократ. Истый европеец, глубокое знание трактуемого предмета, приятный голос, изящный литературный язык — все это прямо ласкало слух, не говоря уже о богатом содержании, что привлекало всех.

За время моего пребывания в Женеве кто-то из эмигрантов прочел реферат, но в зале было так шумно, что референта, который читал о национальном вопросе, почти не было слышно. Несмотря на беспрерывные звонки и упрашивания председателя, шум не прекращался. Потом я спрашивал моих товарищей — какой смысл посещать такие доклады, когда никто не слышит, о чем говорит докладчик. — «Это не всегда так» — ответил мне один. — «Вот увидишь что будет, когда будет читать Плеханов». Я узнал, что на следующей неделе предполагается реферат Плеханова. И на самом деле, на реферате Плеханова порядок был совсем иной — никакого шума, никто не курил и каждое слово докладчика было слышно даже в конце большого зала. И собрание закончилось в полном порядке, несмотря на то, что прения были очень острые. Из всего видно было, что к Плеханову все относились с уважением, даже и те, которые с ним не соглашались и выступали против него. Послушать его съехались и из других городов. Встречали и провожали шумными аплодисментами. Когда собрание закрылось и Плеханов ушел, среди присутствующих вспыхнули новые дебаты, которые перенесли на улицу. Я не обратил внимания на то, о чем они спорили; мое внимание занимало то, что такой шум на улице, даже крик, не привлекли внимание полиции. Я ждал появления полиции каждую минуту и предупредил об этом моих друзей, которые в ответ громко рассмеялись и успокоили меня, сказав, что здесь это дело привычное, никто на это не обращает внимания. Все знают, что это мы, эмигранты, и знают что мы иначе и не можем. Грузины, товарищи, в этом споре на улице не принимали участия, но когда мы все пошли ужинать, там вспыхнул такой спор, что чуть было не превратился в общую драку. Несколько товарищей вскочили и убежали, сказав сердито: «С такими оппортунистами как вы и кушать стыдно». Я и здесь не вмешивался в спор, мне неприятно было только, что некоторые ушли, но меня успокоили тем, что сказали: — «Это обычная история, завтра все придут!» И на самом деле, на другой день все пришли; казалось, что и не помнят о ночном инциденте. Когда я упрекнул одного из них по поводу инцидента на ужине, он, смеясь, сказал: — «А что же делать! Надо же воевать с кем-нибудь, а здесь никого нет, кроме своих, вот и воюем между собой, но миримся без вмешательства Интернационала». Это вызвало общий смех.

Как я уже говорил выше, в Женеве я должен был повидаться с Плехановым. Я через его секретаря попросил принять меня. Плеханов не только согласился принять, но и пригласил на обед. Прием у Плеханова был назначен мне в 11 часов и ровно в 11 я был у него. Он принял меня очень радушно, вспомнил нашу встречу в Стокгольме и стал расспрашивать о кавказских делах вообще, а в частности о Гурии. Он не скрывал, что был очень недоволен статьями Ана (Жордания) о ликвидаторах. — «Я никогда не ожидал от него защиты и поддержки ликвидаторов», — сказал он с нескрываемым упреком. Я не смог убедить его в противном. Повторил то, что говорил об этом в Париже, стараясь убедить его, что там на местах этот вопрос не стоит так трагически, как наблюдается здесь, за границей. Я сказал ему, что если у нас заговорит кто-нибудь о том, что необходимо принять энергичное участие в профессиональных организациях, в рабочих страховых обществах, в больничных кассах и тому подобных учреждениях, большевики сейчас же поднимают крик, что мы ликвидируем партию и хотим заменить ее какой-то легальной партией, и, как видно, здесь поверили в эту сказку. Что касается Ана, если бы он был сторонником ликвидаторов, — это проявилось бы прежде всего у нас, в Грузии, а между тем у нас нигде такой вопрос не ставился. Плеханов сказал: «Я верю, что это так, как вы говорите. Я убежден, что кавказские организации не пойдут на это, но так же убежден, что статьи Ана настоящая защита ликвидаторства и оправдание позиции ликвидаторов». Собеседование не было закончено, когда вошла жена Плеханова — Розалия Марковна, и пригласила нас к столу. После обеда Плеханов хотел, чтобы я рассказал ему о школе, но Розалия Марковна сказала мне, что ее муж всегда после обеда отдыхает, и нарушать эту привычку не хорошо для него; она просила, если можно зайти завтра и продолжить это собеседование. Я сразу встал и собрался уходить. Перед уходом Плеханов спросил меня, на какой срок я приехал в Женеву. Я ответил ему, что хочу повидаться с Мартовым и Даном, а потом уеду. Плеханов сказал, что, конечно, нужно их повидать, «хотя они так погрязли в ликвидаторском болоте, что вытащить их оттуда будет не легко». При прощании Розалия Марковна, напомнила, чтобы завтра я пришел в то же время, как сегодня. Она не пригласила меня на обед, но на второй день они не хотели отпустить меня и оставили у себя обедать. Рассказом моим о школе Плеханов не был удовлетворен. — «Сколько денег истратили на то, чтобы слушать глупости Каменева и Зиновьева! Но Ленин интересовался не знанием, а тем, чтобы иметь своих агентов», — сказал Плеханов раздраженно. Во время моего рассказа о школе, он подавал такие реплики, что я счел за лучшее не говорить ему о заявлении Ленина, что он «всецело, без всяких резервов поддерживает его, Плеханова, позицию по отношению к ликвидаторам». После обеда я простился с ними с большой благодарностью за такой прием и от них пошел прямо на «Плен-Пале», где меня ждали наши грузины. Их очень интересовало мнение Плеханова о многих вопросах, и я не считал нужным скрывать от них и передал им добросовестно все, что знал.

Из Женевы я поехал в Вегис (так называлось место, где жили Мартов и Дан). В Вегисе я застал довольно многочисленную группу меньшевиков. Дан с женой, Ларин с женой и Мартов и среди них жена грузинского товарища К. Гогуа из Тифлиса. Из женщин я знал только Гогуа, остальных нигде никогда не приходилось видеть. С Мартовым и Даном был лично знаком еще со съездовских времен, но с Лариным не был знаком лично, хотя тоже видел его на съезде. Высокого роста, худой, парализованная рука и нога делали его почти калекой. Несмотря на это очень живой, подвижной. Голос у него был очень нервный, шипящий и это не располагало слушать его долго.

Место, где они жили, находилось вблизи леса. С утра все они уходили в лес, устраивались под деревьями и занимались своим делом: читали, писали, а кто шил или штопал. Было тихо, никакого шума. В полдень возвращались в пансион и, пообедавши, снова почти все уходили в лес и оставались там до позднего вечера. Моему приезду все обрадовались. Человек из России для всех эмигрантов представлял большой интерес вообще, тем более, если этот приезжий товарищ по партии. А здесь, в Вегисе, были не только товарищи, но в то же время и лидеры того направления в партии, к которой принадлежал я сам. А это, само собой разумеется, усиливало их интерес к моему приезду и к моей встрече с ними. А если прибавить к этому и то, что я должен был вернуться в Россию, а это в тогдашних условиях имело большое значение для разных поручений, интерес к моему приезду будет вполне понятен. Поэтому при первой встрече, товарищ Мартов, не спрашивая меня, сам объявил, что завтра утром состоится доклад товарища из Грузии, сначала о кавказских делах, потом о парижских, а затем о женевских встречах. На следующий день, на обычном для них месте, в лесу, я рассказал о движении как на Кавказе, так и в России, поскольку я знал. Было очень много вопросов. Они интересовались всеми мелочами относящимися к движению, политическому состоянию, положению организаций как легальных, так и нелегальных, об общем настроении вообще всего народа, а в частности рабочего класса, о фракционной борьбе, о ликвидаторстве — словом обо всем, что могло иметь значение для всестороннего понимания положения на местах. Я старался, конечно, удовлетворить их желание, поскольку мог. Целый день ушел на это. На другой день я начал им докладывать о делах парижских, главным образом о школе. Но я сразу заметил, что поскольку они серьезно и с огромным вниманием отнеслись к моему докладу о российских и кавказских делах, постольку не серьезно и шутливо отнеслись к школе и лекциям там прочитанным. По адресу некоторых лекторов раздавались такие реплики, что вызывали общий смех. Самые острые реплики подавал Ларин. Например, про одного лектора спросил — не знаю ли я, кто приготовлял для него лекции? Все расхохотались. Я принял его вопрос серьезно и удивленно спросил: — «Как это приготовляли для него лекции? Конечно сам готовил». — «Но он ведь безграмотный» — ответил Ларин. — «И не так безграмотен, чтобы не мог прочитать шпаргалки Ленина», — вставил другой. Мой рассказ о школе создал такую веселую атмосферу, что я, признаться, был немножко сконфужен. И все время до отъезда, то один, то другой, дразнили меня разными вопросами о школе и о лекциях. Но встречу с Плехановым и разговор с ним, главным образом, об его отношении к ликвидаторам вообще, а в частности к Ану из-за его статьи, был воспринят всеми самым серьезным образом и мои сообщения вызвали очень интересный обмен мнений по этому вопросу. Дебаты шли, главным образом, между ними. Ни один из них и не защищал и не требовал, конечно, ликвидации нелегальных организаций. В своем прекрасном и очень содержательном слове Мартов, между прочим, с большим пафосом заявил:

— Да, я ликвидатор! Но ликвидатор не социал-демократической партии, не нелегальных организаций, а ликвидатор ленинских бандитских организаций и методов. И пока мы этого не добьемся, у нас ни настоящей партии, ни настоящих организаций не будет.

Мартов так возмущенно говорил, что как будто был на собрании и боролся с противником.

— Когда Ленин поступает так — это меня не удивляет, — продолжал он, — но что Плеханов сошел с ума, это и удивительно и печально. Неужели он на самом деле думает, что мы хотим ликвидировать партию?! Почему он так легкомысленно покрывает своим авторитетом эту новую авантюру Ленина?

— Если Плеханов на самом деле и Ана считает ликвидатором — тогда я перестаю его понимать, — вставил Дан.

Я в своем слове повторил то, что говорил всем, а именно: что ни на Кавказе, ни в России не стоит этот вопрос так остро, как здесь.

— Там никто не требует упразднения одного и замены его другим! Там говорят только — принять самое активное участие во всех тех организациях, которые создаются для рабочих, и направлять их деятельность на защиту рабочих интересов максимально. И только! Но такая работа вовсе не ставит целью упразднение существующих нелегальных организаций. Напротив, именно эти нелегальные организации и являются активными деятелями во всех этих так называемых открытых организациях. Правда, там, кое-где, идет спор на страницах газет и этот спор местами принимает такой характер, что он на самом деле может создать почву для настоящей ликвидации, если ему не будет положен конец, — закончил я.

Спор, начатый утром, продолжался и после обеда и удивительно было то, что он не терял своей остроты и продолжался в том же духе, как начался. Лично для меня эти дебаты имели самое большое значение, и я старался разобраться в мнениях и воззрениях именно этих товарищей. С этой целью я задавал им вопросы о том, что казалось мне в их словах не совсем ясным и все они давали мне самое подробное разъяснение, понимая, конечно, что это не только для меня, но и для товарищей на местах.

Остался я здесь целую неделю. Относились все они ко мне не только дружески, но, можно сказать, с любовью. В личных отношениях и в товарищеских взаимоотношениях все они на самом деле были люди идеальные: благородные, преданные, готовые услужить всем, верные товарищи и друзья. Все они были известные деятели, признанные вожди, главари и руководители, образованные и интеллигентные в широком смысле, а я, маленький человек, никому неизвестный, ничем не выдающийся, ничем не импонирующий, не чета им, а между тем с первого же дня приезда такую атмосферу создали вокруг меня, что я чувствовал себя как равный с равным, а не как младший перед старшими. В продолжении той недели, которую я провел среди них, я столько любви и душевной теплоты набрался, что и сегодня, после стольких лет невзгод, громадное удовольствие испытываю, когда то время припоминаю...

Уезжая при прощании, провожали меня все, я расцеловался со всеми и, нагруженный разными поручениями, оставил моих дорогих друзей-хозяев и двинулся в Женеву. На другой день зашел к Плеханову попрощаться. Он задержал меня, интересуясь мнением Мартова и его друзей, которых он считал, на самом деле, ликвидаторами и был удивлен, когда я сообщил ему, с каким возмущением говорил Мартов о том, что его могут заподозрить в ликвидации партийных организаций. Сказал ему, что все они считают это самой гнусной клеветой. И когда я ему сообщил, что они дали мне поручение передать всем меньшевикам как у нас, так и в России, чтобы они в своей деятельности в первую очередь постарались о восстановлении и укреплении нелегальных организаций, я заметил, что это очень понравилось Плеханову и он сказал: «Слава богу, если они в конце концов поняли это!». Не знаю, поверил ли он мне во всем, но я сделал все возможное, чтобы уменьшить между ними разногласия...

Плеханов был настолько любезен, что дал мне ответы на целый ряд вопросов и не отказал в просьбе дать письмо к закавказским товарищам. Письмо было запечатано, я его довез до Тифлиса, и когда его вскрыли и прочли, оно всецело касалось вопроса о ликвидаторстве. При прощании Плеханов подарил мне свою книгу с дорогой для меня собственноручной надписью. Я был очень тронут всем этим. На другой день я попрощался со всеми моими товарищами-грузинами и вечером покинул Женеву.

Когда я ехал в школу, я не был так обеспокоен, что в пути меня могут арестовать. Но, возвращаясь обратно, не был убежден, доберусь ли до Тифлиса. Причиной такого беспокойства послужило то, что в школе ходили упорные слухи, что среди слушателей находится агент охранного отделения, но кто именно — никто не знал, конечно. Руководители школой считали этот слух провокацией. Но после революции 1917 года по жандармским архивам установили, что таких агентов в школе оказалось целых два.

Несмотря на все страхи, я без всяких инцидентов добрался до Тифлиса и здесь, после целого ряда докладов в разных организациях, поселился в Тифлисе и стал попрежнему заниматься газетной работой.

Когда я приехал в Тифлис, нашей газетой руководил Н. Хомерики. С Хомерики я познакомился еще в 1902 году в Батуме, где он состоял членом социал-демократической организации. (См. Приложение № 3).

9

**ВЕНСКАЯ КОНФЕРЕНЦИЯ (АВГУСТ 1912 Г.).
МОЙ АРЕСТ И ССЫЛКА.
ВСТРЕЧИ С ВОРОШИЛОВЫМ И ЕЖОВЫМ
(С. О. ЦЕДЕРБАУМ).**

Общепартийное положение за время моего отсутствия ничем не улучшилось. Тот же фракционный распад, тот же разгул реакции, тюрьмы переполнены арестованными, общественная арена для политической и общественной работы еще более сузилась, многие из руководителей местных организаций, которых я оставил еще не арестованными, теперь оказались высланными. Словом, положение стало еще хуже, чем было при мне, до отъезда. Единственное — это думская социал-демократическая фракция, которая энергично выступала против реакции и будила общественную мысль. Заметно было и то, что местные работники серьезно были озабочены создавшимся политическим положением в стране и считали абсолютно необходимым положить конец разброду и объединить свои силы. Поскольку за границей взаимоотношения между различными группами были слишком обостренные, постольку здесь, на месте, чувствовалось властное стремление к объединению. Можно сказать, что все было готово психологически, не доставало только инициативы. И эту инициативу взяли на себя представители Бунда и латышских социал-демократических организаций, которые в конце 1911 года приехали в Тифлис для переговоров по этому вопросу с нашим Областным комитетом. Областной комитет встретил эту инициативу очень сочувственно и согласился принять участие в этой работе. Таким образом, по инициативе этих трех организаций была создана так называемая «Организационная комиссия», которой поручено было подготовить и созвать общую конференцию.

«Организационная комиссия» взялась за работу очень усердно. Ее представители разъезжали по всей России, из них многие были арестованы, но созвать конференцию все же удалось. В процессе работы по созыву конференции выяснилось окончательно, что Ленин и его группа не примет участия и что они сами созывают свою конференцию. И на самом деле, 19 января 1912 года они устроили свою собственную конференцию в Праге. Конференция эта, как известно, объявила себя общепартийной конференцией, хотя на ней никто, кроме так называемых ленинцев, не присутствовал, и выбрала Центральный Комитет под фирмой общепартийного, что вызвало общее возмущение как за границей, так и в самой России. Все группы, кроме ленинцев, постановили не признавать ленинского переворота и поддержать инициативу «Организационного комитета» по созыву действительной общепартийной конференции и таковой должна была стать венская конференция, которая и собралась в самой Вене, в августе 1912 года.

На этой конференции нам, закавказским организациям, было предоставлено четыре мандата, из которых три были пересланы нашим товарищам за границу, в том числе и товарищу В. Мгеладзе (Трия), который тогда находился за границей. А четвертый был предложен товарищу Б. И. Николаевскому (ныне проживающему в Америке, известному социал-демократу), который работал тогда в Баку. В случае, если бы он не смог поехать, должен был ехать я. Б. И. Николаевский не мог поехать и пришлось ехать мне. В Тифлисе я получил деньги на дорогу, а «явку» и маршрут заранее. Помимо конференции мне было поручено нашим «Областным комитетом», вместе с тов. Мгеладзе (Трия), повидаться с известным немецким социалистом К. Каутским и через него просить Центральный Комитет немецкой социал-демократической партии денег на думскую выборную кампанию (4-ая Дума). Мгеладзе (Трия) находился в Женеве и был уведомлен о времени моего приезда в Вену, где он должен был ждать моего прибытия туда.

Переехав благополучно границу, я приехал в Вену за две недели до открытия конференции. В Вене ждал тов. Трия, который жил у Троцкого, куда был приглашен и я. Троцкий жил с семьей в Вене, занимал целую квартиру и издавал там газету «Правда». В этой газете печатались многие видные социал-демократы, в числе их и Жордания, под псевдонимом «Ан», но газета принадлежала только Троцкому и никакая организация за нее не отвечала. Не было тогда даже организационно-оформленных так называемых «троцкистов».

Троцкого я видел на конгрессе, но познакомиться лично не довелось. Наружность его меня не особенно привлекала. Слышал я также о его гордости, даже чванливости. Когда я поселился у него в довольно большой комнате вместе с тов. Трия, он довольно повелительным тоном объявил нам, что пока мы останемся в Вене, будем жить у него на всем готовом. «Будем есть, что бог даст, а если не хватит, — добывайте, где хотите и как хотите», — добавил он, улыбаясь. Мы прожили у него больше 20-ти дней и прожили в такой дружеской атмосфере, что лучшего нельзя было желать и ожидать. Жена Троцкого оказалась очень милой хозяйкой, относилась к нам как к близким и каждый день извинялась, что не сумела приготовить хороший обед, хотя всего было вдоволь. В личных отношениях с нами, и муж и жена, были очень внимательны, старались угодить, как могли. По вечерам, то все вместе, то с одним Троцким, долго просиживали в кафе, где нас развлекал своими рассказами товарищ Трия.

Трия — был рабочий-наборщик. Это тот самый наборщик Мгеладзе, который набирал ту первую прокламацию в Тифлисе, о которой я уже рассказывал по воспоминаниям большевика Каладзе. Образование он получил только в сельской школе, но так много читал, что считался одним из лучших так наз. «передовых рабочих». Он давно бросил свою профессию наборщика и стал «профессиональным революционером». Был бесстрашен, силач, брался за все рискованные революционные предприятия. Был одним из лучших агитаторов. Обладая громовым голосом и подходящим лексиконом, он безгранично увлекал толпу. Он был поэтом, писал, хотя и редко, стихи и некоторые его стихотворения заняли почетное место в грузинской литературе. По-русски грамматически говорил плохо, но не стеснялся произносить речи и делать доклады на русском языке. Содержание его речи или доклада все хорошо понимали, а грамматические ошибки все великодушно прощали. Он говорил больше жестами, чем словами и, когда раскрывал свои могучие руки, казалось, что вот-вот зажмет все собрание в своих объятиях. Он часто бывал за границей. Как только наступала реакция и начинали за ним «охотиться» для ареста, — он убегал за границу. Находясь за границей, он не отказывал себе в удовольствии произносить речи на здешних рабочих митингах. Раз, например, в Германии, в день 1-го мая, он занял одну из трибун без приглашения со стороны устроителей праздника и стал рассказывать германским рабочим, как празднуют первое мая на Кавказе и рассказывал все это на грузинском языке. Конечно, никто ничего не понял, о чем он говорил, но говорил он с таким воодушевлением и пафосом, что увлек слушателей настолько, что никому не аплодировали так, как ему. Своим громовым голосом он покрывал всех ораторов немцев на соседних трибунах.

Он принимал активное участие в персидской революции в качестве главаря довольно многочисленной группы грузинских революционеров. Когда закончилась революция в Персии, он очутился за границей и делал доклады во многих местах и везде на русском языке. И, несмотря на его скверное знание языка, его доклад был признан достойным для Социалистического Интернационала и ответственные товарищи, исправив ошибки, препроводили его в Бюро Социалистического Интернационала.

Троцкий увлеченно слушал его рассказы о разных эпизодах как из его революционной деятельности, так и вообще из грузинской жизни, и каждый вечер Троцкий упрашивал его рассказать что-нибудь и Трия на своем ломаном русском языке развлекал нас своими рассказами до поздней ночи. А рассказчик он был очень интересный и имел о чем рассказать.

Так продолжалась наша жизнь, пока не стали съезжаться участники конференции. Из лидеров раньше всех приехал П. Б. Аксельрод. Аксельрод почти на всех конгрессах и конференциях был делегатом от той или иной нашей закавказской организации. И на этом основании все мы считали его настолько «своим», что обращались к нему «по-свойски», не упуская из вида, конечно, его революционных заслуг. Сам он по своему характеру, по своей натуре, своим теплым, товарищеским отношением очень располагал к себе. Это не то, что Плеханов, который со своим олимпийским величием удостаивал своего расположения как особой милости. Даже Троцкий, и тот держал себя так гордо, что давал чувствовать свое превосходство. Не таким был Аксельрод. Его искренность, простота и сердечность подкупали даже самых «твердо-каменных» большевиков, и в своих выступлениях против него они никогда не прибегали к своему обычному вульгарному лексикону.

Аксельрода встречали мы все во главе с Троцким. Троцкий был тогда меньшевиком и у него с Аксельродом в ту пору не было фракционных расхождений. Аксельрод остановился в гостинице и на другой день был приглашен к обеду к Троцкому. По этому случаю я помогал жене Троцкого приготовить обед и на свою беду приготовил «шашлыки по-кавказски». Шашлык так понравился всем, что стали требовать, чтобы я готовил каждый день, что и приходилось исполнять, хотя и не каждый день. В тот день из-за этого шашлыка, Аксельрод произнес за мое здоровье такую юмористическую речь, как за «специалиста по шашлычному ремеслу», что все безудержно смеялись. Потом Троцкий, рассказывая многим об этой речи Аксельрода, добавлял, что «никак не мог представить, что Аксельрод обладает таким высоко-юмористическим даром».

На третий день после приезда Аксельрода, приехал другой лидер меньшевиков — Ю. О. Мартов. С приездом Мартова начались «деловые дни». Почти каждый день съезжались делегаты и начались «предварительные совещания» и целые дни уходили на эти совещания. И не удивительно! На конференцию приехали делегаты всех фракций и групп, кроме ленинцев. Все эти делегаты на всё имели свой особый взгляд, большей частью один другого исключающий. Приходилось сглаживать разногласия, одних убеждать, других наставлять, отыскивать и устанавливать приемлемое для всех общее, делать все возможное, чтобы не сорвалась с таким трудом созванная конференция. А это было не так легко и эту, воистину трудную задачу взяли на себя и вынесли на своих плечах четыре человека — Аксельрод, Мартов, Троцкий и делегат Бунда — Берг.

Общее трудное положение на конференции осложнялось специальными обстоятельствами. С первого же дня съезда делегатов, неизвестно откуда, распространились слухи, что на конференции присутствуют агенты охранного отделения в качестве делегатов. Воцарилась атмосфера подозрения. Утром говорили об одном агенте, вечером называли другого, потом третьего. Работа в такой обстановке становилась очень трудной. Положение еще больше осложнилось, когда стало известно, что сбежал севастопольский делегат. Про него с первых же дней распространился слух, что он провокатор. И это подтвердилось тем, что он без всяких объяснений и заявлений сбежал. Но перед уходом он, оказывается бросил такую фразу: «Я ухожу, но обратите внимание на него», — указав на одесского делегата. Одесским делегатом был Урицкий, который в то же время состоял секретарем Троцкого. К этому добавились слухи о московском делегате, потом о ком-то еще другом. Словом, создалось впечатление, что в работах конференции принимает участие целый ряд агентов охранки. При таких условиях о нормальной работе конференции не могло быть и речи, и вследствие этого основная работа перешла на «предварительные совещания».

Конференция получилась довольно многолюдная. Всего было представлено 30 мандатов. Из этих 30 мандатов 18 делегатов было с решающим, а 12 с совещательным голосами. Из всех делегатов только 12 были из России, а остальные 18 мандатов принадлежали товарищам, проживающим за границей. Нам, кавказцам, как я указал выше, было предоставлено 4 мандата. Такое же количество мандатов принадлежало латышам. А все остальные имели по одному мандату, исключая Петербург, имевший 2-х делегатов. Присутствовали также четыре делегата от Польской Социал-демократической Партии (П. П. С.), которые не входили в состав Российской Социал-демократической партии. Были представлены все течения, от так называемых «ликвидаторов» до ультрабольшевистской группы «Вперед», делегат которой (Алексинский) после нескольких заседаний отказался от своего совещательного голоса, но на конференции все же остался.

На первом заседании был выбран президиум из трех лиц — бундовец, латыш и Троцкий. На первом же заседании были заслушаны доклады с мест, на что ушло все первое заседание. На втором заседании большой спор вызвал вопрос о том, как назвать конференцию — общепартийной или как-нибудь иначе, чтобы устранить всякое подозрение в том, будто конференция признает раскол совершившимся фактом и будто неявившиеся (подразумевалось — ленинцы), объявляются вне партии. Громадным большинством делегаты назвали конференцию — просто конференцией организаций Российской Социал-демократической Рабочей Партии. И вместе с тем, во избежание всяких дальнейших кривотолков, постановили довести это свое решение до Бюро Социалистического Интернационала.

После этого конференция заслушала доклад об избирательной платформе на выборах в 4-ую Государственную думу. Первым докладчиком по этому вопросу был Троцкий. В прениях по докладу приняли участие все видные и ответственные руководители партийной жизнью. Первым возражал докладчику делегат Бунда — Берг, за ним следовал Мартов, Мартынов и другие. Я не привожу здесь содержание их речей. Скажу только, что в речах большинства ораторов красной нитью проходило то положение, которое очень выпукло выразил в своей речи делегат Бунда — Берг, когда он сказал: «Очень революционные лозунги равносильны ничегонеделанию, ибо они не реальны. Необходим переход от революционного фразерства к реальной работе и во имя такой работы надо отказаться от старых лозунгов для нашей избирательной платформы»...

В своей интересной, как всегда, речи, Мартов занял очень осторожную позицию. И закончил свою блестящую речь предложением включить в избирательную платформу:

1. Полновластное народное представительство.
2. Всеобщее избирательное право.
3. Свобода коалиции.
4. Свобода областного самоуправления.
5. Отмена столыпинского аграрного законодательства и конфискация помещичьих земель.

Почти все делегаты высказались в том смысле, что «надо выставлять такие требования, осуществление которых возможно в более или менее близком будущем»...

По окончании дебатов постановлено было выбрать особую комиссию и поручить ей выработать основные положения для избирательной платформы. В комиссию были избраны: Мартов, Троцкий, Берг (Бунд) и Браун (латыш). Комиссия эта представила конференции проект платформы из 11 пунктов. Почти все пункты проекта вызвали то или иное возражение. Но в конце концов было достигнуто соглашение и проект был принят громадным большинством.

Еще более страстные дебаты вызвал организационный вопрос. Здесь спор развернулся вокруг «ликвидаторства», которое некоторые обвиняли «во всех грехах». Но не менее жестоко нападали те же ораторы и на Ленина с его группой, объявляя их «настоящими ликвидаторами». Делегат Бунда внес даже формальное предложение, осуждающее раскольничью политику ленинских газет — «Невская Звезда» и «Правда». Защищая это предложение делегата Бунда, Мартов назвал редакцию газет «Невская Звезда» и «Правда» «политическими проходимцами». Председатель конференции сейчас же сделал Мартову за это замечание, но это не удовлетворило представителя группы «Вперед» и он покинул заседание. Под конец заседания Мартов внес письменное заявление, где говорилось, что, говоря о «политических проходимцах», он имел в виду не самую редакцию, а группы, «которые их поддерживают». Несмотря на такое разъяснение, московский делегат, который считал себя «ленинцем», но не согласным с ним только в организационном вопросе, сделал заявление, что и он покидает конференцию. После его ухода Мартов сделал новое «разъяснение», заявив, что свою характеристику он относит к тем элементам, которые пользуются в своих целях пропагандой раскола, которую ведет «Невская Звезда» и «Правда». После этого разъяснения московский делегат вернулся на конференцию. Но скоро пошли слухи о его политической неблагонадежности. Слухи эти под конец конференции настолько усилились, что невозможно стало выбирать в Организационный комитет. После революции 1917 года подтвердилось документально, что он на самом деле был тогда агентом охранного отделения. Его кличка на конференции была «Кацап», а настоящая фамилия оказалась — Поляков.

Конференция строго осудила принцип двойных социал-демократических кандидатур в Думу. В платформу, по постановлению конференции, было также включено требование об автономии Польши и Финляндии.

Под конец был выбран руководящий центр для России под названием — «Организационный комитет». Выборы в Комитет оказались самыми трудными. Слухи о делегатах — сотрудниках охранки держались так крепко, что никто не хотел при таких условиях быть выбранным. Все считали безусловно необходимым чтобы в этот орган вошел представитель кавказских организаций. Стали настаивать, чтобы вошел я. Мне было очень трудно согласиться на это, но на предварительных совещаниях меня прямо обязали не отказываться сейчас, но после приезда на Кавказ заменить себя другим. Так как на этом настаивал и Мартов, и Аксельрод, я не мог устоять и согласился быть выбранным, хотя, признаю, считал себя обреченным после всех этих сомнительных делегатов, которые были в курсе всего. После приезда на Кавказ мне только раз пришлось принять участие в заседании «Организационного комитета», которое состоялось в Петербурге.

Центральная власть была заинтересована в том, чтобы от Закавказья социал-демократы не были выбраны депутатами в 4-ую Государственную думу. Выборы начались в начале 1913 года и самый ожесточенный характер избирательная борьба приняла в Кутаисской губернии. Здесь был выставлен кандидатом член 3-ей Государственной думы, Е. Гегечкори. На выборах Гегечкори прошел блестяще, но его выборы были обжалованы противниками, якобы из-за неправильного избирательного ценза. Правительственная комиссия как раз этого и хотела, поспешила признать его «квартирный ценз» «не соответствующим закону» и отменила его выборы, не назначив новых. Таким образом от Гегечкори отделались, но в Тифлисской губернии прошел тот же Н. С. Чхеидзе — член 3-ей Государственной думы. А в Сухумской, Батумской и Карской областях (один избирательный округ) прошел А. И. Чхенкели. Выборы Чхенкели не лишены интереса. Чхенкели был кандидатом социал-демократической партии, но сам он был выслан в административном порядке в Россию, в Ростов-на-Дону. В день выборов он приехал нелегально из Ростова в Батум, где проходили выборы. Его противник, Шервашидзе, узнав, что Чхенкели в Батуме, послал телеграмму наместнику Кавказа, прося его распоряжения об аресте Чхенкели, как высланного, и, следовательно, не имеющего права быть в Батуме и принимать участие в выборах. Председатель избирательной комиссии — некий Зыков, зная об этом, задержал открытие выборов в ожидании ответа на телеграмму Шервашидзе. В 12 часов, в зал Городской думы, где должны были состояться выборы, прискакал пристав с телеграммой наместника об аресте Чхенкели. Чхенкели был арестован и его повезли прямо к Батумскому губернатору. Как только арестовали Чхенкели, начались выборы. Узнав об аресте Чхенкели, выборщики армяне прямо заявили, что после этого они будут голосовать за Чхенкели. Все с нетерпением ждали результатов выборов. Минуты казались часами. И вдруг, какая радость, — Чхенкели выбран. Это известие вызвало общий энтузиазм у массы народа, которая ждала результатов выборов на улице перед городским самоуправлением. Сейчас же сообщили об этом губернатору. Оказывается, как раз в это время, по предложению губернатора, Чхенкели подписывал бумагу, что он вечером уедет на место ссылки в Ростов. Губернатор сейчас же отменил свое распоряжение о высылке, подал Чхенкели свой экипаж и в этом губернаторском экипаже, в сопровождении на почтительном расстоянии того самого полицейского, который его арестовал, Чхенкели пожаловал с визитом в городское самоуправление в качестве депутата 4-ой Государственной думы. Собравшийся народ устроил ему овацию. На выборах в 4-ую Государственную думу был забаллотирован бывший депутат 3-ей Государственной думы от русского населения всего Закавказья — Тимошкин, кандидат тифлисских черносотенцев. Теперь на его место прошел кандидат социал-демократов — М. Скобелев.

Когда закончились выборы в Государственную думу, начались аресты. Был арестован и я. На этот раз сидеть в тюрьме пришлось недолго. Через пять или шесть месяцев пришло распоряжение о моей высылке на три года в Чердынский уезд, в Пермскую губернию, на Урал. Выслали также многих других моих товарищей — кого в Вологодскую, кого в Архангельскую губернии. В этапе в тифлисской тюрьме нас набралось больше ста человек. До ростовской тюрьмы нас везли всех вместе. К нам по дороге присоединили этап из бакинской тюрьмы. Присоединили также по дороге и этап из владикавказской тюрьмы, в котором было 25 человек, все каторжане; все за убийства. Все они были северо-кавказцы. Это не были профессиональные убийцы. Убийства, совершенные ими, были большей частью на почве «кровавого мщения», что в то время было очень распространено среди восточных народов вообще. Почти все они были молодые, не старше 30 лет. Красивой наружности, высокие, стройные, даже в кандалах старались щеголять. В политическом отношении они были полные профаны, но с большим уважением относились к «образованным людям». А всех политических считали «учеными людьми» и относились к ним с особым вниманием и предупредительностью. Доходили до того, что нам не позволяли таскать наши вещи и с трудом удавалось отказываться в этом от их услуг. В этом отношении они сильно отличались от арестантов других категорий. Когда их этап присоединили к нам, мы были очень довольны. Никакая опасность, пока они были с нами, не угрожала нам. А это для нас имело большое значение, особенно теперь, когда приближались к ростовской тюрьме. В тюремном поезде все эти каторжане разместились в нашем вагоне. После обычного приветствия начались расспросы кто-куда, за что судился, какое наказание у каждого и т. п. Нужно отметить, что к политическим они относились с таким доверием, что от них никакого секрета у них не было. Даже и того не скрывали от них, кто в дороге хотел бежать и какой план у него был на этот счет. Некоторые даже спрашивали совета как быть, и этим советам безусловно придавали большое значение. Интересовались и тем в каком положении было революционное движение, и спрашивали: — если революция победит, их, как уголовных, освободят или оставят опять в тюрьмах? На этой почве были очень интересные собеседования на протяжении всего этапа. Многие из них совершенно искренно жалели, что страдают в тюрьмах не за народ, а за это «дурацкое убийство», как выражались они.

В этапном передвижении все арестанты знали, где, в какой тюрьме, какие порядки. В выяснении этого принимали участие и мы. Поэтому и у нас была на этот счет полная информация. Знали также на каком участке какой конвой и соответственно этому действовали. В закавказских тюрьмах в этом отношении не было никаких опасностей. Правда, в первое время и в наших тюрьмах попытались уголовные шантажировать политических, убили даже нескольких, но потом, с одной стороны борьба политических за улучшение тюремного режима, а с другой стороны усиление революционного движения во всем Закавказье, в котором участвовали и семьи этих уголовных, сразу положило конец всевозможным их враждебным актам против политических. Теперь уголовные всеми силами помогали политическим и относились к ним с большим уважением. И если возникало какое-либо недоразумение, его ликвидация не требовала больших усилий. Нужно подчеркнуть и то, что теперь уголовные знали, что всякое их выступление против политических вызвало бы реакцию со стороны революционных организаций, а этого они очень опасались. Поэтому в закавказских тюрьмах взаимоотношение между политическими и уголовными установилось мирное. Опасность начиналась вне Кавказа. И в этом отношении самая опасная тюрьма была ростовская, а по этапу через Черное море — новороссийская, откуда этап направлялся в ту же ростовскую тюрьму. Ростовская тюрьма была как бы сборный пункт. Сюда направлялись этапы со многих пунктов — с юга на север, с севера на юг. Здесь часто сходились арестанты тысячами, а потом отсюда их распределяли по разным направлениям. Ввиду скопления больших партий, здесь имелись огромные залы для приема. Эти пересыльные залы были совершенно изолированы от местных арестантов, хотя все же удавалось установить с ними связь. Тюрьмы, особенно во время этапов, были очень опасны. Часто бывали убийства, а воровство было обыкновенным явлением. Обворовывали главным образом политических. Политические были в своих костюмах и украсть пальто или пиджак в тюремных условиях составляло для воров целое богатство. Арестанты знали также, что политические всегда имели при себе известную сумму денег. Большой интерес имели для них и ботинки, так как знали, что некоторые политические в каблуках ботинок прятали золотые пятирублевки. Поэтому на ботинки была настоящая охота во всех пересыльных тюрьмах. Это, конечно, знали политические и никто из них ни днем, ни ночью не снимал своих ботинок. Но бывало, что кто нибудь по неопытности, или по забывчивости снимет ночью ботинки и положит под голову. Утром он, конечно, сидел без ботинок. И нельзя было заявить о краже, так как со всех сторон обступали арестанты и угрожали в случае жалобы начальству, обещая при этом, что найдут сами. Приходил староста, расспрашивал подробно — когда, что украли и утешал, что до вечера непременно найдут, но не было случая, чтобы находили. Проходил день, два, а за это время этап уже отправлялся и перед уходом приходилось просить тюремное начальство выдать казенную обувь, чтобы не идти босиком. Шапки и маленькие сумки, в которых была провизия на дорогу, исчезали в ту же минуту как входили в пересыльную. С этой стороны ростовская тюрьма была самой страшной. Поэтому, когда этап приближался к ростовской тюрьме, всегда принимали до входа в тюрьму всякие меры предосторожности, но это ничего не помогало и не спасало. Здесь в пересыльной, в одной и той же зале сходились арестанты всех категорий: политические, каторжные, «обратники» (бежавшие с каторги и теперь отправляемые обратно), подследственные и так наз. 61-я статья. Опаснее всех были «обратники», а подлее всех — 61-я статья. Все арестанты знали, что «обратники» самые безжалостные люди, «способные за гроши мать свою задушить», говорили про них и безусловно боялись их. Везде, где они находились в тюрьмах — старостами были они. Тюремная администрация с охотой соглашалась на это, так как по отношению к тюремному начальству они были самые покорные, но по отношению к арестантам — самые безжалостные. Где они бывали старостами, — в пересыльных был «полный порядок», никаких жалоб, никаких претензий. Но в самой пересыльной процветал форменный грабеж, редко бывали дни, что кто-нибудь не был ранен ножом на почве этих грабежей и все это — с ведома и согласия старосты, который брал, если не все, то больше половины безусловно.

«61-я статья» — это были воры, которые уже отбыли наказание и после тюрьмы пересылались в разные места на поселение под надзор полиции. Они были наполовину голые, босые, морально совершенно опустившиеся. Из-за куска хлеба или папиросного окурка они были готовы на самые гнусные поступки. Крали среди бела дня, что попадало под руку, а при требовании вернуть украденное, поднимали страшный шум и лезли в драку. Староста всегда защищал их, так как они и были его агентами во всех грабежах и воровствах у арестованных. Ни одна категория арестантов не была так связана между собой, как они. Когда один крал что-нибудь, он передавал другому, другой третьему и т. д., а потом делили между собой. Достаточно было ударить одного, как на противника набрасывались все, и если днем нельзя было, то ночью обязательно отплатили бы, не гнушаясь и ножа в спящего.

Когда наш этап прибыл в Ростов, он состоял уже из 200 человек, из которых большинство были уголовные. Была ночь, когда наш поезд остановился на станции Ростов. Ростовская тюрьма стояла далеко от вокзала. Начальник конвоя заявил нам, что, возможно, придется переночевать на вокзале, в вагоне, если начальник тюрьмы откажется принять этап из-за позднего времени. Для нас это не имело никакого значения. Скоро выяснилось, что начальник тюрьмы отказался принять этап и что мы остаемся ночевать в вагоне. Ростовский вокзал, как узловая станция, был очень большой, приходили и уходили поезда в разные направления и это разнообразие доставляло нам немалое развлечение. Не думаю, что ночью кто-нибудь из арестованных спал, во всяком случае в нашем вагоне ни один не спал. Наши каторжные рассказывали очень интересные вещи из обычаев своего народа, описывали прелести своих гор и с такой любовью вспоминали время, проведенное в этих горах, что у некоторых на глазах показывались даже слезы.

Рано утром вывели нас из вагонов и по четыре в ряд повели в тюрьму. Во дворе тюрьмы, после исполнения всех формальностей, в сопровождении одного надзирателя, нас направили прямо в пересыльную. У двери пересыльной надзиратель вызвал старосту, вручил ему нас по счету и ушел. Огромный зал пересыльной был битком набит арестантами. В одном углу я заметил арестантов в своих одеждах; один из них сейчас же направился к нам, подошел, поздоровался и сказал, чтобы мы потребовали места для нас подле них. Сказал это и сейчас же ушел, не говоря больше ничего. В этапе мы и каторжные условились, что в ростовской пересыльной мы будем вместе. Это сами они предложили нам, добавив: «С нами вас не посмеют тронуть». Когда нас ввели в пересыльную, раздавали кипяток для чая. У нас у всех были чайники, получили кипяток и мы, но негде было сесть и выпить горячего чая. Мы просили каторжан, чтобы они потребовали место по соседству той группы, которая приглашала нас. Вызвали они старосту и мы потребовали указанное место. Староста заявил, что места там уже заняты и что для нас он освободит место в другом конце зала. Каторжане заявили, что они туда не пойдут, а хотят расположиться на ими указанном месте. Староста уступил, освободил указанное место и повел туда каторжан. «А эти?» — указали они на нас. «Для них найду место где-нибудь в другом месте», — ответил староста. «Нет. Мы вместе едем и вместе хотим быть», — ответили каторжане. Видно было, что староста очень хотел разъединить нас, но каторжане категорически потребовали места для нас с ними вместе. Староста согласился и освободил место для всех нас рядом с теми товарищами, которые нас приглашали. В зале ни кроватей, ни нар не было. Каждому арестанту отмерялось 50-60 сантиметров в ширину и полтора метра в длину на цементном полу. Вместо постели давали маленький ковер и на этом коврике мы расположились пить чай, хотя он был уже совсем холодный. Политические, которые нас пригласили, оказались студентами одесского университета. Их было человек девять. Перезнакомились сразу, рассказали друг другу все подробности о себе и познакомили их с нашими каторжанами. Вечером они нас предупредили, чтобы по очереди дежурили, «иначе завтра вы будете без всяких вещей», — сказали они. Каторжане уверяли, что в присутствии их не осмелятся, но одесситы настаивали, чтобы установлено было ночное дежурство. В конце концов согласились и каторжане заявили, что в первую ночь «часового» выставят они. Стемнело. От усталости все легли спать рано. За полночь громкий шум разбудил всех нас. Видим, наш караульный держит за руку какого-то арестанта и бьет безжалостно, а тот кричит во все горло. Выяснилось, что он хотел украсть у одного каторжанина сумку с провизией. На другой день главарь каторжников вызвал старосту, сообщил ему, что случилось ночью и предупредил, что если повторится что-либо подобное, он снимает с себя ответственность за все, что может последовать за этим. Староста обещал, что будут приняты все меры. Теперь каторжане убедились, что одесситы были правы, когда настаивали на ночном дежурстве. Среди одесситов оказался один, который высылался туда, куда и я — в Чердынский уезд. Благодаря нашим каторжанам мы спаслись от ограбления, но драки не удалось избежать. Произошла такая драка, что все мы чуть не стали ее жертвой. Драка началась по совершенно пустому случаю. Как на этапе, так и в тюрьмах, на почве грязи и всяких нечистот размножаются вши. В некоторых пересыльных от них нет отбоя, как говорится. А здесь в ростовской пересыльной их было несметное количество. От них не было никакой защиты и это больше всего беспокоило каждого из нас. Все арестанты, как только прибывали этапом в тюрьму, сейчас же старались освободиться от вшей: снимали с себя все и начиналась «великая чистка», как говорили в тюрьме. Больше всех навозят вшей арестанты — «61-я статья». Они годами не меняют белья, редко умываются и «тонут в грязи». У них привычка — когда чистятся, не убивают вшей, а бросают их прямо на пол. Из-за этого вши тысячами двигаются по полу по всем направлениям. От них трудно уберечь даже хлеб, который раздают по утрам на целый день и приходится класть его на постель на полу, так как другого места нет. И почти каждый раз хлеб бывал покрыт вшами и приходилось его выбрасывать на радость «61-ой статье», которые набрасывались на этот хлеб, чистили рукой от вшей и ели с аппетитом, а мы оставались голодными. Наши каторжане все были одеты в белые парусиновые штаны и белые блузы, все это было такой чистоты, что казалось они едут на свадьбу, а не на каторгу. Раз утром один из арестантов (61-я ст.), лежавший рядом с каторжанином, начал «чистку» и по обыкновению бросал своих вшей на пол. Каторжанин посоветовал ему не бросать их на пол, а убивать. Тот не обратил на это никакого внимания и продолжал по-своему. Каторжанин рассердился и толкнул его ногой. Он закричал, что его бьют, а за ним кто-то закричал: «наших бьют».

Поднялась вся пересыльная и кто чем мог стали наседать на каторжанина, на помощь которому прибежали все каторжане. Началась всеобщая безжалостная свалка. Каторжан было мало, но все они были молодые, здоровые и дрались они руками и ногами, у одного оказался даже нож и он ранил нескольких. Один ухитрился даже снять кандалы и начал ими бить. Драка продолжалась довольно долго. Мы, политические, сбились в углу и с трудом спасались от швыряемых чайников. Кто-то сообщил о драке начальнику тюрьмы и тот явился с солдатами. Прийдя, офицер громко скомандовал: «Все по местам!» Никто никакого внимания не обратил на это. Драка продолжалась все ожесточеннее. Офицер предупредил, что если не перестанут, он прикажет стрелять. Никто никакого внимания. Офицер предупредил в третий раз, но опять без результата. Тогда он приказал стрелять в воздух, но и это не помогло. Офицер приказал стрелять. Драка прекратилась, но было поздно. Оказалось много раненых и несколько убитых. Убитых вынесли, раненых отправили в тюремный госпиталь и начальник тюрьмы приступил к составлению протокола. Среди каторжан оказался убитым один, а раненых шесть. В группе политических никто не пострадал. Приехал прокурор, полицмейстер, начальник войск и начались допросы. Допросили и нас. Мы не сочли нужным скрыть правду. Сказали, что драка произошла из-за вшей и стали разъяснять им какое несчастье для арестантов такое размножение вшей и что этому способствует необычайная скученность, грязь в камерах, невнимание к чистоте и пренебрежение всеми гигиеническими условиями, главным образом в пересыльных. Мы потребовали принятия срочных мер, чтобы в пересыльных по крайней мере были общие нары, а не валялись арестанты на цементном полу и т. п. В следственных актах это несчастное происшествие почему-то именовалось «вшивый бунт». Через пять дней после этого прискорбного происшествия наш этап двинулся из ростовской тюрьмы. С нами ехали и каторжане, без тех, которые остались в больнице. Этап состоял из 250 человек, направлявшихся в разные места. На какой-то станции на Урале высадили нас, тех, которых везли в Пермскую губернию. Нас оказалось человек 18. Мы простились с товарищами, которых везли дальше, и с каторжанами и под новым конвоем направились в г. Пермь. Начальник нового конвоя не был человек строгих правил. Он очень подробно знакомил нас с местом нашей ссылки, объяснял также, как повезут нас туда. В Перми нам дали новый конвой и 9 человек через несколько дней направили в место ссылки — в Чердынский уезд.

В Чердынь мы приехали утром, прямо в уездное управление и конвой вручил нас исправнику. Отсюда сам исправник распределял ссыльных согласно той аттестации, которая значилась в их препроводительных бумагах. До распоряжения исправника нас поместили в одной комнате в самом управлении. Мы были не в тюрьме, но и не свободные. Двери комнаты не были заперты, но выходить воспрещалось. После обеда к двери нашей комнаты подошла женщина в очках, поздоровалась, спросила, кто мы и откуда, сказала несколько слов о местных условиях ссылки и обещала хлопотать перед исправником, чтобы нас не отправили в слишком отдаленные места. Мы не знали, кто она была, и так растерялись, что и не спросили об этом. Спросила она и о том, нет ли среди нас больных и нужно ли нам что-нибудь. Я еще до отправки в ссылку болел в тифлисской тюрьме и еще не совсем выздоровев, был отправлен; к этому прибавились этапные трудности и, когда приехал на место, чувствовал себя плохо. Поэтому для меня имело большое значение остаться на некоторое время в самом городе Чердынь, и я просил, если возможно, выхлопотать у исправника для меня право остаться хотя бы на две недели в чердынском госпитале, о существовании которого мы узнали еще в пермской тюрьме, где сказали и то, что во всем уезде кроме этой больницы никакой другой нет. Она обещала мне похлопотать об этом. Когда она ушла, мы все высказали мысль, что она наверное представительница Красного Креста. У нас не было возможности спросить о ней кого-нибудь. Хотя здесь было очень много ссыльных, но никто из них не пришел справиться о нас, что нас очень удивило. На третий день опять пришла эта «женщина в очках» и сообщила, что исправник согласился оставить меня в госпитале до тех пор пока необходимо будет лечение, а остальных пошлют поблизости. При этом она принесла для некоторых теплую одежду. Она рассказала нам, что уезд полон ссыльными, что в каждой маленькой деревушке живут ссыльные. Но нам и теперь не удалось узнать, кто эта добрая незнакомая женщина. Раньше всех из полицейского управления ушел я. Меня прямо из управления отправили в больницу. В больнице меня основательно исследовали и сказали, что организм слишком ослаб и на этой почве легко может появиться та или иная болезнь. Прописали в больнице и уложили в светлую, чистую, большую комнату, в которой, кроме меня, было еще трое больных. Все они оказались ссыльными, что меня очень обрадовало. Они тоже были очень рады видеть «вновь приезжего». Начались расспросы обо всем. Двое оказались социал-демократами — большевиками, а один — социалист-революционер. Отнеслись они ко мне очень хорошо. От них я узнал, что в уезде больше тысячи ссыльных, сообщили и то, что в самом городе живет целый ряд известных работников и называли их. Через несколько дней пришла повидать меня та «женщина в очках», которая приходила в полицейское управление и благодаря хлопотам которой меня поместили в больницу. Я был очень рад ее приходу и поблагодарил ее еще раз за хлопоты обо мне. Как только она вошла, все новые знакомые вышли из комнаты и ушли так демонстративно, что нельзя было не заметить этого. Я сказал этой женщине, что все, кто живет со мной в комнате, — ссыльные. Она мне ответила, что всех их очень хорошо знает. Она оставалась у меня минут 15-20, спросила в каком положении мое здоровье и обещала, что постарается, чтобы после больницы меня оставили здесь, в городке. Когда она ушла, вернулись в комнату мои сожители и спросили меня — откуда я знаю эту женщину? Я рассказал им, как мы познакомились и добавил, что я и сейчас не знаю, кто она такая, но что она помогла и мне, и всем со мной приехавшим — это вне сомнения. «Да! На это она безусловно способна и многим помогает и, если бы она этим удовлетворилась и ничего больше не делала — мы все были бы ей благодарны», — сказал один из них. Это меня очень заинтересовало, — что она может делать такое, что вызывает к себе такое отношение ссыльных. И потому я спросил в чем дело и почему такое отношение к ней? «Разве вы не знаете, кто она?» — спрашивает один из них. — «Нет, не знаю», — отвечаю я. «Это — госпожа Конкордия Ивановна, жена его превосходительства шефа ликвидаторов — Сергея Осиповича Цедербаума, он же Ежов, он же брат Мартова, он же брат Левицкого и т. д. и т. д.». — произнес театральным голосом другой. «Муж и жена, квалифицированные ликвидаторы, живут здесь и охотятся за ссыльными, чтобы зачислить их в штат ликвидаторов и этим помогают правительству в ликвидации революционного движения. И вас поэтому должно быть взяли под свое высокое покровительство, чтобы вы стали членом здешней ликвидаторской группы, которую они основали здесь», — сказал запальчиво третий. Не менее грубо отозвался о ликвидаторстве и о грузинских меньшевиках один из них, что я, конечно, не мог оставить без ответа. После этого разговора между нами установились несколько холодные взаимоотношения. Внешне как будто ничего не изменилось, но отношения были уже не те. С того дня и до того, пока я оставался в больнице, они ни разу не говорили о партийных делах. Конкордия Ивановна еще раза два посетила меня в больнице. Последний раз сообщила мне, что исправник согласился оставить меня в городе по причине болезни и что я буду жить у них. Я был очень тронут такой ее заботой обо мне. Уходя она сказала, что она сама зайдет за мной. Когда она бывала у меня, — мои сожители всегда уходили из комнаты, не желая с ней встречаться, как говорили они. Я не говорил ей об этом ничего, но от нее узнал, что она об этом знает и что такое отношение установилось между ними после столкновения на партийной почве. Когда я выписался из больницы, несмотря на все, попрощались мы все же по-товарищески. Я с Конкордией Ивановной направились в полицейское управление, где были мои вещи. Забрав вещи, мы пошли к ней. Дом, где жили Ежовы, оказался там же, через улицу. Меня принял муж Конкордии Ивановны Сергей Осипович Цедербаум. Его я знал только по партийной литературе, знал, что Ежов — его партийная кличка. Знал и то, что Ежова большевики считали самым крайним ликвидатором и на него жестоко нападали. И вот теперь мне приходилось жить в доме этого самого «страшного» ликвидатора. Ежов проживал здесь под своей настоящей фамилией — Цедербаум. Он был выслан из Москвы на три года. С ним приехала и жена его Конкордия Ивановна с маленьким сыном — Юлием. Снимали они весь нижний этаж и уступали две комнаты другим ссыльным. Одну из этих комнат предоставили мне. Сергей Осипович был по профессии журналист и очень активный партийный работник, он считался самым «отъявленным ликвидатором», как величали его большевики. Сама Конкордия Ивановна, которую я совершенно не знал, — оказалась старым партийным товарищем еще со времен «Искры», представительницей которой она, оказывается, была в России. Вся семья была глубоко идейная как в общественном, так и в партийном смысле. Попасть в такую атмосферу, да еще в ссылке — это было большое счастье и я благодарил судьбу, что она уготовила мне место у них.

Комната, которую они отвели мне, была просторная, чистая, светлая. Книг сколько угодно, долгие беседы по вечерам на разные темы, — и все это после тюрьмы и этапов представлялось как настоящий рай. Постепенно я знакомился как с составом чердынской ссылки, так и с положением вообще. Оказалось, что большинство ссыльных — социал-демократы, затем социалисты-революционеры. Среди социал-демократов были и просто меньшевики, и меньшевики-ликвидаторы, и меньшевики-партийцы. Из видных большевиков при мне уже не было никого. Был только один довольно видный большевик — Аполонов, но он представлял скорее студентов, чем партийную фракцию. Настоящим лидером большевиков был некто Соломон, многосемейный, часовой мастер. Человек малоинтеллигентный, но самый «правоверный» большевик и вместе с тем человек очень властный. В вопросах политики и тактики разбирался очень плохо, но ненавистью ко всем, кто не был ленинцем, был полон до краев. Я уверен, что после большевистского переворота он стал чекистом и наверное с наслаждением расстреливал всех противников.

Я посещал его лавочку, где он чинил часы. Стоило мне войти, как он начинал ругать меньшевиков, обвиняя их во всех партийных грехах. А когда увлекался, называл их «партийными шарлатанами». Сначала на эту ругань я отвечал шутливо, вроде — «конечно, но если бы не вы, святые большевики, нашу партию давно скушала бы буржуазия» и т. д. Но потом мне надоело каждый день выслушивать одну и ту же пластинку и я перестал посещать его. Мои друзья — хозяева не раз предупреждали меня не втягиваться в партийный спор с некоторыми, в том числе и с Соломоном, но, находясь в ссылке, в смертельной скуке, возникшей на почве безделья, приходится искать что-либо такое, чтобы «убить время». И посещение Соломона давало некоторое удовлетворение в смысле разнообразия. По мере знакомства с ссыльными я стал усердно посещать разные собрания, где обсуждались вопросы партийной жизни. Собрания большей частью бывали общие. Против большевиков все меньшевики выступали дружно, но как только заходила речь о ликвидаторах, среди меньшевиков начиналась склока и разброд, и моего хозяина Ежова «склоняли во всех падежах». Я защищал его, конечно, очень энергично, отвергая с негодованием обвинения против него. Но злоба против него переходила все границы. Я достаточно хорошо был знаком в этом отношении с лексиконом наших грузинских большевиков, но лексикон этих собраний ни с чем нельзя было сравнить. Мое положение на собраниях было не из легких. Выступая против большевиков, я был вместе со всеми меньшевиками, но, когда поднимался вопрос о ликвидаторах, меньшевики, за исключением 5-6, нападали на меня. Защищая «ликвидаторов», я сам попадал под их огонь, хотя заметно было, что они по возможности меня щадили. Теперь все это мне кажется бессмысленным, но, находясь в ссылке, оторванные от всего света и принужденные «вариться в собственном соку» где-нибудь в дыре Чердынского уезда, все это было неизбежно. Я решил было устроить одно общее собрание, пригласить самого Ежова и с его участием дебатировать вопрос о ликвидаторах, но оказалось, что такие дебаты с участием Ежова уже имели место, но чуть было не закончились дракой. Конкордия Ивановна посоветовала мне «бросить эту глупую затею». А Ежов предупредил, что он ни за что не примет участия в этом. «Довольно того, что сглупил и раз согласился», — сказал он с некоторым раздражением.

Кроме этих собраний ничего утешительного в ссылке не было. От безделья и скуки многие пьянствовали. Мое положение было сравнительно завидное. Ежов получал много книг и журналов, часто читали вместе, обсуждали содержание, спорили и в этой атмосфере куда меньше чувствовалась засасывающая затхлая жизнь ссылки. Имели мы также новости и из партийной жизни и были так или иначе в курсе событий. Конкордия Ивановна знала все дни прибытия этапа, ходила всегда встречать и делала все возможное для облегчения положения прибывших, не разбираясь и не наводя справок, кто к какой фракции или партии принадлежал. Обращалась она в разные общественные учреждения с просьбой прислать теплые вещи и этим спасала многих от замерзания (зимой в Чердыни мороз доходил до 40-45 градусов). Интриги, распространение всевозможных слухов, грубые стычки на собраниях, так опротивели, что я перестал посещать эти собрания, хотя пришлось возобновить очень скоро посещения по совершенно непредвиденному случаю. Раз, вместе с Конкордией Ивановной, пошел я встретить этап. Этап был довольно многочисленный. Среди прибывших оказался один мой знакомый по Стокгольмскому съезду. Это был К. Ворошилов, нынешний глава Советского Союза. Ворошилов, по профессии рабочий, был на Стокгольмском съезде делегатом от луганских рабочих. В Стокгольме вместе с некоторыми другими делегатами мы жили в одной гостинице, где, и после съездовских заседаний, приходилось продолжать фракционный спор.

После съезда я о нем ничего не слыхал и был рад его теперь видеть. Мы поздоровались издалека, а по дороге я рассказал о нем Конкордии Ивановне и просил постараться хоть временно оставить его в городе. Она пошла просить об этом исправника. Исправник согласился и вечером Конкордия Ивановна, вместе с Ворошиловым, с его вещами, пришли к нам. Поселился он у нас и здесь я узнал от него, что он стал ярым «примиренцем» (группа, которая ставила своей целью примирение большевиков и меньшевиков, отсюда и название «примиренцы»), относился очень сдержанно к ликвидаторам и не скрывал и здесь, что вне объединения всех тенденций — нет спасения. В ссылке принято было по прибытии на место зачислиться в свою группу. Ворошилову тоже предстояло исполнить этот ритуал. Встретившись с Соломоном, я поздравил его с прибытием в его лагерь Ворошилова. И когда я сказал, что он поселился у Цедербаума-Ежова, он как-то иронически заметил: — «Как раз нашел свое место». Сам Ворошилов не особенно торопился зачислиться в группу. Принимая участие в собеседованиях, которые почти каждый вечер происходили у нас дома, у всех нас сложилось впечатление, что он слишком далеко отошел от «твердо-каменных» большевиков, — этим мы объясняли его промедление записаться в группу.

Почти каждый день мы отправлялись бродить по снежным полям, стараясь осилить мудрость лыжного искусства. Раз утром, отправляясь на лыжные занятия, встретились с Соломоном. Я познакомил его с Ворошиловым и, шутя заметил, чтобы он не беспокоился за Ворошилова, что мы не собираемся его «экспроприировать» (слово это очень популярно было в ту пору в чердынской ссылке). Соломон, смеясь, заметил, что «как видно тов. Ворошилов не так уж спешит к нам». На это Ворошилов, как бы извиняясь, ответил, что он очень устал и нуждается некоторое время в отдыхе. Встреча была не особенно любезная, но Ворошилов не обратил на это никакого внимания. После этой встречи он еще меньше спешил записаться в группу и Конкордия Ивановна не раз говорила ему шутя — чтобы он поспешил с записью в группу, а то потом будет поздно. «Вас зачислят в „штат ликвидаторов", а это уже дело серьезное», — добавляла она. Наконец, Ворошилов решил сделать соответствующее заявление кому следовало. Он каждый день ждал извещения о приеме в группу. Вместо этого он получил постановление группы, которая отказывала ему в приеме и одним из мотивов отказа было указание на то, что он проживает у ликвидатора Ежова. Нельзя сказать, чтобы Ворошилов был очень огорчен таким ответом, но заявил, что он обжалует это постановление. Мы прожили вместе у Ежова почти год, пока к Ворошилову не приехала его жена. Для обоих не оказалось места у наших милых друзей-хозяев и он с женой поселился вблизи нас, и дружеские отношения между всеми нами сохранились до конца. Я окончил срок раньше его и в конце 1915-го года покинул Чердынь, оставив его с Ежовым там.

Эпизоды ссылки никогда не забываются, а особенно такие, которые я пережил в доме Ежова-Цедербаума. Я с огромной благодарностью вспоминаю и сейчас эту идейную, интеллигентную, чистой души семью, которой, к сожалению, по причине дальнейших событий революционного характера, ничем не мог отплатить, хотя бы в малой части. Но память об этих благородных людях до сих пор живет во мне в такой же степени, как тогда, когда я проживал у них. После большевистского переворота они жили в Москве, где Ворошилов стал комиссаром, и мне передавали, что он даже не вспомнил о них и никаких мер не принял для облегчения их судьбы. Такова мораль большевиков. У них ведь нет ничего святого!

10

ГРУЗИНСКАЯ СОЦИАЛ-ДЕМОКРАТИЯ
В ПЕРИОД ПЕРВОЙ МИРОВОЙ ВОЙНЫ

Так продолжалась наша чердынская жизнь, пока не вспыхнула война 1914 года. Война поставила перед всеми новые вопросы, возбудила новые надежды, появились новые лозунги. Старый спор о ликвидаторах заменил вопрос об отношении к войне, появились новые слова — «оборонцы» и «пораженцы». Разгорелись дебаты вокруг этих вопросов. Читались доклады и происходили горячие прения. Но интересно было то, что старые группировки остались по своему составу без изменения. Характерно было и то, что все так называемые ликвидаторы сразу примкнули к позиции «оборонцев», а все большевики и так называемые меньшевики-партийцы — стали «пораженцами». Во главе местных «оборонцев» стал Ежов. В этом большевики усмотрели тесную связь с ликвидаторством и стали доказывать, что оборончество только разновидность ликвидаторства; «что ликвидаторы должны были докатиться до защиты самодержавия — это мы знали и потому так беспощадно и боролись против них» — заявили они.

Я сам примкнул к оборонцам, но, когда из ссылки приехал в Грузию, — оказалось, что все наши руководящие органы были пораженцами. В ссылке война почти совсем не чувствовалась, но здесь, в Закавказьи, и в частности в Грузии, дыхание войны доминировало над всем. Почти все города были полны войсками. Близость турецкого фронта нервировала всех. Организации сохранились, но поле их деятельности слишком сузилось, активность проявлялась не так как прежде, ежедневная наша газета выходила, но из-за военной цензуры со слишком пестрыми страницами. Из лидеров партии почти все уцелели. Сношение с думской фракцией было очень тесное и ее мнение считалось доминирующим. В самой партии шел горячий спор об участии рабочих в военно-промышленных комитетах. Все наши руководящие органы были пораженцами. Пораженцы и оборонцы — эти два слова занимали главное место в партийном лексиконе. Удивительно было то, что, несмотря на то, что большевики и меньшевики были пораженцами — никакого сближения между ними не произошло. Враждебные взаимоотношения не только не смягчились, напротив, еще больше усилились.

Я вернулся из ссылки оборонцем. В ссылке особой, отдельно существовавшей группы оборонцев не было, но во всех группах было по несколько человек как у социал-демократов, так и у социал-революционеров. Там, в ссылке, достаточных материалов по этим спорным вопросам не было, и это очень влияло на установление окончательного взгляда по спорным вопросам, поэтому не хватало решительности для создания отдельной группы. Но здесь, в Грузии, позиция пораженцев так крепко установилась, что не допускала никаких возражений. Я узнал, что Жордания вернулся из-за границы «оборонцем» и что он сделал по этому вопросу подробный доклад в Областном комитете, но Областной комитет не счел возможным пересмотреть свою позицию и единственную уступку, которую он сделал Жордания — это печатать его статьи в защиту своей позиции в ежедневной легальной партийной газете, при условии права возражения со стороны редакции. Это было самое лучшее постановление в создавшемся положении. Оно и Жордания давало возможность защищать публично в партийной прессе свой взгляд и за редакцией оставалось право защиты общего постановления в пользу пораженчества. В это время выходила газета под названием «Танамендрове Азри» («Современная Мысль») и в ней уже было напечатано несколько фельетонов Жордания под заглавием «Война и мир», которые имели со стороны редакции такое примечание: «основной мысли этих статей редакция не разделяет». Это были первые статьи, которые печатались против официальной позиции руководящих органов. Эти статьи Жордания были потом переведены на русский язык и напечатаны в Петербурге в одном из социал-демократических журналов («Современный Мир»). Статьи Жордания вызвали среди членов партии настолько большой интерес, что редакция не удовлетворилась примечанием и сочла нужным напечатать отдельную статью по поводу статей Жордания. Возникла полемика, поскольку это было возможно в существующих условиях. Как статьи Жордания, так и возникшая полемика заинтересовали не только членов партии, но и широкую публику. Защитники позиции пораженчества не могли, конечно, открыто высказать все, то, что они хотели сказать в защиту своих взглядов и это повлекло за собой постановление редакции не печатать больше по этому вопросу статей Жордания. Но за это время позиция оборонцев настолько усилилась среди членов наших организаций, что мы решили обжаловать постановление редакции о прекращении печатания статей Жордания в Областной комитет. Газета принадлежала Областному комитету, редакцию составлял он и за постановление редакции отвечал он, поэтому мы и просили Областной комитет отменить постановление редакции, тем более, что постановление о печатании статей Жордания было вынесено Областным комитетом, а не редакцией и, следовательно, редакция не имела права отменить постановление Областного комитета. Президиум Областного комитета для рассмотрения нашей «жалобы» созвал заседание пленума Областного комитета. Заседание пленума состоялось в Тифлисе. В это время Жордания и я жили в деревне Ланчхуты. Жордания получил приглашение на заседание, но не поехал. Поехал я. В порядке дня первым стоял вопрос о постановлении редакции. Прения на заседании пленума приняли главным образом формальный характер, а не по существу: имела ли редакция право по своему усмотрению отменить постановление Областного комитета относительно печатания статей Жордания. Редакция оправдывала свое постановление тем, что статьи Жордания вносят разброд в ряды партии и редакция обязана защищать и проводить постановление партии. Прения приняли очень острый характер. Было твердо заявлено с нашей стороны, что если в пределах партии станет невозможным высказывание своих взглядов, — придется сделать это вне пределов партии и вся ответственность за это ляжет на редакцию. После долгих прений пленум одиннадцатью голосами против двух постановил, что Областной комитет в вопросе войны остается на прежней позиции и не считает нужным пересмотреть существующее постановление по этому вопросу. Как только прошла эта резолюция, я внес такое предложение: так как высказывание и защита наших взглядов по основному вопросу момента стали невозможны на страницах официального органа партии, разрешить нам издавать газету отдельно, под нашей ответственностью. Председательствующий тов. Рамишвили заявил, что он считает неуместным поставить такой вопрос даже на обсуждение. Как можно, чтобы высший орган партии разрешил своим членам издавать газету, зная заранее, что она будет направлена против официальной позиции высшего партийного органа. Мнение, высказанное тов. Рамишвили, было безусловно правильно, но при тех условиях запрещение издавать нам газету могло еще больше осложнить положение. Это понял тов. Сильва (С. Джибладзе) и произнес такую речь: «Товарищи, в решении этого вопроса мы не можем руководствоваться только формальными постановлениями, которые вместе с вами я всецело разделяю. Нам очень даже приходится считаться с тем, что постановлением редакции мы лишаем возможности такого влиятельного товарища, каким является Жордания, сказать товарищам свое мнение о тех вопросах, вокруг которых возникло столько споров не только здесь, у нас, но и во всей партии, а также и в думской фракции. И раз это невозможно в официальном органе партии, мы не должны голосовать против предложения товарища Уратадзе. Мы должны принять предложение тов. Уратадзе хотя бы из-за того, что лучше, чтобы оно произошло с нашего разрешения, ибо, если это произойдет вне нашего разрешения, — это будет воспринято как в партии, так и в широких кругах общества, как формальный раскол в нашей партии. Допустить этого мы не можем. Поэтому единственный выход — принять предложение тов. Уратадзе и выработать правила, как провести в жизнь такое постановление».

Джибладзе пользовался большим влиянием и отчасти поэтому, отчасти же из-за того, что все чувствовали, что положение не из легких, предложение Джибладзе было принято и почти единогласно было решено разрешить нам издавать газету под нашей ответственностью. После такого постановления стали обсуждать в какой форме можно провести в жизнь это постановление. По этому вопросу тот же Джибладзе внес такое предложение: газета будет издаваться в Тифлисе, президиуму Областного комитета предоставляется право как назначать, так и сменять руководителей газеты, а для покрытия расходов по изданию — Областной комитет выдает известную сумму. В самой газете не должны иметь места никакие статьи, расходящиеся с позицией партии, — кроме как по вопросу «войны и мира», но даже и в этом случае статьи не должны быть прямо направлены против того или иного постановления партийных органов. Все эти предложения были приняты единогласно, кроме одного — места издания газеты. Огромным большинством было решено, что такая газета не должна издаваться в Тифлисе. «Где хотите, но только не в Тифлисе» — заявили многие. Решено было, что газета будет издаваться в другом месте, по выбору тех кто ее будет издавать. Я не стал спорить против этого. Место не имело для нас значения. Все вопросы в связи с изданием газеты были решены, оставалось только назначить ответственного руководителя и определить сумму на издание. Оба эти вопроса мог решить и президиум, но тов. Джибладзе нашел нужным, чтобы руководитель был назначен здесь же пленумом и предложил мою кандидатуру. Никто не возражал, решено было, что я являюсь в то же время ответственным и перед Областным комитетом и его президиумом. Была также определена сумма, необходимая на первое время на издание. Когда моя кандидатура была принята, я заявил, что могу принять это назначение только в том случае, если Жордания согласится сотрудничать в такой газете. На это мое заявление председатель ответил: — «Это ваше дело, выясните как хотите, но только вы должны нас известить об этом».

На другой день утром с постановлением пленума я выехал из Тифлиса в Ланчхуты, где проживал в это время Жордания, которому я сделал подробный доклад о заседании пленума Областного комитета. Познакомил его и с моим заявлением относительно руководства газетой. Жордания ответил, что он предпочитал бы вести спор в газете Областного комитета, но раз Областной комитет против этого — он согласен писать по спорному вопросу в газете, которой буду руководить я, но при условии, что, кроме этого вопроса, не будет напечатано ничего другого против партии. Местом издания газеты мы наметили г. Кутаис — час езды до Ланчхуты — это облегчало сношения с Жордания по ведению газеты.

В своих воспоминаниях, которые вышли в Париже в 1953 году, Жордания между прочим пишет: — «Мои сторонники во главе с Гр. Уратадзе решили издать газету нашего направления в г. Кутаисе. Выпустили несколько номеров под названием "Ахали Квали", но Областной комитет потом воспретил. Мы подчинились и возобновили сотрудничество в партийном органе, но о спорном вопросе уже ничего не писали». (Жордания. «Мое прошлое», стр. 99).

В передаче Жордания все верно, но он упустил упомянуть, что газета «Ахали Квали» («Новый След») стала выходить согласно постановдению пленума Областного комитета, о котором я рассказал выше.

После переговоров с Жордания и его согласия о сотрудничестве, я выехал в Кутаис для организации издания. Кутаисские товарищи с большим сочувствием отнеслись к изданию такой газеты и один из них взялся найти подходящего человека, который согласился бы стать официальным редактором и в то же время, чтобы местная власть не могла бы отказать в разрешении издавать газету. Для этого необходимо было, чтобы в смысле политической благонадежности он был вне подозрений. Это имело решающее значение для получения разрешения. Найти такого человека было не легко, но все же удалось в тот же день получить на это согласие одного почтенного старожила и на другой день было им подано прошение о разрешении издания газеты. В ожидании разрешения, надо было найти типографию и подходящую комнату в смысле нелегальности для редакционной работы. Это было самое трудное дело, так как я жил по чужому паспорту .С этим было связано много риска и не все соглашались на такой риск. Но местные товарищи энергично взялись за дело и скоро этот вопрос был разрешен благополучно. Один из товарищей уступил свою комнату, а сам поселился у другого товарища. После этого я уехал в Тифлис для доклада и получения денег на издание. Мои сообщения относительно издания газеты были встречены не враждебно, но очень холодно. Было впечатление, как будто это их не касается. Деньги выдали сейчас же, и член президиума, Н. Рамишвили, сказал мне, что президиум счел нужным для нашей газеты создать редакционную коллегию и членами этой коллегии назначил Е. Гегечкори и Гр. Георгадзе (присяжный поверенный), которые вместе со мной будут руководить газетой. Оба члена редакционной коллегии жили в Кутаисе, обоих я знал лично очень близко, ничего против них не имел, разве только то, что оба были пораженцы и не разделяли нашей позиции, не разделяли, значит, того взгляда, для пропаганды которого создалась газета. Я напомнил Рамишвили историю создания газеты и заявил, что, если президиум хочет создать другую газету, чем предполагалось, тогда не имеет для меня смысла участвовать в издании газеты, так как одна такая ежедневная газета уже имеется, а в издании другой такой же газеты нет никакой надобности. А если это не так — тогда незачем было создавать редакционную коллегию, в которой большинство противники нашей позиции. Ведь при таких условиях возможно, что ни одна статья не будет пропущена, которая будет не согласна с официальным взглядом. Рамишвили дал мне категорическое заверение, что ничего подобного не может случиться. Из Тифлиса я выехал прямо к Жордания и сообщил ему мой разговор с Рамишвили о назначении коллегии. Жордания не усмотрел в создании коллегии ничего такого, что могло создавать трудности по ведению газеты. — «А если будет иметь место что-либо подобное, газета потеряет свое назначение, она станет лишней и мы можем в любой момент ее оставить», — успокоил он меня.

В ожидании известия о получении разрешения я остался в Ланчхутах, подготовляя вместе с Жордания материал для первого номера. Разрешение на издание было дано довольно скоро и, получив известие об этом, с большой статьей Жордания под тем же заглавием, под которым печатались его статьи раньше — «Война и мир», я выехал в Кутаис. В Кутаисе товарищи постарались приготовить все необходимое для издания газеты. Один из них согласился руководить технической стороной газеты, а также продажей как в городе, так и вне города. Для рассмотрения материалов я пригласил членов редакционной коллегии Гегечкори и Георгадзе. Оказалось, что они уже были извещены из Тифлиса о назначении их членами редакционной коллегии газеты «Ахали Квали». На заседании редакционной коллегии они заявили, что они ни в коем случае не позволят себе цензурировать статьи Жордания. «Взгляды Жордания знают все и ни в каком предварительном рассмотрении его статьи не нуждаются. Их или надо печатать целиком или не печатать вовсе. Поэтому мы не представляем себе хорошо в чем должна заключаться наша роль в этой редакционной коллегии» и добавили, что это свое мнение они сообщили в Тифлис президиуму Областного комитета. Я попросил их, чтобы они остались в коллегии хотя бы временно и своим отказом не осложняли дело издания газеты. Они согласились, но при условии, что не будут вынуждены просматривать газетные материалы. И на самом деле, пока выходила «Ахали Квали», ни разу не была прочитана ни одна статья, предназначенная для напечатания. Мы собирались в неделю раз, но наш разговор касался не статей для будущего номера, а уже напечатанных. Газета выходила по субботам. И как только выходила, я брал несколько номеров и ехал в Ланчхуты к Жордания. Он прочитывал весь номер, давал соответствующие указания и в понедельник, с его новой статьей, я возвращался в Кутаис. Популярность «Ахали Квали» превзошла все наши ожидания. Первый номер был целиком распродан в самом городе Кутаисе и для других городов и провинции пришлось в понедельник вновь его печатать. Тираж газеты возрастал с каждым номером. Самое интересное было то, что больше половины номеров расходилось в Тифлисе. Такой неожиданный успех газеты произвел должное впечатление на всех — и на сторонников и на противников. Появление «Ахали Квали» вызвало усиленное требование местных организаций о пересмотре принятого партией решения. Редакция нашей газеты почти каждый день получала письма от разных организаций прислать кого-либо для доклада о направлении газеты. Но на это мы не имели права и отвечали всем, чтобы они с таким требованием обращались к Областному комитету. Оказалось, что Областной комитет сам, помимо нас, получал достаточно требований такого характера и после некоторого размышления Областной комитет уведомил организации, что считает возможным допустить в организациях дебаты по этому вопросу при условии, что они будут происходить с участием представителя Областного комитета. Против участия представителя Областного комитета никто, конечно, не возражал. Начались дебаты в организациях, в которых наша позиция еще не завоевала большинство, но становилось очевидным, что происходит перелом, и перелом коренной.

В день, когда я отослал в типографию материал для шестого номера, из Тифлиса приехал тов. Гурули с письмом от Областного комитета. В этом письме президиум сообщал мне, что З. Гурули назначается вторым редактором и предписывал мне не пропускать ни одной статьи, если она не будет одобрена нами обоими. Гурули был ярым противником нашей позиции. Поэтому получить от него согласие на статьи для нашей газеты было немыслимо. В тот же день с этим письмом я выехал в Ланчхуты к Жордания. Жордания остался очень недоволен этим письмом и сказал мне: «Это значит, что президиум не считает возможным допустить продолжение издания «Ахали Квали» с таким направлением, а при другом направлении она для нас неинтересна». Он предложил мне написать президиуму и напомнить ему постановление пленума. Я вернулся в Кутаис и оттуда написал в Тифлис свое мнение по поводу их предложения и напомнил, конечно, постановление пленума. Президиум ответил мне, что право назначения редактора предоставлено было пленумом президиуму, а президиум считает абсолютно необходимым назначение другого редактора и предлагает мне допустить Гурули к исполнению своих обязанностей. «А если вы не считаете возможным сотрудничать с ним по тем или иным причинам, просим передать руководство газетой ему одному». Как только я получил это письмо, я сейчас же поехал к Жордания в Ланчхуты. Жордания посоветовал мне сдать Гурули газету и нам отказаться от сотрудничества. Признаюсь, я не считал это для себя приемлемым, но знал, что с уходом Жордания газета потеряла бы все свое значение и влияние. Поэтому я, скрепя сердце, согласился на это и, приехав в Кутаис, пригласил Гурули и сообщил ему о нашем решении. Гурули видно не ожидал такого нашего решения, просил взять его обратно, обещав, что он вовсе не сторонник того, чтобы газета изменила свое направление и т. д. Но я не мог изменить решения, принятого вместе с Жордания, и заявил ему, что решение наше окончательное и что газета передается ему. За это время вышел шестой номер под моим редакторством, а на седьмом номере газету передал ему. Он очень просил помочь ему, но я отказался от участия и, забрав весь наш материал, уехал в Ланчхуты. Седьмой номер вышел с большим опозданием и там уже не было наших материалов и читатели немало были удивлены таким внезапным изменением газетой своего направления. Жордания после этого начал писать в общей ежедневной газете, но продолжение статей «Война и мир» больше уже не появлялось. Я стал продолжать работу в партийных организациях в Ланчхутском районе.

Таково было отношение к войне во всех закавказских организациях, а в частности и у нас, в Грузии. Исключение составляла только маленькая группа газеты «Ахали Квали». Это знали все, знало самое широкое общество. Знали прекрасно и сами большевики. И, несмотря на это, Берия в своей книге бесстыдно пишет:

«В период империалистической войны грузинские меньшевики были самыми отъявленными оборонцами и оруженосцами царизма и русской буржуазии. Они помогали царским сатрапам громить нелегальные организации».

(Л. Берия. «К вопросу об истории большевистских организаций в Закавказье», стр. 253).

Когда началась великая февральская революция, Жордания и я жили в Ланчхутах. Благодаря войне репрессии в общем были заметно смягчены. Работа в нелегальных организациях продолжалась, хотя в очень узких рамках. Раз вечером Жордания получил спешный вызов в Тифлис. Он вызвал меня, сообщил, что его спешно вызывают в Тифлис и предложил мне ехать вместе с ним. Я согласился и мы утренним поездом выехали в Тифлис, не зная в чем дело. Только в дороге мы узнали, и то конспиративно, что в Тифлисе получено сведение о начале революции в Петрограде. Получив это известие, Жордания предложил мне ехать в Кутаис и ждать там от него известий. На станции Рион мы расстались, он продолжал путь в том же поезде на Тифлис, а я пересел на поезд в Кутаис. В Кутаисе я повидался сейчас же с ответственными товарищами для дальнейшей информации относительно петроградских событий, но никто ничего не знал. Только на другой день из Тифлиса по прямому проводу было сообщено, что началась революция.

ПРИЛОЖЕНИЕ № 1

Н. С. Чхеидзе был одним из главных членов «Месаме-даси» (третья группа). Он принимал активное участие как на первом учредительном собрании этой группы в 1892 году в Квирили, так и на втором съезде в Тифлисе, где была принята программа этой группы. Он принимал самое близкое участие в революционном движении Грузии, а после был избран депутатом и в 3-ю, и в 4-ю Государственные думы и был в обеих этих Думах бессменным председателем думской социал-демократической фракции. В Думе он своими выступлениями обратил на себя всеобщее внимание. Во время февральской революции 1917 года он становится одним из главарей этой революции. И когда был создан Петербургский Совет рабочих и солдатских депутатов, он становится его первым председателем, потом председателем Всероссийского Совета рабочих и солдатских депутатов. Когда в России революция потерпела поражение, приехал в Грузию. Здесь он был избран председателем Закавказского сейма, а после распада Сейма и образования Грузинской Республики — председателем Грузинского Учредительного собрания. Учредительное собрание избрало его председателем заграничной делегации, которой поручено было выехать за границу для работы по признанию Грузии «де юре». Когда Грузия была признана «де юре», он возвращается в Грузию и как председатель Учредительного собрания принимает деятельное участие в выработке конституции страны. Когда советские войска вторглись в Грузию, он последний раз председательствовал в Учредительном собрании в Батуме, откуда вместе с национальным правительством выехал за границу. За границей он принимал самое активное участие во всей колоссальной работе, которая развернулась против завоевателей Грузии. В 1926 году, 7-го июня, в 8 часов утра, в Левиле (25 километров от Парижа) он перерезал себе горло ножом, оставив записку: «Следите за делом и руководите...»

ПРИЛОЖЕНИЕ № 2

Сильвестр Джибладзе учился в тифлисской духовной семинарии. Во время беспорядков в семинарии он дал пощечину ректору семинарии, за что был исключен и осужден на четыре года в «арестантские роты». После отбытия этого наказания он вернулся в Грузию. Одно время писал газетные статьи, и его статьи вызывали всегда большой интерес у читающей публики. Он мог стать без сомнения крупным публицистом, но он бросил писать и предпочел заняться практической революционной работой и созданием соответствующих организаций.

Это он произнес первую программную речь от имени «Месамедаси» на могиле Ниношвили. Он был первым организатором социал-демократической организации в Грузии и до последнего момента своей жизни оставался одним из главных руководителей партийной жизни. Когда было созвано Грузинское Учредительное собрание, открытие его было поручено ему. Он произнес по этому поводу такую прекрасную речь, что вызвал всеобщее восхищение, не только содержанием, но и формой. И закончил ее словами: «Все, что мог сделать для народа, — я исполнил честно, не щадя себя, а теперь могу уйти в отставку».

После покорения Грузии он не пожелал покинуть родину и остался там, разделив горе и печаль своего народа. Чека не пощадила ни его революционных заслуг, ни его годы и решили его арестовать, но не успела. Он перешел на нелегальное положение, принимая самое активное участие в антикоммунистической борьбе. Печальная судьба грузинского народа, жизнь в сырых подвалах, окончательно сломила его и без того слабое здоровье и он стал болеть. Не имея возможности лечиться регулярно, он скончался внезапно 17-го февраля 1922 года. Ночью его мертвого из нелегальной комнаты доставили домой. Но и мертвым он казался опасным для красных варваров, которые пришли утром, взяли его тело и похоронили неизвестно где. Его могила и сегодня не известна никому, кроме чекистов.

ПРИЛОЖЕНИЕ № 3

Н. Хомерики был первый, специально научившийся набору для работы в нелегальной типографии. Этим он оказал большую услугу революционной работе в Батуме при ее возникновении, когда доверить работу в нелегальной типографии можно было не всякому. В 1903 году он вынужден был покинуть Батум и перебраться в Имеретию, где начал работать среди крестьян, где в то время уже существовал «Имеретино-Мингрельский социал-демократический комитет» для работы среди крестьян. Работая здесь, он написал книжку «К сельским рабочим», которую издал Закавказский Союзный комитет нелегально. В 1904 году он был арестован в Шорапанском уезде и отправлен под конвоем в кутаисскую тюрьму. По постановлению Имеретино-Мингрельского комитета по дороге в тюрьму на конвой напали партийные террористы с целью его освобождения. Произошла перестрелка. Хомерики и два других арестованных товарища были освобождены. После этого он уже не мог оставаться в этом районе и переселился в Тифлис. В 1905 году, в апреле, конференция закавказских организаций, в противовес «Союзному комитету», который стал примыкать к большевистскому течению, выбрала свое бюро для руководства политической работой. Бюро это создало «военно-техническую комиссию», председателем которой назначило Хомерики. Он был также делегатом на Стокгольмском объединительном съезде от Тифлиса. В 1906 году он был арестован и выслан на три года в Вологодскую губернию. Из ссылки он вернулся в 1911 году и с первого же дня включился в общую революционную работу. В 1916 году он вновь был арестован в Тифлисе и был выслан в Восточную Сибирь, откуда вернулся после революции 1917 года. Когда была объявлена независимость Грузии, — Хомерики стал министром земледелия. После оккупации Грузии Москвой он вместе с национальным правительством Жордания покинул Грузию. За границей он проживал в Константинополе, где состоял председателем «Политической комиссии», в которую входили представители всех политических партий. Когда в Грузии усилилось антисоветское движение, он в октябре 1922 года нелегально вернулся в Грузию, стал во главе движения и в этой роли он выявил изумительные способности. В ноябре 1923 года его проследили агенты Чека, и он был арестован. В 1924 году, до начала восстания, в июле месяце, его перевели в Россию в суздальскую тюрьму. Когда в 1924 году началось восстание, его вернули из суздальской тюрьмы в Грузию и где-то в пути, в районе Москвы, расстреляли вместе с двумя его товарищами.

ИМЕННОЙ УКАЗАТЕЛЬ

А

Аксельрод 167, 224, 248, 249, 252
Александров см. Семашко
Алексинский 250
Алеша см. Джапаридзе А.
Алихан-Аварский 104, 107, 109, 110, 113, 118, 119, 121, 122
Ан см. Жордания Ной
Аполлонов 262
Арманд Инесса 221, 222, 225, 236
Афанасьев Ф. 18

Б

Беков см. Зурабов А.
Берг 249—251
Березик 218
Берия 190, 275
Белесия Е. 60
Богданов 69
Боргуа Н. 49
Борцов см. Н. Рамишвили
Борчалинский см. Сталин
Браун 222, 251

В

Ватчнадзе 129
Вацадзе Е. 12
Вермицанашвили см. Цуладзе Л.
Волонтер см. Павлович
Воронцов-Дашков 30, 108, 122, 128
Ворошилов 264-266

Г

Галёрка (Уратадзе) 177
Гегечкори Е. 213, 252, 272—273
Георгадзе Гр. 272—273
Гогелия Ил. 89
Гогоберидзе 12
Гогуа К. 240
Головин 179
Гольдендах (Рязанов) 222
Горин 191
Грязнов 130—132
Гурули 274

Д

Давидзон 218, 222
Дан 240, 242
Джапаридзе А. (Алеша) 58, 59
Джибладзе Сил. 12, 14, 16, 18, 45, 46, 49, 50, 59, 66, 130, 131, 193, 194, 200, 270, 278
Джорджадзе А. 92
Джорджиашвили 131—132
Джугашвили см. Сталин
Джугели С. 18, 59
Джумати 1
Думбадзе Л. 188

Е

Ежов см. Цедербаум С. О.
Енукидзе Авел 192, 193, 194

Ж

Жвания 188, 195, 198, 204, 207,

Жордания Ной (Костров, Ан) 10—13, 15—18, 22, 44, 45, 48, 49, 50, 57, 59, 84, 86, 88, 91, 101, 138, 151, 157, 160, 173, 183, 185, 189, 191, 194, 206, 225, 232, 239, 246, 268—273, 275, 279
Жордания Инна 173
Жордания Нико 45
Жоржолиани 237

З

Зиновьев (Радомышльский) 184, 218, 221, 222, 224, 225, 240
Зурабов А. (Беков) 84, 86, 87

И

Иванович см. Сталин
Ингороква Э. см. Ниношвили

К

Какабадзе 12
Каки Церетели см. Ираклий Церетели
Каладзе Р. 194, 204, 205, 207, 210
Каландаришвили Д. 12
Каменев Л. 68, 69, 219, 220, 222, 224, 226, 227, 228, 236, 240
Каменева Ольга Давыдовна 219, 220, 226—227, 236—237
Камо́ 164—165
Карл см. Чхеидзе Н.
Карский см. Топуридзе Д.
Кацап см. Поляков
Квицаридзе Ис. 12
Кецховели (Ладо) 15, 188, 189, 193—195
Киладзе С. 12, 49
Кишидзе, помощник губ. Старосельского 114
Кнунянц (Русов) 84, 86, 88
Коба см. Сталин
Костров см. Жордания Ной
Красин 165
Крим-Гирей 104—109

Крупская 221, 233, 236
Крылов, полк. 122, 124, 125
Кузьминский, сенатор 126

Л

Лавров (жандарм) 195
Лазаренко 110—112
Ларин 240—241
Ласкишвили 17
Левитский 8
Ледер 218, 222
Ленин 86, 152, 162, 165, 167, 183, 206, 218, 221—225, 227, 229—236, 242, 246, 251
Ленский 192
Лерр 184
Ломтатидзе В. 169
Луначарский 222

М

Малама 102, 104, 114
Малиновский 62
Маркс 13
Мартов 167, 191, 224, 240—243, 249—252
Мартынов 250
Махарадзе Г. 123—125, 175, 178
Махарадзе Ф. 16, 154, 197, 204—208
Мачутадзе 32
Мгеладзе В. (Трия) 152, 194, 246, 247, 248
Мдивани Б. 208—210
Меграбианц Ар. 131
Мегрелидзе М. 49
Мекиашвили 133, 135—141
Миха см. Цхакая

Н

Нанейсивили 17
Нахамкес (Стеклов) 221
Николадзе Н. 94
Николаевский Б. И. 246
Ниношвили (Э. Ингороква) 12, 14, 278

О

Орагвелидзе 170—171

П

Павлович (Волонтер) 218
Плеханов 84, 85, 86, 160, 167, 232, 235, 238, 239, 241, 242, 243
Плеханова Розалия Марковна 240
Поляков (Кацап) 252

Р

Рамишвили Ис. 12, 40, 41, 59, 128, 129, 142
Рамишвили Н. (Борцов, Семенов) 182, 183, 198—199, 269, 272
Раппопорт 221—222
Ренигер Станислав (Юстин)
Радомышльский см. Зиновьев
Розенфельд см. Каменев
Ростомашвили 196
Русов см. Кнунянц
Рязанов см. Гольдендах

С

Самсонадзе Л. 33, 36, 37
Сатана (Уратадзе) 167
Семашко (Александров) 218, 221, 222, 225, 235, 236
Семенов см. Рамишвили Н. 183
Сильва см. Джибладзе С.
Скобелев М. 253
Смагин 38, 46, 80
Соломон 263, 265
Спандариан (Сурен) 182
Сталин (Коба, Иванович, Борчалинский) 15, 19, 57, 66—69, 70, 72, 131—132, 154, 159, 188—190, 194—198, 204, 206—210, 234
Старосельский 113—121
Стеклов см. Нахамкес
Столыпин П. 177—179
Струве П. Б. 85

Сулаквелидзе А. 165
Сурен см. Спандариан

Т

Тимошкин 253
Тодря С. (наборщик) 194
Топуридзе Д. (Карский) 16, 84, 87, 88, 191, 192
Тохадзе Павел 142—150
Трия см. Мгеладзе В.
Троцкий 220, 240—251

У

Уратадзе Григорий (см. Сатана, Галерка)
Урицкий 249

Ф

Филипп см. Махарадзе

Х

Хомерики 244, 279
Хоштария 208
Хундадзе С. 13

Ц

Цабадзе В. 18, 19, 85
Цедербаум Сергей Осипович (Ежов) 262, 263, 265
Цедербаум Конкордия Ивановна 261—265
Церетели Георгий (отец Ираклия Церетели) 14, 15, 16
Церетели Ираклий 16, 175—176, 178—180
Цинцадзе К. 162, 163, 164, 166
Цис 127—128
Цитлидзе А. 9—12, 19, 21, 39, 44, 48, 60, 142, 144—147
Цуладзе Л. 142, 147

Цулукидзе А. 15, 84, 189
Цхакая Михаил (Миха, Барсов) 12, 42, 58, 59, 60, 154, 189, 210

Ч

Черкезишвили 126—127
Чичинадзе П. 42
Чхеидзе Н. (Николай) 12, 13, 40, 41, 49, 50, 143, 145, 146, 149, 213, 252, 277
Чхенкели А. И. 252—253
Чхиквишили В. 124—125

Ш

Шавдя 237
Шатилов А. 18
Шаумян Ст. 67, 164, 210
Шервашидзе 252—253
Ширинкин 128, 211
Шишковский Н. Ф. 115
Шубнели см. Цитлидзе А.

Ю

Юстин см. Ренигер Станислав

ПРЕДМЕТНЫЙ УКАЗАТЕЛЬ

А

Аграрный вопрос 97—101, 153
«Азри« («Мисль») 203
«Али» («Пламя») 204
Анархисты 89
Армяно-турецкая резня 125—129
«Ахали Азри» («Новая Мысль») 204
«Ахали Гза» («Новый Путь») 204
«Ахали Дро» («Новое Время») 204
«Ахали Дрозба» («Новые влияния») 197, 198
«Ахали Квали» («Новый След») 204, 271, 273, 274, 275
«Ахали Квекана» («Новый Мир») 204
«Ахали Таоба» («Новое поколение») см. «Месаме-даси»
«Ахали Схиви» («Новый Луч» 203
«Ахали Фикри» («Новые Думы») 204
«Ахали Цховреба» («Новая жизнь») 197, 198

Б

Бакинский совнарком 58
Батумские рабочие 20—22, 32, 33
«Борьба пролетариата» 188, 191
«Брдзола» («Борьба») 187, 188, 191—196
Булыгинская Дума 110
«Бунд» 160, 185, 218, 245, 249, 250, 251

В

Венская конференция 245—252
«Возрождение» 127
«Вперед» (антиленинская группа в больш. партии) 218, 251
Всероссийское учредительное собрание 155
Вторая Государственная дума 175—181
«Вшивый бунт» 258—259
Выборгское воззвание 173, 177

Г

«Гантиади» («Рассвет») 156, 197, 203
«Гза» («Путь») 203
«Григали» («Ураган») 203
Группа «Освобождение труда» 85
Гурийский социал-демократический комитет («Гурийский комитет») 52, 79

Д

«Дасаткиси» («Начало») 203
«Дила» («Утро» 203
«Для истории социализма в Грузии» 13
Драмис фули 34, 35, 53
«Дро» («Время») 181, 182, 197, 198

Е

«Екели» («Шип» 204
«Елва» («Молния») 156, 197, 203

З

Закон Крыжановского 213
«Зари» («Колокол») 203
«Звезда» 203

И

«Иверия» 10, 11, 14, 15, 17, 91, 147
«Имеди» («Надежда») 204
Имеретинский социал-демократический комитет 58
Имеретино-мингрельский комитет 42, 58, 61, 279
«Искра» 86, 193, 194, 204

К

Кавказское наместничество 23
«Квали» («След») 10, 11, 12, 14, 16, 17 22, 92, 94, 175, 187
Комитет сельских рабочих 51—52
Конгресс соц.-дем. организаций в Бахви 119
Кружки чтения 18

Л

«Лампари» («Факел») 203
«Лахвари» («Меч») 203
Ломис карели 52—54
Лондонский съезд 85, 151, 162, 175, 183, 217

М

Марксисты 12, 13, 16, 17, 41
«Марцхали» («Ласточка») 203
«Месаме-даси» («Третья группа» — «Ахали Таоба») 12, 14, 15, 17, 18, 22, 91, 94, 95, 194, 277, 278
Минский съезд социал-демократической партии 85
«Мнатоби» («Светило») 197, 198
«Моамбе» 13
«Могзаури («Путник») 16, 187
«Момавали» («Будущее») 201, 204
«Мысль» 206

Н

«Наперцкали» («Искра») 203
Нафицвара 37, 46
Национальный вопрос 83, 93—97, 160
«Наши национальности» 160
«Невская звезда» 251
«Нина» (типография) 193

О

«Областной комитет» см. Областной комитет закавказских организаций
Областной комитет закавказских организаций (сокр. «Областной комитет») 154, 156, 172, 175, 182, 183, 198, 218, 245, 246, 268—274
Оборонцы 268
Объединение армянской соц.-дем. группы с РСДРП 184—187
Организационный комитет 252
Отрезки 153

П

Партийная школа 218—236
«Правда» (ленинская) 251
«Правда» (Троцкого) 246
Пражская конференция 246
Примиренцы 264
«Пролетариат» (армянская нелегальная газета) 188
«Пролетариатис Брдзола» см. «Борьба пролетариата»

Р

Раскол РСДРП 151
«Рев. Матиане» («Революционная Летопись») 154, 163, 190, 192, 193, 206
Русская патриотическая лига (черная сотня) 128—130

С

«Сакартвело» («Грузия») 92
«Сакмо» («Дело») 204

Сенакская республика 60, 145
«Симартле» («Правда») 203
«Симартлис Хма» («Голос Правды») 204
«Синатле» («Свет» 203
«Социал-демократ» (нелегальная газета) 188
Социализация земли 83, 97—101, 211
Социал-революционеры 210—211
Социал-федералисты 90—91
Союз кавказских социал-демократических организаций 83—84, 88, 151—153, 158, 196, 279
Союзный комитет см. Союз кавказских социал-демократических организаций
Стокгольмский (объединительный) съезд 85, 151, 154, 159, 162, 167, 168, 264, 279
«Столыпинский галстук» 177
«Схиви» («Луч») 156, 203

Т

«Талга» («Волна») 203
Таммерфорская конференция 173
«Танамедрове Азри» («Современная Мысль») 204, 268
«Танамедрове Квекана» («Совр. Мир») 204
Техническая группа 163
Тифлисская конференция представителей закавказских организаций 153—154
«Тифлисский социал-демократический комитет» 18
Троцкисты 246

Ф

«Фикры («Дума») 204

Х

«Хохлы» («Медведица») 203

Ц

«Цин» («Вперед») 203
«Цискари» («Заря») 203
«Циссарткела» («Радуга») 203
«Цкаро» («Родник») 203
«Цхвобребис-Сарке» («Зеркало Жизни») 203

Ч

«Чанги» 204
«Чвени Азри» («Наша Мысль») 204
«Чвени Газети» («Наша Газета») 204
«Чвени Гза» («Наш путь») 203
«Чвени Сакше» («Наше Дело») 204
«Чвени Ситква» («Наше слово») 203
«Чвени Хма» («Наш Голос») 204
«Чвени Цховреба» («Наша жизнь») 197, 198

Ш

«Шурдули» («Стрела») 204

Э

Экономизм 86
Эксы 164—166
«Экономическое преуспевание и национальность» 13

Ю

«Южный рабочий» 194

СОДЕРЖАНИЕ

1. Я становлюсь сельским учителем. Мое сближение с грузинскими социал-демократами. 1

2. Крестьянский вопрос в Закавказье и начало крестьянского движения в Гурии. 23

3. Мой первый арест. Встреча в тюрьме со Сталиным. Ссылка. Побег. 57

4. Между вторым съездом РСДРП и революцией 1905 года: Рост движения в Гурии. Делегаты Закавказья на 2-ом съезде РСДРП. Социалисты-федералисты и национальный вопрос. 79

5. 1905 год в Гурии. 103

6. Раскол РСДРП и грузинская социал-демократия. Стокгольмский съезд. 1-ая Государственная Дума. . . 151

7. Вторая Государственная Дума. Лондонский съезд РСДРП. Грузинская социал-демократическая печать. . . . 175

8. Период реакции. Ленинская школа в Лонжюмо. Меньшевистская колония в Швейцарии. 213

9. Венская конференция (август 1912 г.). Мой арест и ссылка. Встречи с Ворошиловым и Ежовым (С. О. Цедербаум) 245

10. Грузинская социал-демократия в период первой мировой войны 267

Приложения 277

Augsburg College
George Sverdrup Library
Minneapolis, Minnesota 55404